# Die Prunkgräber der Wessex- und der Aunjetitz-Kultur

## Ein Vergleich der Repräsentationssitten von sozialem Status

## Christoph Steffen

BAR International Series 2160
2010

Published in 2016 by
BAR Publishing, Oxford

BAR International Series 2160

*Die Prunkgräber der Wessex- und der Aunjetitz-Kultur*

ISBN 978 1 4073 0704 6

BAR Publishing is the trading name of British Archaeological Reports (Oxford) Ltd.
British Archaeological Reports was first incorporated in 1974 to publish the BAR
Series, International and British. In 1992 Hadrian Books Ltd became part of the BAR
group. This volume was originally published by Archaeopress in conjunction with
British Archaeological Reports (Oxford) Ltd / Hadrian Books Ltd, the Series principal
publisher, in 2010. This present volume is published by BAR Publishing, 2016.

Printed in England

# BAR
PUBLISHING

BAR titles are available from:

BAR Publishing
122 Banbury Rd, Oxford, OX2 7BP, UK
EMAIL   info@barpublishing.com
PHONE   +44 (0)1865 310431
FAX     +44 (0)1865 316916
www.barpublishing.com

# VORWORT DES VERFASSERS

Bei der vorliegenden Untersuchung handelt es sich um eine überarbeitete Fassung der gleichnamigen Magisterarbeit des Verfassers, die im Februar 2006 am Institut für Ur- und Frühgeschichte und Vorderasiatische Archäologie der Ruprecht-Karls-Universität Heidelberg eingereicht wurde.

Zuerst möchte ich meinen beiden damaligen Betreuern der Arbeit Herrn Prof. Dr. J. Maran, der mich zu dieser Arbeit anregte, und Herrn Prof. Dr. F. Falkenstein, auf dessen Unterstützung ich in den letzten Jahren wiederholt vertrauen konnte, meinen herzlichen Dank aussprechen. Darüber hinaus möchte ich auch Herrn Prof. Dr. J. Müller danken, denn ohne seine Fürsprache wäre diese Publikation nicht zustande gekommen.

Meinen Eltern gebührt zweifellos meine besondere Dankbarkeit, denn ohne ihren stetigen und ausdauernden Rückhalt wäre mir das Studium der Ur- und Frühgeschichte nicht möglich gewesen. Ihnen sei dieses Buch gewidmet.

Kiel, 2010

Christoph Steffen

Hanssenstraße 1a
D-24106 Kiel
*csteffen@gsdl.uni-kiel.de*

# Inhalt

# 1 EINLEITUNG

Die sog. frühbronzezeitlichen „Prunkgräber" – oft auch als „Fürstengräber" bezeichnet – aus dem Bereich der südenglischen Wessex-Kultur und der mitteleuropäischen Aunjetitzer Kultur stehen im Zentrum der folgenden Untersuchung.

Beide Kulturen bilden in den jeweiligen Verbreitungsgebieten den Beginn der frühbronzezeitlichen Kulturentwicklung und zeichnen sich darüber hinaus, im Gegensatz zu vielen anderen Kulturen auf europäischem Boden zur Zeit der beginnenden Bronzezeit, durch das erstmalige Auftreten von exzeptionell reich ausgestatteten und monumentalen Individualgräbern aus. Auch wenn ähnliche Phänomene bereits in spät- und endneolithischen Kontexten, z. B. in der Schnurkeramischen Kultur und der Glockenbecherkultur im Untersuchungsgebiet auftreten, welche bereits Rückschlüsse auf deren soziale Stratifizierung zulassen, so reichten sie jedoch nie an den repräsentativen Charakter der frühbronzezeitlichen „Prunkgräber" heran.

Kennzeichnend für das während der Frühbronzezeit eine neue Qualität erreichende Prunkgrabphänomen ist ferner die Tatsache, dass dessen Auftreten in den Untersuchungsgebieten von nur relativ kurzer Dauer ist. Aus den mittelbronzezeitlichen „Nachfolge-Kulturen" sind keine Beispiele bekannt, die eine vergleichbare Wertschätzung der Statusrepräsentation im funerären Sektor erkennen ließen. Das Auftreten der mittel- und westeuropäischen Prunkgräber während der frühen Bronzezeit stellt sich demnach als ein regional, wie auch zeitlich recht eng umrissenes Phänomen dar.

Im Zusammenhang mit frühbronzezeitlichen Prunkgräbern Europas und des Vorderen Orients (z. B. im Königsfriedhof von Ur) wurde auf bemerkenswerte Ähnlichkeiten hingewiesen, die verschiedene Kulturräume zu verbinden scheinen. Zum einen ist es das mehr oder weniger einheitliche Auftreten der Prunkgräber in einer Art von „Prunkgrabhorizont", der sich vom Vorderen Orient (2. Hälfte 3. Jt. v. Chr.) bis an die Atlantikküste (1. Hälfte 2. Jt. v. Chr.) erstreckt. Zum anderen wies Svend Hansen[1] auf Merkmale, wie die sog. „Überausstattung", das kreuzförmige Arrangement von Grabausstattungen und die Beigabe von Edelmetallwaffen („Überwaffen" im Sinne Hansens) hin, die sich über weite Bereiche der Prunkgrabverbreitung in Europa und selbst Vorderasiens beobachten lassen und ein durch Zeit und Raum verbindendes Element dieses Phänomens darstellen.

In wie weit sich diese verbindenden Merkmale der beiden prunkgrabführenden nicht benachbarten Kulturen auf einen Ursprung zurückführen lassen, auf welchen Wegen und auf welche Art sie sich verbreiteten sowie welche Konsequenzen für die Interpretation der archäologischen Quellen aus den Antworten erwachsen, soll hier untersucht werden.

## 1.1 FRAGESTELLUNG UND ZIELSETZUNG

Bei der Betrachtung und Untersuchung der frühbronzezeitlichen Prunkgrabsitte müssen zunächst einmal ganz grundlegende Fragen beantwortet werden: Welche Grabkomplexe lassen sich mit dem Terminus Prunkgrab fassen und wie ist dieser zu definieren?

Ziel dieser theoriegeleiteten Überlegungen ist es eine klare Definition für den Begriff Prunkgrab zu erarbeiten, anhand derer sich ein Merkmalskatalogs für Prunkgräber ableiten läßt. Mittels dieser Merkmale soll dann eine Klassifikation der Grabkomplexe aus beiden Kulturen ermöglicht werden, um gewährleisten zu können, dass der daraus resultierende Katalog der Prunkgräber aus beiden Untersuchungsgebieten auf einem einheitlichen theoretischen Fundament ruht.

Nach der Erarbeitung einer theoretischen Grundlage zur Abgrenzung der Prunkgräber von den Normgräbern der jeweiligen Kultur und einem Katalog der entsprechenden Befunde werden die Verbreitungsgebiete der Prunkgräber kurz umrissen werden. Es folgen dann Ausführungen zu Fragen nach der relativen und absoluten zeitlichen Einordnung der Prunkgrabsitte in beiden Kulturen, mit dem vorrangigen Ziel das zeitliche Verhältnis zwischen dem Auftreten der Prunkgräber in beiden Regionen zu beleuchten, so dass Fragen nach einer Synchronität oder einer zeitlichen Abfolge bzw. Abhängigkeit beantwortet werden können sowie ferner den Arbeitsbereich auch in zeitlicher Hinsicht klar zu begrenzen. Diesen Ausführungen vorangestellt ist ein zusammenfassender Überblick zur forschungsgeschichtlichen Genese der Wessex- und der Aunjetitz-Kultur, ohne deren Kenntnis eine wissenschaftliche Betrachtung des Phänomens „Prunkgrab" in beiden Kulturen sicherlich nicht erfolgreich wäre.

Vor diesem Hintergrund soll als Kern der eigentlichen Untersuchung ein interkultureller Vergleich erfolgen, bei dem versucht wird, Antworten auf folgende Fragestellungen liefern: Welche Formen von Statusrepräsentation lassen sich in den Prunkgräbern beider Kulturen nachweisen? Dabei werden Statusrepräsentationssitten als Darstellungsmodi aufgefaßt, durch die eine prähistorische Gesellschaft einen herausgehobenen sozialen Rang, im vorliegenden Fall im Grabbrauch, darstellte.

Lassen sich Gemeinsamkeiten und Unterschiede in den Repräsentationsformen und deren Ausprägung in den Prunkgräbern beider Kulturen finden? Und können die unterschiedlichen Repräsentationsformen aus den jeweiligen Kulturen heraus erklärt werden? Ferner können evtl. Gemeinsamkeiten und Unterschiede Hinweise auf die Genese der Prunkgrabsitte in beiden Kulturen liefern und wie sind sie zu deuten? Dabei spielt in Hinsicht auf die Beurteilung von erkannten Gemeinsamkeiten die Frage eine Rolle, ob es sich um homologe oder analoge Entwicklungen handelt. D. h. sind die Gemeinsamkeiten bei der Repräsentation von sozialem Status auf gemeinsame Wurzeln bzw. miteinander verbundene Kommunikationssysteme zurückzuführen oder zeigen sich darin die autochthonen Entwicklungstendenzen zweier Kulturen, die von ähnlichen Rahmenbedingungen geprägt wurden.

In einem anschließenden Exkurs sollen die gewonnenen Ergebnisse in einen weiter gefaßten Rahmen eingebettet werden, in dem das Prunkgrabphänomen aus einem ökonomisch/ökologischen Blickwinkel betrachtet, wird um schließlich zu einer Interpretation mit eventuell modellhaftem Charakter zu gelangen.

---

1 HANSEN 2002; HANSEN/BORN 2001.

## 1.2 FORSCHUNGSGESCHICHTE

Am Beginn einer jeden Untersuchung, insbesondere bei einer interkulturell vergleichenden Analyse wie dieser, muß der Forschungsgeschichte ausreichend Rechnung getragen werden. Dies gilt in besonderem Maße für die hier zu behandelnden prähistorischen Kulturen, der Wessex- und der Aunjetitz-Kultur, da diese in ihrem jeweiligen räumlichen und chronologischen Rahmen bereits seit langer Zeit im Blickfeld der archäologischen Forschung stehen. Sowohl für die Wessex-Kultur Südenglands, wie auch für die Aunjetitz-Kultur Mitteleuropas ist es zutreffend, ihre Entdeckung bzw. ihre Definition als einen grundlegenden Schritt hin zur systematischen Erforschung der frühen Bronzezeit beider Regionen zu betrachten.

Ferner ist die Beschäftigung mit der Forschungsgeschichte in Hinblick auf eine quellenkritische Auseinandersetzung mit dem Material, der Terminologie, wie auch im Hinblick auf weiterführende Interpretationen unverzichtbar.

Hier kann nicht der Anspruch auf Vollständigkeit erhoben werden, da die Erforschung beider Kulturen weit über ein Jahrhundert zurückreicht. Darum soll an dieser Stelle ein grober Überblick genügen, der die wichtigsten Ergebnisse der Erforschung beider Kulturen aufzeigt. Dabei soll vor allem der Definition diagnostischer Merkmale und der fortschreitenden internen Gliederung beider Kulturen durch die Forschung das Hauptaugenmerk gelten. Diese Schwerpunkte werden in den jeweiligen Kapiteln zu den entsprechenden Kulturen abgehandelt.

Themenbereiche wie die absolute und relative Chronologie werden nur am Rande gestreift und sollen gesondert in eigenen Kapiteln behandelt werden.

### 1.2.1 Aunjetitz-Kultur

Die Erforschung der Aunjetitz-Kultur beginnt mit den Ausgrabungen zweier Bestattungsplätze im eponymen Únětice oder Aunjetitz nordwestlich von Prag, welche einen bis dahin unbekannten Kulturkomplex repräsentierten. Die Grabungsergebnisse wurden 1880 von Č. Ryzner vorgelegt[2]. Die darauf basierende Beschreibung der Aunjetitz-Kultur, deren relativchronologische Einordnung in die „älteste Bronzezeit", wie auch die Benennung haben heute noch weitgehend Bestand.

Ungefähr zur selben Zeit wurde in Mähren das Gräberfeld von Měnin oder Mönitz entdeckt, ausgegraben und die Ergebnisse ebenfalls 1880 von A. Rzehak veröffentlicht[3]. Aus dessen Beschreibungen ging 1882 die sog. „Mönitzer Kultur" hervor[4].

Sowohl die böhmischen Gräberfelder von Aunjetitz, wie auch das mährische Beispiel aus Mönitz zeigten im Fundgut und den Befunden praktisch keine Unterschiede, so dass spätestens ab 1882 ein Streit um die Benennung der neu entdeckten Kultur einsetzte: „Aunjetitzer Kultur" contra „Mönitzer Kultur". Letzten Endes setzte sich die Bezeichnung „Aunjetitzer Kultur" oder „Aunjetitz-Kultur" durch, da Ryzners Publikation auf Grund ihrer für die damaligen Verhältnisse außerordentlichen Qualität in der

Forschung mehr Nachhall fand, als die mit Mängeln behaftete Publikation des mährischen Fundortes[5].

Auf der Basis der in Böhmen und Mähren gemachten Funde und der daraus erfolgten Definition von charakteristischen Merkmalen der Aunjetitz-Kultur konnten in den darauffolgenden Jahren erstmals die aus Mitteldeutschland bekannten „Fürstengräber" und deren Inventare kulturell und relativchronologisch korrekt in die „älteste Bronzezeit" eingeordnet werden[6].

Bereits während der zweiten Hälfte des 19. Jahrhunderts waren, insbesondere in Sachsen-Anhalt und Thüringen, große Grabhügel geöffnet worden, wobei sicherlich den Arbeiten und Beobachtungen des aus Jena stammenden Professors F. Klopfleisch besondere Bedeutung beigemessen werden muß. Er öffnete während der Jahre 1877, 1879 und 1881 die sehr reiche frühbronzezeitliche „Prunk- bzw. Fürstenbestattungen" von Leubingen [1], die Grabhügel von Sömmerda [7 und 8] und den Grabhügel von Nienstedt [6]. Die Befunde blieben aber bis 1906 unveröffentlicht[7]. Erst mit P. Höfers Abhandlung über die Beobachtungen Klopfleischs wurden diese der Öffentlichkeit zugänglich gemacht[8]. In Zuge seiner Ausführungen wies Höfer erstmals auf die deutlichen Ähnlichkeiten zwischen dem Leubinger Befund und dem erst in diesen Jahren, 1906 bis 1907, untersuchten Grabhügel von Helmsdorf [2] hin[9]. Der Helmsdorfer Grabhügel wurde von H. Größler im Zuge einer Bergwerkserweiterung ausgegraben und 1907 publiziert. Er führte erstmals die Bezeichnung „Fürstengrab" für den Befund von Helmsdorf ein[10]. Der Begriff wurde alsbald zum Synonym für die reichen frühbronzezeitlichen Prunkbestattungen Mitteldeutschlands. Im folgenden Jahr wurde dann von G. Eichhorn, der Befund des Nienstedter Grabhügels nochmals eingehender beschrieben und Klopfleischs Ansicht folgend als gleichartig mit dem Leubinger Grabhügel bezeichnet und folglich der frühen Bronzezeit zugeordnet[11].

Die Ausgrabungsmethoden Klopfleischs[12] und anderer früher Ausgräber mögen zwar den heutigen Anforderungen nicht entsprochen haben, die man bei solchermaßen stratigraphisch komplexen Befunden fordern müßte[13], dennoch

---

2  Ryzner 1880, 289 ff., 353 ff. Dazu auch: Zich 1996, 5.

3  Rzehak 1880, 202–214.

4  Rzehak 1882, 178 ff. Hier gibt Rzehak eine kurze Definition der sog. „Mönitzer Kultur.

5  Dazu selbst: Rzehak 1912, 227. Vgl. Zich 1996, 8.

6  Olshausen gelang es bereits 1886 das Grab von Leubingen der Aunjetitz-Kultur zu zuordnen und damit die erste Datierung des Ausgräbers Klopfleisch in die jüngere Hallstattzeit zu negieren. Olshausen 1886, 487.

7  Die Publikation der Untersuchungsergebnisse war wohl durch Klopfleisch für das Jahr 1884 geplant, sie kam aber nie zustande. Siehe dazu: Klopfleisch 1883.

8  Höfer 1906a; Höfer 1906b.

9  Höfer 1906d.

10  Grössler 1907. Er interpretierte auch die Bestattung auf Grund ihrer Beigaben als fürstlich. Grössler 1907, 37. Eine in die gleiche Richtung weisende Interpretation der mitteldeutschen „Prunkgräber" als Bestattungen lokaler Herrscher vertrat auch 1925 Childe, der sie ferner in einer genetischen Beziehung zur Schnurkeramischen Kultur sah. Childe 1957, 199 ff.; Childe 1929, 244.

11  Eichhorn 1908, 94. Zwar fehlen vergleichbar reiche Funde aus dem Nienstedter Hügel, doch äußerte bereits Höfer Bedenken gegenüber der Grabungsmethode Klopfleischs und zweitens auch die Integrität der Grabungsarbeiter betreffend. Höfer 1906d, 88. Als vergleichbare Merkmale wurde vor allem der Grabbau selbst angesehen. Zur Datierung siehe: Anm. 6 oben.

12  Mandera spricht in diesem Zusammenhang von „ausgekesselt". Mandera 1953, 207 Anm. 133.

13  Zich 1996, 11.

8

sollte nicht unerwähnt bleiben, dass Holzproben aus beiden Gräbern, Helmsdorf [2] und Leubingen [1], bis in die Gegenwart erhalten geblieben sind und naturwissenschaftlich datiert werden konnten[14].

1914 wurde das damals noch auf die im Aunjetitzer Gräberfeld gefundenen Typen beschränkte Formengut der gleichnamigen Kultur durch E. Štorch erweitert. Er erkannte im Gräberfeld von Libušák eine Evolution des Formengutes, die auf Typen der Glockenbecher-Kultur basierend sich hin zu typischen Aunjetitz-Formen entwickelte, woraufhin er die Bezeichnung „Voraunjetitzer Kultur" einführte[15]. Diese Bezeichnung hatte in der Forschung nicht lange Bestand und wandelte sich in den zwanziger Jahren des letzten Jahrhunderts allmählich zu Stufe „Protoaunjetitz". Diese wurde letztendlich 1926/27 in das ausgehende Endneolithikum eingeordnet, während die klassische Aunjetitz-Kultur weiterhin der ältesten Bronzezeit zugerechnet wurde.

1928 hatte Schránil die Aunjetitz-Kultur in drei aufeinanderfolgende Stufen gegliedert[16]. Diese Stufengliederung beruhte sowohl auf der Typologie der Bronzefunde, wie auch auf Beobachtungen zur keramischen Entwicklung innerhalb der Aunjetitz-Kultur sowie ferner zu den Bestattungssitten. Sie umfaßt eine endneolithische „Voraunjetitz Stufe" (Protoaunjetitz), welche Traditionen der Glockenbecherkultur, der Schnurkeramik und der „nordischen Kultur" in sich vereinigte und somit den Grundstein für die folgende bronzezeitliche Aunjetitz-Kultur legte. Es folgten eine ältere und eine jüngere Stufe der Aunjetitz-Kultur[17]. Die Trennung einer älteren und einer jüngeren Stufe der Aunjetitz-Kultur basiert vor allem auf der Entwicklung der keramischen Formen, wobei sich die ältere Stufe durch eher gerundete Formen auszeichnet. Dazu gehören hauptsächlich Becher-, Tassen- und Krugformen. Die jüngere Stufe ist hauptsächlich durch stark profilierte Formen, wie dem Leitfossil dieser Stufe, der klassischen Aunjetitzer Tasse gekennzeichnet.

Eine weitgehend auf die Untersuchung regionaler Merkmale gestützte Gliederung der Aunjetitz-Kultur in Regionalgruppen wurde 1953 von H.-E. Mandera veröffentlicht[18]. Er erkannte, dass Formen, die in der Forschung als typisch für die ältere Stufe der Aunjetitz-Kultur gedeutet wurden, sich mit den charakteristischen Formen der jüngeren Stufe regional weitgehend auszuschließen scheinen. Unter dem Einfluß der damalig herrschenden Forschungsmeinung unterschied Mandera eine ältere von einer jüngeren Stilstufe, deren zeitliche Differenz von ihm allerdings als sehr gering eingeschätzt wurde. Diese Stilstufen korrespondieren mit den von ihm postulierten böhmischen Regionalgruppen der Eger-Elbe-Gruppe und der Schlaner Gruppe[19]. In Mitteldeutschland wird den Stilstufen entsprechend von Mandera eine „älteste Aunjetitzer Stufe" oder „mitteldeutsche Fazies der älteren Eger-Elbe-Gruppe" von den Vertretern der jüngeren Stilstufe, der „Nordharz-Gruppe", der „Metallgruppe" sowie „oberlausitzer Gruppe" und mit

Einschränkungen von der „nordsächsischen Gruppe" unterschieden[20]. Den sog. mitteldeutschen „Fürstengräbern" räumt Mandera eine Sonderstellung innerhalb der „Metallgruppe" ein, ohne jedoch über hypothetische Erklärung zum Ursprung des Prunkgrabphänomens in dieser Gruppe hinausgelangt zu sein.

Was allerdings nach Ansicht Manderas alle diese einzelnen, durch Grabbau, Keramik- und Metallformen differenzierten Gruppen und Sonderformen – bis auf ein paare wenige Ausnahmen – verbindet, ist die Verwandtschaft mit den böhmischen Aunjetitz-Gruppen und die originelle Orientierung der Toten. In allen Gruppen wurden die Toten als rechte Hocker in annähernder Süd-Nord-Ausrichtung und mit Blick nach Osten bestattet. Dabei scheinen Alter, Geschlecht und sozialer Rang keinen Unterschied gemacht zu haben[21]. Auf Grund dieses Merkmals können sie alle als zur Aunjetitz-Kultur gehörig angesehen werden[22]. Neumanns Kartierung der mitteldeutschen Funde der Aunjetitz-Kultur unterstützte das von Mandera entworfene Bild und dessen Gruppierung[23].

Dieser Trend zu immer feineren regionalen Gliederungen der Aunjetitz-Kultur setzte sich im Anschluß fort, so dass spätestens seit der Arbeit von Mandera die Aunjetitz-Kultur kaum mehr als Ganzes untersucht wurde, sondern oft in regional begrenzten Studien erforscht wurde.

U. Fischer untersuchte 1956 die Grabsitten der mitteldeutschen Aunjetitz-Kultur und gelangte zu dem Ergebnis, dass zum Einen die seit den 30er Jahren gebräuchliche Bezeichnung „Leubinger Gruppe" für die gesamte mitteldeutsche Aunjetitz-Kultur[24], allein auf die relativ kleine Gruppe der mitteldeutschen „Fürstengräber" beschränkt werden sollte, da sie sich durch eine ganze Reihe von Merkmalen von der restlichen Aunjetitz-Kultur und auch der „Metallgruppe" abhebt[25]. Zum Anderen erstellte Fischer anhand dieser Merkmale einen Katalog zur Identifizierung von Fürstengräbern. Zu diesen Merkmalen zählte Fischer:

- Ein Hügelgrab mit für neolithische Verhältnisse monumentalen Ausmaßen
- Eine oberirdische Grabkammer
- Ein Holzeinbau
- Eine mächtige zentrale Steinpackung
- Es handelt sich oft um Nachbestattungen in neolithischen, zumeist schnurkeramischen Hügeln.
- Goldschmuck

Diesen Merkmalskatalog wendete Fischer auf die ihm bekannten mitteldeutschen Aunjetitz-Gräber an und konnte dadurch vier „Fürstengräber" sicher identifizieren. Bei weiteren sechs kann eine Deutung als Fürstengräber im Sinne Fischers als wahrscheinlich angenommen werden[26]. Insbesondere für die Identifikation des bzw. der Befunde von Dieskau als ein weiteres „Fürstengrab" sind die Aus-

---

14 Zu den gewonnenen Radiokarbon- und Dendrodaten siehe: Kap. 2.1.1.1 Absolutchronologische Daten.
15 ŠTORCH 1914.
16 SCHRÁNIL 1928, 86 ff.
17 Dazu ausführlicher: BARTELHEIM 1998, 9.
18 MANDERA 1953.
19 MANDERA 1953, 188 ff., 202 ff., 211 ff.

20 MANDERA 1953, 206 ff.
21 Ausnahmen sind natürlich die „Fürstengräber" von Helmsdorf [2] und Leubingen [1].
22 MANDERA 1953, 191.
23 NEUMANN 1958, 204 Karte 9.
24 SCHULZ 1939, 86 f.
25 FISCHER 1956, 186.
26 FISCHER 1956, 301 ff.

führungen von B. Schmidt und W. Nitzschke aus dem Jahr 1980 von großer Bedeutung[27]. 1979 wurde im Zuge einer eingehenden Geländeuntersuchung durch die beiden Verfasser in der Gegend um Dieskau ein großer Grabhügel untersucht. Es stellte sich heraus, dass das Zentralgrab durch einen zentralen Trichter beraubt und z. T. zerstört war. Auf Grund der genauen Beobachtungen konnten aber noch einige wichtige Merkmale wie die Ausrichtung des Grabs und die Konstruktion der hölzernen Grabkammer rekonstruiert werden. Sowohl die Süd-Nord-Ausrichtung, der massive Bruchsteinmantel, als auch die Reste einer schrägen Giebeldachkonstruktion verweisen deutlich auf die „Fürstengräber" der „Leubinger Gruppe". Schmidt und Nitzschke machen in diesem Zusammenhang auf den 1874 in der Umgebung Dieskaus gefundenen Goldhort[28] aufmerksam und stellen fest: „Alle Anzeichen deuten darauf hin, dass der angebliche Goldhortfund von Dieskau aus diesem Hügel stammt.[29]" Folgt man der Argumentation Schmidts und Nitzschkes, so müßte dem Bestand der „Fürstengräber" Fischers ein weiterer Befund hinzugefügt werden, so dass letzten Endes aus dem mitteldeutschen Bereich insgesamt elf Befunde zur „Leubinger Gruppe" gehörten[30].

Anhand des Gräberfelds von Polepy nahe Kolin erstellte V. Moucha 1963 eine zeitliche Periodisierung der böhmischen Aunjetitz-Kultur. Nach Moucha durchlief die Entwicklung der Aunjetitz-Kultur folgende Phasen:

I. ENTWICKLUNGSPHASE – PROTOÚNĚTICER PHASE: Sie war im Gräberfeld von Polepy nicht vorhanden. Sie lies sich hier aber mittels der dortigen glockenbecherzeitlichen Gräbern mit anderen protoaunjetitzer Gräberfeldern synchronisieren[31].

II. ENTWICKLUNGSPHASE – ALTÚNĚTICER PHASE: Im Gräberfeld von Polepy belegt.

III. ENTWICKLUNGSPHASE – MITTELÚNĚTICER PHASE: Im Gräberfeld von Polepy belegt.

IV. ENTWICKLUNGSPHASE – VORKLASSISCHE PHASE: Im Gräberfeld von Polepy belegt.

V. ENTWICKLUNGSPHASE – KLASSISCHE PHASE: Im Gräberfeld von Polepy belegt.

VI. ENTWICKLUNGSPHASE – NACHKLASSISCHE PHASE: Im Koliner Raum vor allem durch Siedlungsfunde belegt[32].

Innerhalb dieser Periodisierung erkannte Moucha zwei größere Zeitabschnitte, die durch einen deutlichen internen, kulturellen Wandeln der Aunjetitz-Kultur getrennt sind. Die Phasen I-IV entsprechen demnach dem älteren Abschnitt der Aunjetitz-Kultur und stellen nach Mouchas Ansicht eine längere kontinuierlich verlaufende kulturelle Entwicklung dar, die mit einem „umwälzenden Ereignis"[33] endete. Daraus ging eine im Wirtschaftssystem, ihrem rituellen Habitus und in ihrer materiellen Kultur veränderte Gesellschaft hervor (Phasen V und VI), die die eigentliche Aunjetitz-Kultur darstellt[34]. Auf Grund der kulturellen Verbundenheit der böhmischen Aunjetitz-Kultur zu den mitteldeutschen Gruppen fand Mouchas Gliederung auch in diesem Raum Anwendung.

Die Phasengliederung Mouchas wurde 1966 von I. Pleinerová aus der Perspektive der nordwestböhmischen und elbsächsischen Funde relativiert. Sie gliederte die Entwicklung der Aunjetitz-Kultur in drei Stufen (I-III), deren älteste Stufe I umfaßt sowohl Protoaunjetitzer (Stufe Ia), als auch Komponenten der älteren Aunjetitz-Kultur (Stufe Ib). Beide sind zeitlich weitgehend synchron und stehen in keiner genetischen Beziehung zueinander[35]. Stufe II entspricht der älteren Aunjetitz-Kultur ist. Sie ist nicht deutlich von Stufe Ib getrennt. Die Stufe III umfaßt die jüngere Aunjetitz-Kultur[36]. Letztendlich faßte Pleinerová jeweils 2 Phasen des Moucha'schen Entwicklungsschemas in je einer Stufe zusammen[37].

Bereits 1934 war in Polen der Grabhügel II [12] der Nekropole von Łeki Małe durch J. Kostrzewski ausgegraben worden[38]. Ein Jahr später definierte er für die Frühbronzezeit Polens mehrere regionale Gruppen bzw. Kulturen. Die Iwno-Kultur, im Bereich von Weichsel und Netze, die Grobia II-Kultur im Bereich der Netze und Warthe und die Grobia I-Kultur, etwas weiter südlich zwischen Oder und Warthe[39]. Hinweise auf die Anwesenheit der Aunjetitz-Kultur sind in diesem Bereich Polens selten, treten aber in den überaus reichen Inventaren der Grabhügel von Łeki Małe deutlich in Erscheinung[40].

27 SCHMIDT/NITZSCHKE 1980. Im weiteren als „Prunkgrab von Dieskau II [5]" bezeichnet.
28 V. BRUNN 1959, 55, Taf. 12, 3.
29 SCHMIDT/NITZSCHKE 1980, 182.
30 Die beiden von FISCHER (1956, 305, 306) als wahrscheinliche Prunkgräber gedeuteten Befunde von Issersheiligen, Thüringen und Lochau, Sachsen-Anhalt müssen bei dieser Untersuchung Auf Grund der lückenhaften Datenlage aus der Gruppe der wahrscheinlichen Prunkgräber gestrichen werden. Neben dem Befund von Dieskau II [5], der als Prunkgrab zu identifizieren ist, wird auch der Befund Sömmerda Hügel I [7] zusätzlich als wahrscheinliches Prunkgrab in den Katalog aufgenommen. Der von KNAPP (1998, 51) als unsicherer Prunkgrabkandidat aufgenommene Befund von Kleinkorbetha, Sachsen-Anhalt wird Auf Grund fehlender Hinweise ebenfalls nicht als Prunkgrab aufgenommen. Es bleiben also zehn Befunde, welche die derzeit bekannte Leubinger Gruppe bilden. Vgl.: Kap. 1.3 Definition des Terminus „Prunkgrab".
31 Die protoaunjetitzer Phase ist im Koliner Raum durch die Gräberfelder von Sány und Pňov belegt. MOUCHA 1963, 16 ff.
32 Diese jüngste Phase zeichnet sich vor allem durch den Einfluß der Věteřov-Kultur aus. MOUCHA 1963, 18 ff.
33 MOUCHA 1963, 52.
34 MOUCHA 1963, 52 ff.
35 PLEINEROVÁ 1967, 27.
36 PLEINEROVÁ 1966, 456. Im gleichen Maße wie Pleinerová den Einfluß der Protoaunjetitzer Kultur auf die Entstehung der Altaunjetitzer Kultur bestreitet, betont sie die Bedeutung von Einflüssen der Schnurkeramischen Kultur. PLEINEROVÁ 1967, 28.
37 ZICH 1996, 7 f.
38 Vgl. dazu: KOWIANSKA-PIASZYKOWA/KURNATOWSKI 1953, 74.
39 KOSTRZEWSKI 1935, 91 ff., Abb. 12; KNAPOWSKA-MIKOŁAJCZYKOWA 1957, 108 Karte 1.
40 KOSTRZEWSKI 1935, 91 ff., Abb. 12. KOSTRZEWSKI führt hier ferner die Funde von Nadziejowo (ungesicherter Grabbefund) und Zaborowo (Einzelfund einer zyprischen Schleifennadel) als Beleg für die Präsenz der Aunjetitz-Kultur im westlichen Polen an. Diese können aber nicht als aussagekräftig gewertet werden. ZICH 1996, 17.

1953 wurden die Ausgrabungen in der Nekropole von Łeki Małe wieder aufgenommen. Im Zuge dieser Arbeiten wurde der Grabhügel I [11] komplett untersucht[41]. Er enthielt zwei sehr reich ausgestattete Bestattungen (Gräber A und D) sowie zwei Befunde (Gräber B und C), die auf Grund des Fehlens von Skelettresten nicht mit Sicherheit als Gräber interpretiert werden konnten[42]. Diese Befunde geben durch ihre Ähnlichkeit mit den mitteldeutschen „Prunkgräbern" ein deutliches Zeugnis für Präsenz von Aunjetitzer Kultureinflüssen in diesem Raum ab.

Eine umfassende Zusammenstellung aller aus Großpolen stammenden Aunjetitzer Funde verfaßte 1957 A. Knapowska-Mikołajczykowa[43]. Dabei spielen vor allem charakteristische Metallformen eine gewichtige Rolle, da mit Ausnahme von Łeki Małe typische Keramik der Aunjetitzer Kultur weitgehend fehlt. Aus diesem Grund scheint eine allgemeine Ausdehnung der Aunjetitz-Kultur auf den gesamten Bereich Großpolens, wie er 1969 von W. Sarnowska vorgeschlagen wurde, mit vielen Unsicherheiten behaftet[44].

Von Sarnowska wurde für Polen eine Gliederung in eine nördliche und eine südliche Aunjetitz-Gruppe erarbeitet[45]. Sarnowskas südliche Gruppe I umfaßt Niederschlesien, den südlichen Teil Großpolens und die Lebuser-Gruppe (ehemals Grobia I-Kultur). Die nördliche Gruppe ist im Raum zwischen Oder und Weichsel verbreitet und umfaßt die Gebiete der Iwno-Kultur und der Grobia-Smiardowo-Kultur.

Dieser Ansicht widerspricht J. Machnik. Er sieht sowohl in der Grobia-Smiardowo-Kultur Westpommerns, wie auch in der ostpommerschen und kujawischen Iwno-Kultur, wenn auch durch Einflüsse der südlichen Aunjetitz-Kultur geprägte, eigenständige und auf schnurkeramischen Traditionen basierende Kulturerscheinungen[46]. 1977 faßte Machnik die kulturelle Entwicklung der verschiedenen Kulturen und Kulturgruppen der frühen Bronzezeit in Polen zusammen und kam unter anderem zu dem Schluß, dass die Entwicklung der Aunjetitz-Kultur weitgehend ohne schnurkeramische Einflüsse zu erklären sei und vielmehr Einflüsse aus dem karpaten-donauländischen Kulturkreis und der Glockenbecher-Kultur in ihrer frühen Phase aufgenommen habe[47]. Er erarbeitete ein Chronologieschema, das die einzelnen Kulturen in relative und absolute zeitliche Beziehung zueinander und zur süddeutschen Bronzezeitchronologie nach P. Reinecke setzt[48].

Mittels archäologisch-historischer Daten und der komparativ-stratigraphischen Methode gelangte Machnik noch 1977 zu der Einschätzung, dass der Beginn der Phase I, d. h. Protoaunjetitz, etwa um 1900/1800 v. Chr. zu datieren sei und dass ferner die Phasen II-IV im Zeitraum zwischen 1750 und 1600 v. Chr. lagen und die Phasen V und VI, also die „Klassische Aunjetitz-Kultur" um 1600 v. Chr. begann und mit der „Nachklassischen Phase" um etwa 1500

v. Chr. in die Hügelgräberbronzezeit und die Vorlausitzer-Kultur überging[49].

Einen wichtigen Meilenstein in der Erforschung der Aunjetitz-Kultur vermochte 1996 B. Zich mit seinem umfangreichen Werk „Studien zur regionalen und chronologischen Gliederung der nördlichen Aunjetitzer Kultur" zu setzten[50]. Er erarbeitete mittels Kombinationsstatistik eine innere Gliederung der Aunjetitz-Kultur. In dem differenzierten System aus regionalen Gruppen, deren Entwicklung er vor allem anhand von Grabbefunden nachvollzog und in vier bis fünf regionale Entwicklungsstufen gliederte, blieben leider neuere Ergebnisse zur absoluten Chronologie der Frühbronzezeit auf der Basis von Dendrochronologie und Radiokarbondatierung unberücksichtigt[51].

Die regionalen Gruppen der Aunjetitz-Kultur zeigen sich auf den Verbreitungskarten als relativ abgeschlossene Komplexe, die sich in ihrer materiellen Kultur vor allem durch unterschiedliche Keramikstile und Grabsitten manifestieren, die jedoch alle ein gewisses „pan-aunjetitzer Gepräge" aufweisen. Er unterschied eine Circumharzer-Gruppe, die Sächsischen Gruppen, eine Niederlausitzer und eine Mittelschlesische Gruppe. Für die Circumharzer und die Schlesische Gruppe konnten durch Zich fünf aufeinanderfolgende Stufen erarbeitet werden, während sich im Bereich der Sächsischen Gruppe des Elbtals eine Gliederung in vier Stufen ergab. Dabei ist die Erkenntnis von besonderer Bedeutung, dass sich die Gesamtheit der Aunjetitz-Kultur nicht einfach mit dem Chronologieschema der süddeutschen Frühbronzezeit nach Reinecke korrelieren läßt. So erscheinen die frühesten Aunjetitz-Formen bereits in einem Umfeld spätneolithischer Traditionen, so dass die Stufe 1 nach Zich (Initialphase) noch vor dem Beginn von Br A anzusetzen ist. Das Ende der aunjetitzer Kulturentwicklung (Stufe 4 bzw. 5) weist noch über das Ende von Br A2 hinaus in die beginnende Mittelbronzezeit[52].

1998 wurde von M. Bartelheim seine Neubearbeitung des böhmischen Fundstoffs der Aunjetitz-Kultur vorgelegt[53]. Er erarbeitete ähnlich wie zuvor Zich auf der Grundlage einer breiten Datenbasis, in der auch die neueren Funde berücksichtigt wurden, mittels Seriation ein neues Stufenschema zur Gliederung der böhmischen Aunjetitz-Kultur. Bartelheim verwies auf methodische Probleme bei der Deutung von Seriations- und auch kombinationsstatistischen Ergebnissen. Die bei beiden Methoden gewonnenen Gruppierungen werden vorrangig durch drei Faktoren bestimmt. So ist es zum einen möglich, die Ergebnisse als Ausdruck von räumlich bedingten Unterschieden zu deuten (Regionalgruppen), als Ausdruck von sozialen Unterschieden (z. B. Ranggruppen) oder aber als ein Ausdruck einer zeitlich bedingten Entwicklung (Stufenabfolge)[54]. Bartelheim konnte eine chronologische Interpretation seiner Seriationsergebnisse glaubhaft machen und gelangte so zu einer

41  KOWIANSKA-PIASZYKOWA/KURNATOWSKI 1953.
42  Die Bearbeiter halten auch eine Deutung als Kenotaphe oder andere rituelle Einrichtungen für möglich. KOWIANSKA-PIASZYKOWA/KURNATOWSKI 1953, 75.
43  KNAPOWSKA-MIKOŁAJCZYKOWA 1957.
44  ZICH 1996, 18. SARNOWSKA 1969, 379.
45  SARNOWSKA 1969.
46  MACHNIK 1976, 95; MACHNIK 1977, 105.
47  MACHNIK 1977, 178.
48  MACHNIK 1977, 177 ff., 182 Abb. 27.

49  MACHNIK 1977, 183.
50  ZICH 1996.
51  „Fragen der absoluten Datierung der AK waren für die vorliegende Analyse vollständig entbehrlich und brauchten konsequenterweise, da sie meinen Ansatz methodisch in keiner Weise gestalten halfen, auch abschließend nicht diskutiert zu werden." ZICH 1996, 347; VANKILDE 1999, 257 f.
52  ZICH 1996, 348 f.
53  BARTHELHEIM 1998.
54  BARTELHEIM 1998, 92 ff.

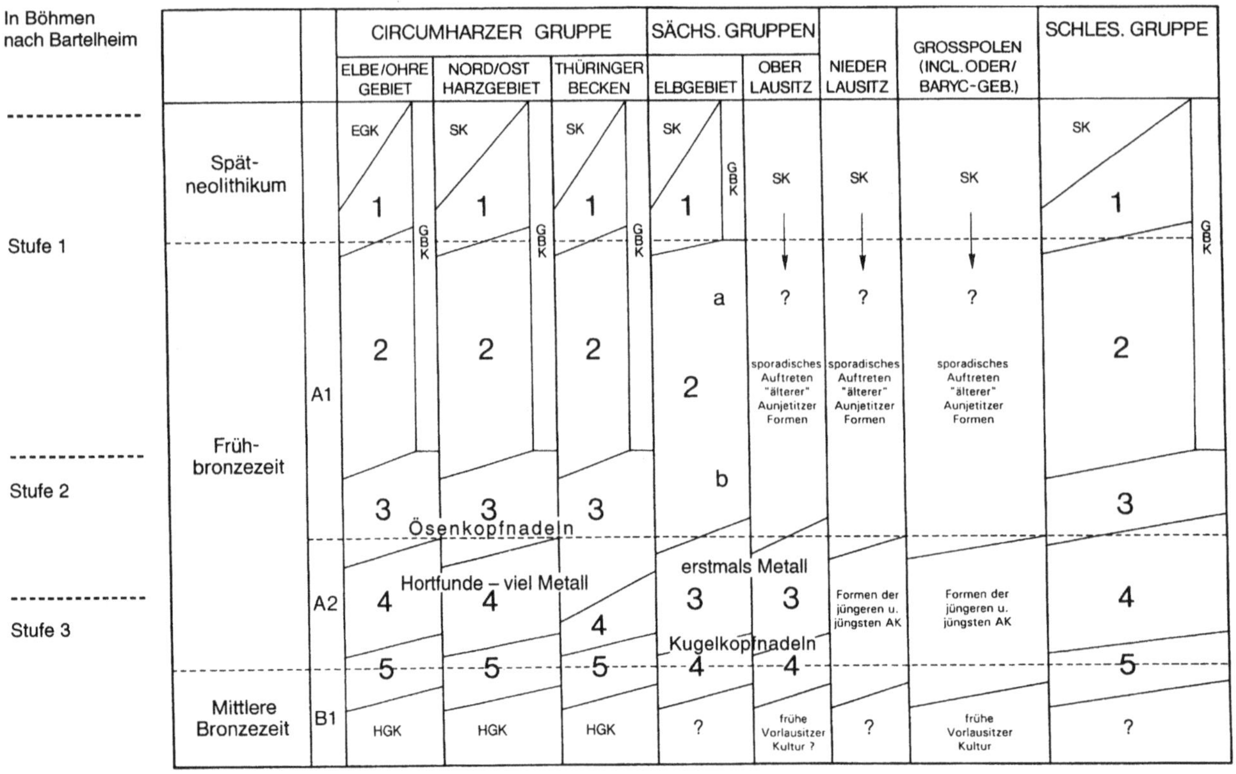

**Abbildung 1:** Stufengliederung der nördlichen und böhmischen Aunjetitz-Kultur (nach ZICH 1996 und BARTELHEIM 1998). (KRAUSE 2003, 69 Abb. 27.)

| In Böhmen nach Bartelheim | | | CIRCUMHARZER GRUPPE | | | SÄCHS. GRUPPEN | | NIEDER LAUSITZ | GROSSPOLEN (INCL. ODER/ BARYC-GEB.) | SCHLES. GRUPPE |
|---|---|---|---|---|---|---|---|---|---|---|
| | | | ELBE/OHRE GEBIET | NORD/OST HARZGEBIET | THÜRINGER BECKEN | ELBGEBIET | OBER LAUSITZ | | | |
| Stufe 1 | Spät-neolithikum | | EGK / SK — 1 — GBK | SK — 1 — GBK | SK — 1 — GBK | SK — 1 | GBK / SK | SK | SK | SK — 1 — GBK |
| | Früh-bronzezeit | A1 | 2 | 2 | 2 | a — 2 | ? / sporadisches Auftreten "älterer" Aunjetitzer Formen | ? / sporadisches Auftreten "älterer" Aunjetitzer Formen | ? / sporadisches Auftreten "älterer" Aunjetitzer Formen | 2 |
| Stufe 2 | | | 3 | 3 Ösenkopfnadeln | 3 | b | | | | 3 |
| Stufe 3 | | A2 | 4 Hortfunde – viel Metall | 4 | 4 | erstmals Metall — 3 | 3 | Formen der jüngeren u. jüngsten AK | Formen der jüngeren u. jüngsten AK | 4 |
| | | | 5 | 5 | 5 | Kugelkopfnadeln — 4 | 4 | | | 5 |
| | Mittlere Bronzezeit | B1 | HGK | HGK | HGK | ? | frühe Vorlausitzer Kultur ? | ? | frühe Vorlausitzer Kultur | ? |

Gliederung der böhmischen Aunjetitz-Kultur in drei aufeinander folgende Stufen. Die Arbeiten von Zich und Bartelheim sind die bisher umfassendsten Arbeiten zur internen Stufengliederung der Aunjetitz-Kultur mittels statistischer Verfahren.

Die 2009 durch M. Hinz veröffentlichten Ergebnisse seiner multivariaten Analyse der Aunjetitzer Fundgesellschaften erfolgten auf Grundlage der von Zich und Bartelheim vorgelegten Materialbasis[55]. Hinz gelang es nicht nur die bereits durch Zich vorgenommene regionale Dreiteilung der nördlichen Aunjetitzer Kultur zu bestätigen, sondern eine feinere Gliederung innerhalb der Circumharzer Gruppe vorzunehmen[56].

L. Lorenz konnte 2009 aufgrund von Form- und Materialanalysen sowie deren Vergesellschaftungen, die Deponierungen der nordwestlichen Aunjetitz-Kultur zeitlich gliedern, wobei die Bedeutung der Randleistenbeile als wichtiger chronologischer Indikator bestätigt wurde[57]. Mittels Korrespondenanalyse war es ihr auch möglich Deponierungen ohne Randleistebeile in das chronologische Bezugschema einzuordnen[58].

Betrachtet man die hier nur exemplarisch und lückenhaft zusammengestellten Ergebnisse jahrlanger regionaler, typologischer und chronologischer Beschäftigung mit der Aunjetitz-Kultur, so scheint in dem weitgefächerten Spektrum der inneren Gliederungsvorschläge zur Aunjetitz-Kultur ein Punkt zu existieren, der von kaum einen der Bearbeiter in Zweifel gezogen wird, der sich mit jeder neuen Untersuchung erneut zu bestätigen scheint und sich auch überregional verfolgen läßt, nämlich die Zweiteilung der Aunjetitz-Kultur in eine ältere und eine jüngere Stufe. Als ein wichtiges Kriterium zur Unterscheidung der jüngeren Aunjetitz-Kultur von deren älterer Stufe ist neben der typologischen Entwicklung der Aunjetitz-Tassen ein technologischer Wandel der Metallurgie postuliert worden. Während in der älteren Stufe Metallartefakte nur vereinzelt auftreten, diese waren meist aus Kupfer hergestellt worden, treten in der jüngeren Stufe Metallartefakte wesentlich häufiger auf. Dazu kommt, dass sich mit der jüngeren Stufe der Aunjetitz-Kultur der Wandel hin zu einer ausgereiften Zinnbronzetechnologie vollzog. Als ein wichtiger diagnostischer Typ sind z. B. die Ösenkopfnadeln zu nennen.

## 1.2.2 Wessex-Kultur

Die Erforschung dessen, was wir heute unter Wessex-Kultur verstehen, begann mit den ersten wissenschaftlichen oder halbwissenschaftlichen Untersuchungen zu Grabhügeln in Südengland ab dem späten 17. Jahrhundert. „Wessex-Archäologie" ist „Grabhügelarchäologie" und zudem eines der wohl ältesten archäologisch-antiquarischen Forschungsgebiete Europas. Somit muß auch der langen Geschichte der Erforschung dieser frühbronzezeitlichen Kultur Südwestenglands Beachtung geschenkt werden.

Die vielen Tumuli Südenglands und insbesondere die der Salisbury Ebene erweckten schon lange Zeit das Interesse der Menschen. In elisabethanischer Zeit galten die Grabhügel als die Begräbnisstätten und Monumente gefallener Krieger[59]. In dieser Zeit wurde auch die englische Bezeichnung ‚Barrow' oder ‚Burrow' für diese als artifiziell erkannten Hügel eingeführt[60].

---

55 HINZ 2009.
56 HINZ 2009, 87.
57 RASSMANN
58 LORENZ (im Druck)

59 SMITH 1907–1910, 81. Zitiert nach GERLOFF 1975, 17 Anm. 4.
60 CAMDEN 1610, 255. Zitiert nach GERLOFF 1975, 17 Anm. 5.

Die Deutung der ‚Barrows' als Grabmonumente Gefallener wurde erstmals in den 1670er durch J. Aubrey[61] angefochten. Er interpretierte diese Hügel nicht mehr als Monumente gefallener Krieger, sondern vielmehr als die Begräbnisstätten großer Persönlichkeiten und Herrscher vergangener Zeiten. Darüber hinaus beobachtete er weitere wichtige Merkmale der Grabhügel Südenglands. Sie wurden oft an prominenter Stelle errichtet und liegen oft dicht zusammen, so dass sie kleine Gruppen bilden. Er interpretierte diesen Befund dahingehend, dass es sich wahrscheinlich um Familiengruppen gehandelt habe, die es bevorzugten, im dichten Verband bestattet zu werden. Des Weiteren legte Aubrey den Grundstein zur typologischen Gliederung der verschiedenen Grabhügelformen, indem er erkannte, dass in der Umgebung von Stonehenge viele der ‚Barrows' mit einem Kreisgraben umgeben waren. Für diese Form des Grabhügels schuf er die Bezeichnung ‚disc-barrow'[62], die bis heute in der archäologischen Literatur verwendet wird.

Die erste typologische Klassifikation der Grabhügelformen erschien 1695. Camden unterschied fünf verschiedene Grabhügelformen anhand ihres äußeren Erscheinungsbilds[63]. Dieses System wurde von W. Stukeley[64] übernommen, der ab 1722, zusammen mit dem Earl of Pembroke die ersten Ausgrabungen von Grabhügeln auf den britischen Inseln mit dem Ziel durchführte, die innere Struktur und die Bestattungssitten zu erforschen[65]. In diesem Zusammenhang beschrieb er als erster eine typische Bestattung der Wessex-Kultur[66]. Anhand von stratigraphischen Überschneidungen gelang es Stukeley erstmals, den Nachweis des vorrömischen Ursprungs der ‚Barrows' zu erbringen[67].

Auf der Grundlage von Stukeleys Arbeiten begannen beinahe 100 Jahre später W. Cunnington und Sir Richard Colt Hoare mit den ersten systematischen Ausgrabungen einer ganzen Reihe von Grabhügeln auf den britischen Inseln. Deren genaue Beobachtungen wurden 1810 und 1821 von Colt Hoare in dem grundlegenden zweibändigen Werk ‚Ancient Wiltshire'[68] publiziert. Da Colt Hoare und Cunnington bisher die umfangreichsten Untersuchungen von Wessex-Grabhügeln durchführten[69] und sie sicherlich auch die bedeutendsten und reichsten Bestattungen der Wessex-Kultur ausgruben und dokumentierten[70], handelt es sich dabei auch heute noch um eine der grundlegenden Zusammenstellungen von Grabkomplexen zur Wessex-Kultur.

**Abbildung 2:** Englische Adlige bei der Untersuchung eines Grabhügels. Darstellung von 1852. (BARKER 1999, 26 Fig. 1.5)

Ausgehend von den Arbeiten Colt Hoares und Cunningtons publizierten in den darauffolgenden Jahren weitere Ausgräber von Grabhügeln verschiedenster Regionen Englands ihre Beobachtungen. Zu nennen wären u. a.: W. und T. Bateman[71], die in Derbyshire, Staffordshire und Yorkshire viele Tumuli öffneten. Ch. Warne[72] veröffentliche mehrere Grabbefunde aus Dorset. C. W. Greenwell[73] publizierte die Ergebnisse seiner Ausgrabungen in Yorkshire, Cumberland, Westmoreland, Northumberland, Durham, Gloucestershire, Berkshire und Wiltshire.

Aus forschungsgeschichtlicher Sicht kommt sicherlich den Arbeiten von General Pitt-Rivers eine besondere Bedeutung zu, da er erstmals bei Ausgrabungen englischer Grabhügel wissenschaftlich zu nennende Ausgrabungs- und Dokumentationsmethoden einsetzte[74].

Der nächste große Fortschritt bei der Erforschung der südenglischen Grabhügel erfolgte mit der ersten chronologischen Zuordnung verschiedener Grabhügelformen durch J. Thurnam 1869 und 1871[75]. Anhand von systematischen Untersuchungen des Verhältnisses zwischen äußerer Grabhügelform und den angetroffenen Funden konte Thurnam erstmals die sog. ‚long barrows' dem Neolithikum und die ‚round barrows' der Bronzezeit zuweisen. Darüber hinaus lieferte er auch die erste typologische Gliederung des Beigabenmaterials aus den Grabhügeln und somit auch des Wessex-Materials. Der von ihm geschaffene Typ des ‚grooved daggers'[76], also eines Dolches mit schneidenparallelen Rillen, wurde von vielen Archäologen übernommen und später zu dem charakteristischen Merkmal männlicher Wessex-Bestattungen[77].

Die erste chronologische Gliederung der britischen Bronzezeit in zunächst zwei, später dann in drei Phasen wurde von J. Evans[78] anhand der Metallformen erarbeitet. Deren älteste Phase war durch kleine sog. ‚knife-daggers' und flache oder mit leichten Randleisten versehene Beile charakterisiert. Die zweite Phase zeichnete sich durch die

---

61  J. AUBREY, Monumenta Britannica (unpubl.). Vgl. ASHBEE 1960, 17 f.; GERLOFF 1975, 17 ff., 17 Anm. 6.

62  Es handelt sich um flache, runde Hügel mit einem umgebenden Kreisgraben. Vgl. GERLOFF 1975, 18.

63  CAMDEN 1695, 98. Zum Klassifikationssystem siehe: GERLOFF 1975, 18.

64  Stuckeley beschrieb auch erstmals den von ihm benannten und für die spätere Erforschung der Wessex-Kultur sehr bedeutenden ‚Bush Barrow'. STUKELEY 1743a, 45, Taf. 33; GERLOFF 1975, 18 Anm. 4.

65  STUKELEY 1743a; STUKELEY 1743b.

66  Amesbury G. 44, Wiltshire. 1723 durch Stukeley ausgegraben. Vgl. GERLOFF 1975, 18, 161, 197, (Nr. 242) Pl. 52 E.

67  STUKELEY 1723, 131, 133; GERLOFF 1975, 18 Anm. 5.

68  COLT HOARE 1810; COLT HOARE 1821.

69  Etwa 140 an der Zahl. Vgl. GERLOFF 1975, 18.

70  Unter den von Cunnington und Colt Hoare ausgegrabenen Bestattungen finden sich z. B. die beiden wohl bekanntesten Gräber der Wessex Kultur: „Bush Barrow" (Wilsford G.5 [18]) und „Gold Barrow" (Upton Lovell G.2(e) [23]).

71  BATEMAN 1848; BATEMAN 1861.

72  WARNE 1866.

73  GREENWELL 1877; GREENWELL 1890.

74  PITT-RIVERS 1887-1898.

75  THURNAM 1869; THURNAM 1871.

76  THURNAM 1871, 452 f., 463.

77  EVANS 1881, 222 ff.; NEWALL 1930–1932, 432 ff.; PIGGOTT 1938, 61 ff.

78  EVANS 1873, 392 ff.

großen Dolchklingen (‚grooved daggers'), Randleisten-beile und Speerspitzen mit Schäftungstüllen[79] aus. Die dritte und jüngste Phase definierte er anhand von Absatz- und Tüllenbeilen sowie anhand von Bronzeschwertern und echten Lanzenspitzen.

1908 wurde von O. Montelius eine weitere Gliederung der britischen Bronzezeit in fünf bzw. vier Perioden vorge-schlagen[80]. Als ein wichtiges Kriterium zur Definition sei-ner frühesten bronzezeitlichen Periode II führte Montelius die verbreitete Verwendung von intensionell hergestellten Zinnbronzen (Sn-Anteil > 10%) an[81]. Die Periode III ist vor allem durch das Aufkommen der typischen Arreton Bronzen[82] charakterisiert[83]. Die beiden Perioden II und III werden in etwa dem entsprechen, was Piggott 1938 als Wessex-Kultur definieren wird.

Vier Jahre nach Montelius Veröffentlichung erscheint 1912 Abercombys „Study of the Bronze Age Pottery of Great Britain & Ireland and its associated grave-goods"[84], in dem er auf die sog. ‚pigmy-cups' und ‚cinerary urns' eingeht, welche ebenfalls ab 1938, zumindest zum Teil, zu den Hinterlassenschaften der Wessex-Kultur gezählt wer-den. Er wies auf kontinentale Parallelen hin und erkannte, dass die Gold- und Bronzeobjekte, welche die Wessex-Kultur später definieren sollten, einer jüngeren Epoche als die Glockenbecher und deren Beifunde zugehörig sein müssen.

Aber noch in den 1930igern ist man in der Frühbronze-zeitforschung der britischen Inseln der Auffassung, dass eine scharfe Abgrenzung einzelner Kulturgruppen bis in die späte Bronzezeit nicht möglich sei[85]. Dies änderte sich schlagartig im Jahre 1938, als St. Piggott mit der Wessex-Kultur die erste frühbronzezeitliche Kultur der britischen Inseln definierte[86]. „Wessex[87]", als Bezeichnung für eine archäologische Fundprovinz, wurde erstmals durch O. G. S. Crawford in den dreißiger Jahren des 20. Jahrhunderts in die archäologische Forschung zur Frühbronzezeit der britischen Inseln eingebracht[88]. Crawford erkannte die Be-deutung der Region und der dort gefundenen Tumuli und faßte diese unter der Bezeichnung ‚Wessex-Barrows' zu-sammen.

Die Bezeichnung ‚Wessex Culture' und deren Definiti-on gehen auf Piggotts fundamentalen Artikel „The Early Bronze Age in Wessex" zurück. Dort kompilierte er eine Liste aller Bestattungen, welche zu der von ihm definierten Wessex-Kultur gehörten[89]. Anhand bestimmter Beigaben-typen gelang es Piggott, eine Gruppe von Bestattungen aus dem umfangreichen Bestand an Grabhügeln in Südeng-lands zu isolieren, deren Verbreitung sich etwa im Bereich von Crawfords ‚Wessex-Region' konzentrierte. Damit wurde erstmals eine scharf abgegrenzte Kultur für die frühe Bronzezeit Englands in die archäologische Forschung eingebracht[90].

Zu den definierenden Beigabentypen der Wessex-Kultur nach Piggott gehörten ‚grooved daggers', Bronzedolche mit schneidenparallelen Rillen und häufig auftretenden Mittelrippen[91], des weiteren Keramikformen, wie die ‚In-cense cups' und bestimmte Formen der ‚Cinerary Urns', Fayence- und Bernsteinperlen oder -anhänger, Schmuck-stücke aus Goldblech, Felsgesteinäxte[92], Knochen- und Bronzenadeln sowie Randleistenbeile[93]. Die Dolche mit schneidenparallelen Rillen stellten die wichtigste Grup-pe der Grabbeigaben dar, die für die Definition und die chronologische Einordnung der Wessex-Kultur in Be-tracht gezogen wurde. Piggott erkannte eine interne Glie-derungsmöglichkeit dieser diagnostischen Fundgruppe. Er unterschied Dolchklingen mit triangulärer und geschwei-ter Form. Darin zeigte sich eine Entwicklung von einer äl-terer Gruppe, den triangulären Dolchen, hin zu einer jün-geren Gruppe, die geschweifte Klingenformen aufweist[94]. Über diese Möglichkeit einer internen chronologischen Gliederung der Grabinventare hinaus ermöglichte die Un-tersuchung der Dolche und deren Verzierungen auf Klin-gen und z. T. auf erhaltenen Griffen es Piggott, die Wes-sex-Kultur mit der frühbronzezeitlichen Grabhügelkultur der Bretagne zu verknüpfen[95]. Die Ähnlichkeiten zwischen den bretonischen und südenglischen Dolchen waren be-reits anderen Forschern aufgefallen[96], doch Piggott sah z. B. im Gegensatz zu G. Childe[97] diese Dolche nicht als eine in Südwestengland entstandene Form an, sondern als einen aus der Bretagne stammenden Einfluß auf den früh-bronzezeitlichen Südwesten Englands, da aus der Bretagne eine wesentlich größere Zahl von triangulären Dolchen be kannt war als aus dem Verbreitungsgebiet der Wessex-Kultur[98].

Auf Grund dieser Beobachtungen kam Piggott schließ-lich zu dem Schluß, dass die weitreichenden kulturellen Veränderungen, welche mit dem Aufkommen der Wes-sex-Kultur in Südengland einhergingen, nicht auf indi-gene Entwicklungen der vorangegangenen Becher-Kultur

79   Z. B. aus dem Bronzehort von Arreton Down. Needham/Lawson/ Green 1985, 21 ff.
80   Montelius 1908, 113 ff. Er gliederte die Bronzezeit in die Perioden II–V. Die Periode I entspricht noch dem Endneolithikum (‚Copper Age' nach Montelius). Montelius 1908, 99 ff.
81   Daneben sind Flachbeiklingen mit weit ausgezogener Schneide und Verzierung, Dolchklingen mit oder ohne Mittelrippe, z. T. mit schneidenparallelen Rillen, Stabdolchklingen, Goldlunulae, Dolchgriffknäufe, konische Knöpfe mit V-Bohrung, bestimmte Ur-nentypen sowie Bernstein- und Schiefertassen charakteristisch. Des weiteren finden sich in Montelius Periode II gestreckte und gehockte Körperbestattungen in Grabhügeln, die z. T. in Baumsärgen bestattet wurden. Körperbestattungen in Flachgräbern sowie Brandbestat-tungen in Grabhügeln. Montelius 1908, 113 ff.
82   Siehe: Anm. 79.
83   Daneben sind Flachbeile mit extrem weit ausgezogener Schneide (halbmondförmig), Absatzbeile, Dolchklingen mit wenigen Nie-ten und Wendelringe typische Formen. Typisch für Periode III sind Brandbestattungen.
84   Abercomby 1912.
85   Z. B.: Childe 1930, 54, 92.
86   Piggott 1938.
87   Name eines ehemaligen angelsächsischen Königreichs im Südwe-sten Englands.
88   Crawford 1927, 420; Crawford/Keiller 1928.

89   Piggott 1938, 102 ff. App. VII.
90   Piggott 1938, 92.
91   Newalls Typ ‚ogival dagger'. Newall 1930–1932, 432 ff.
92   Der Typ der steinernen Streitäxte, welche Piggott als charakteristisch für die Wessex-Kultur beschrieb entsprechen etwa der ‚Snowshill-Group' nach Roe 1966, 212. Dazu auch: Gerloff 1975, 21.
93   Piggott 1938, 61.
94   Piggott 1938, 61 f.; Gerloff 1975, 22.
95   Piggott 1938, 62 ff.
96   GranciÈre 1899, 578 f.; Martin (1900, 172), Abercomby (1912a, 137) und Crawford (1913, 641 ff.) verwiesen auf weitere Verbin-dungen Südenglands zur Bretagne. Childe 1937, 17 f.; Gerloff 1975, 22.
97   Childe 1937, 22.
98   Piggott 1938, 67.

zurückzuführen seien, sondern sich nur schlüssig durch eine Bevölkerungsverschiebung von der Bretagne nach Südengland erklären ließen. Dabei gab besonders die weite und schnelle Verbreitung von neuen Metallwaffen-, Schmuck- und insbesondere Bestattungsformen für Piggott den Anlaß, als Ursprung der Wessex-Kultur eine Migrationsbewegung ausgehend von der Bretagne nach Südengland zu postulieren. Er bezeichnete die Träger der Wessex-Kultur als eine dominante und aggressive Aristokratie, welche für wenigstens einige Jahrhunderte über die indigene Kultur herrschte und schließlich von dieser absorbiert wurde[99].

Relativchronologisch wurde der Beginn der Wessex-Kultur von Piggott auf Grund der typologischen Stellung der weiterentwickelten triangulären Wessex-Dolche als auf die Becher-Kultur folgend eingestuft. Währenddessen konnte das Ende nicht genauer vom Beginn der mittleren Bronzezeit auf den britischen Inseln unterschieden werden, da wie Piggott bemerkte viele der charakteristischen Formen der Wessex-Kultur sich zu typisch mittelbronzezeitlichen Formen weiterentwickelten[100].

Zur einer absolutchronologischen Einordnung der Wessex-Kultur gelangte Piggott mittels komparativer Stratigraphie. Dabei sind vor allem Vergleichsfunde aus Zentraleuropa und dem Mittelmeerraum von Bedeutung. So wurden bestimmte Bronzenadelformen und auch die in einigen der Wessex-Gräber gefundenen Stabdolchanhänger als deutliche Belege für ein synchrones Bestehen der Wessex- und der zentraleuropäischen Aunjetitz-Kultur gewertet. Nach dem damals geltenden Forschungsstand gelangte Piggott somit zu der Auffassung, dass die Wessex-Kultur zumindest während des Zeitraums zwischen 1800 und 1500 v. Chr. bestanden haben mußte. Wobei das Ende der Wessex-Kultur von ihm auf Grund des Auftretens von Fayenceperlen nicht viel früher als um 1400 v. Chr. datiert wurde[101]. Wesentlich weiter reichende Folgen hatten aber die Vergleiche von außergewöhnlichen Fundstücken aus den reichen Prunkgräbern der Wessex-Kultur mit Funden aus dem spätbronzezeitlichen Griechenland. Die Deutung dieser Vergleichsfunde beschäftigt die Forschung noch bis in die Gegenwart.

Piggott nahm 1938 Bezug auf eine Feststellung, die bereits 1925 von M. E. Cunnington[102] geäußert worden war. Sie verwies auf die Ähnlichkeit zwischen der goldbeschlagenen Bernsteinscheibe aus dem reichen Wessex-Grab von Preshute G. 1(a) [24] (Taf. X/21), „Manton Barrow", und dem Fund einer ebenfalls goldbeschlagenen Bernsteinscheibe aus dem „Grab der Doppeläxte" in Knossos[103]. Als einen weiteren Hinweis auf die kulturellen Kontakte zwi-

schen der Wessex-Kultur und dem schachtgräberzeitlichen Griechenland führte Piggott das Vorkommen von aufwendig hergestellten Bernsteinschiebern und Bernsteinperlen in beiden Regionen an[104]. Auch wenn Piggott die mit aufwendigen Bohrmustern („basic pattern[105]') verzierten Bernsteinschieber wie auch die massiven Bernsteinperlen als „in the Danish style"[106] bezeichnete, so erkannte er jedoch, dass es sich bei der Form der Bernsteinhalskragen mit breiten Schiebern um eine typische Schmuckform der britischen Inseln handelte[107]. Der Bernstein mußte also als Rohmaterial eingeführt und wahrscheinlich im Bereich der Wessex-Kultur verarbeitet worden sein. Auf dieser Erkenntnis basierende weiterführende Überlegungen zum zeitlichen, wie auch kulturellen Verhältnis der britischen und ägäischen bronzezeitlichen Kulturen stellte Piggott 1938 in seinem Artikel nicht an. Piggott verwies auf weitere Anknüpfungspunkte zwischen der britischen Frühbronzezeit und dem spätbronzezeitlichen Griechenland. Er sah z. B. in den mittels *pointillé*-Technik dekorierten Wessex-Dolchen wie auch in den bretonischen Exemplaren Verzierungsformen, die aus dem mykenischen Kulturbereich angeregt worden waren[108].

Damit war ab 1938 eine Kultur auf der Grundlage von bestimmten Beigabentypen und deren Kombination für die Frühbronzezeit Südenglands geschaffen worden, die sich in einer bestimmten Region konzentrierte, sich diese aber mit einer Art zeitgleicher indigener Substratkultur (foodvessel culture)[109] teilte, indem sie in einer sozialen Hierarchie die gesellschaftliche Elite verkörperte.

In den 1950er Jahren revidierte Piggott seine absolute Datierung zur Wessex-Kultur und kam auf Grund von kontinentalen und mediterranen Vergleichen zu dem Schluß, dass die Wessex-Kultur in den Zeitraum von etwa 1500 bis 1300 v. Chr. zu datieren sei[110].

1954 gliederte A. M. ApSimon die Wessex-Kultur erstmals anhand der Dolchformen in die Phasen Wessex I und Wessex II[111]. Bereits 1938 hatte Piggott darauf hingewiesen, dass die Dolche der Wessex-Kultur wahrscheinlich in zwei große und zeitlich aufeinanderfolgende, wenn auch überlappende Gruppen zu gliedern seien, die sich vor allem durch die unterschiedliche Klingenform auszeichneten[112]. Die triangulären Dolchklingen wurden durch ApSimon dem ersten Typ bzw. der „Bush Barrow Group"[113] (Wessex I) zugewiesen. Die geschweiften Dolchklingen wurden in

99 „The archaeological evidence strongly suggests a dominant and intrusive aristocracy who for some centuries at least lorded it over the native element, which was eventually to absorb them." PIGGOTT 1938, 94. Dieser Ansicht widersprach CLARK 1966, 182 ff.

100 PIGGOTT 1938, 52.

101 PIGGOTT 1938, 95; auf der Grundlage von BECK/STONE 1935, 232 f. PIGGOTT folgte BECK/STONE (1935) auch in der Ansicht, dass die Fayenceperlen der Wessex-Kultur Importe darstellen.

102 CUNNINGTON 1925, 69 f. Maud E. Cunnington, geborene Pegge, (1869–1951) ist die Frau von Benjamin H. Cunnington (1861–1950), einem Urenkel von William Cunnington (1754–1810), der als Autodidakt zusammen mit Sir Richard Colt Hoare die meisten der Wessex-Prunkgräber untersuchte.

103 EVANS 1913, 42 f. Abb. 56.

104 PIGGOTT 1938, 95.

105 SANDARS 1959, 293.

106 PIGGOTT 1938, 95.

107 PIGGOTT 1938, 81.

108 PIGGOTT 1938, 95 f. Auch in anderen Funden und Techniken, wie der Goldtasse von Rillaton und dem Goldbeschlagen von Perlen, erkannte Piggott einen kulturellen Einfluß des spätbronzezeitlichen Griechenlands, der sich in den Prunkgräbern der Wessex-Kultur manifestierte.

109 PIGGOTT 1938, 52.

110 GERLOFF 1975, 25.

111 ApSIMON 1954.

112 PIGGOTT 1938, 61 f.

113 ApSIMON 1954, 37 ff. Benannt nach dem berühmten Grabfund, Wilsford G.5 „Bush Barrow" [18], der zwei charakteristische Dolche dieses Typs enthielt, die in Varianten mit und ohne Mittelrippe auftreten.

einem zweiten Typ, der „Camerton-Snowshill Group"[114] bzw. den ‚ogival daggers' (Wessex II) zusammengefaßt.

Auf Grund von komparativ-stratigraphischen Vergleichen datierte ApSimon die Phase Wessex I in die zweite Hälfte des 16. Jahrhunderts v. Chr., die dann von der Phase Wessex II abgelöst wurde, die ihrerseits bis in die erste Hälfte des 14. vorchristlichen Jahrhunderts dauern sollte[115].

ApSimons Gliederung der Wessex-Kultur bestand mehr oder weniger unverändert bis 1975, als S. Gerloff in der Reihe „Prähistorische Bronzefunde" die Dolche der frühen Bronzezeit in Großbritannien umfassend neu bearbeitete[116]. Sie gliederte die seit 1938 als Wessex-Dolche bekannten Funde in zwei Hauptserien der Dolchentwicklung: Die Amorikanisch-Britische Dolchserie und die Camerton-Snowshill Dolchserie. In diesen spiegelt sich grob die Gliederung in die Bush Barrow Gruppe und die Camerton-Snowshill Gruppe von ApSimon wieder. Gerloff gelang es weitere Untergruppen bzw. Typen und Varianten zu definieren, die unter den beiden Hauptserien der Entwicklung der Wessex-Dolche subsummiert sind. Sie unterschied innerhalb der Amorikanisch-Britischen Dolchserie die drei Haupt-Typen Amorikanisch-Britisch A, B und C plus die Hybridform Amorikanisch-Britisch B/C. Die drei Haupttypen entsprechen den PBF-Typen[117] Winterborne Stoke, Cressingham sowie den Varianten Wonston, Winterborne Came und der Gruppe Roke Down.

Innerhalb der Camerton-Snowshill Dolchserie trennte Gerloff die Typen Camerton und Snowshill von einander ab. Deren enge typologische Verwandtschaft kommt aber im Vorkommen von Hybridformen zum Ausdruck, die charakteristische Merkmale beider Typen in sich vereinen.

Auf der Basis der mit den neugeschaffenen Dolchtypen vergesellschafteten Fundkomplexe konnte Gerloff die relativchronologischen Beziehungen der verschiedenen Dolchtypen untereinander genauer bestimmen. Sie kam zu dem Ergebnis, dass die Typen Amorikanisch-Britisch A und B ungefähr zur gleichen Zeit aufkamen, während der Typ B eine etwas längere Laufzeit aufzuweisen scheint und Anklänge an die jüngere Form C zeigt. Diese verweisen ihrerseits bereits auf die Dolche der folgenden Camerton-Snowshill Dolchserie. Auf Grund von Hybridformen, wie Amorikanisch-Britisch B/C kann davon ausgegangen werden, dass sich auch die Typen Amorikanisch-Britisch B und C zeitlich überlappen. Darüber hinaus zeigen die Dolche des Typs Amorikanisch-Britisch C in ihren Vergesellschaftungen bereits enge Verbindungen zu den jüngeren Dolchen der Camerton-Snowshill Dolchserie und den mit ihnen vergesellschafteten Funden. Hieraus ergibt sich, dass eine strikte zeitliche Trennung der Amorikanisch-Britischen und der Camerton-Snowshill Dolchserie abzulehnen ist und vielmehr von einer zeitlichen Über-

lappung zumindest des Typs Amorikanisch-Britisch C und frühen Dolchen der Camerton-Snowshill Dolchserie auszugehen ist[118]. Auffällig ist ein fortschreitender Wandel der Bestattungs- und Beigabensitten, der eng mit dem Auftreten der Amorikanisch-Britisch C Dolche verbunden ist und vollständig ausgeprägt während des Auftretens von Gräbern mit Camerton-Snowshill Dolchen erscheint.

Somit stellt sich die Entwicklung der Wessex-Dolchgräber nach Gerloff etwa wie folgt dar:

WESSEX I → Dolchgräber der Amorikanisch-Britischen Serie (Amorikanisch-Britische Dolche der Typen A und B). Sowohl Brand-, als auch Körperbestattungen existieren nebeneinander.

WESSEX I/II → Übergangshorizont zwischen Amorikanisch-Britischer Serie, mit Dolchen des Amorikanisch-Britischen Typs C, typischen Bestattungssitten der Camerton-Snowshill Dolchgräber und frühen Dolchen der Camerton-Snowshill Serie. Übergang zur Brandbestattungssitte.

WESSEX II → Charakteristische Camerton-Snowshill Dolchgräber. Ausschließlich Brandbestattungen.

Darüber hinaus gliederte Gerloff auch die Frauenbestattungen[119] der Wessex-Kultur in zwei aufeinanderfolgende Serien. Die Wilsford Serie und die Aldbourne Serie, die sich vor allem durch veränderte Beigabensitten auszeichnen.

Die Wilsford Serie ist durch eine sehr reiche Beigabensitte gekennzeichnet. Es finden sich sowohl Brand- als auch Körperbestattungen. Die Aldbourne Serie wirkt im Allgemeinen ärmer ausgestattet und zeigt ausschließlich die Brandbestattungssitte.

Die beiden Serien der Frauenbestattungen erbrachten praktisch keinerlei typologisch auswertbare Funde, so dass eine relativchronologische Einordnung der beiden Serien nur über Beziehungen zu den Dolchgräbern erfolgen konnte. Diese zeigen, dass die Wilsford Serie wahrscheinlich in die Zeit der Übergangsphase Wessex I/II zu datieren ist, während die Aldbourne Serie sich sehr wahrscheinlich synchron zu den Bestattungen der Camerton-Snowshill Serie verhält[120]. Die von Gerloff erarbeitete relativchronologische Gliederung der Wessex-Kultur bestimmt noch

---

114 Benannt nach den Grabfunden von Camerton, Somerset und Snowshill, Gloucestershire. ApSimon 1954, 42 ff.

115 ApSimon verband z. B. die Goldblecharbeiten aus dem ‚Bush Barrow', Wiltshire und mit den Goldfunden aus Schachtgrab IV in Mykene, die goldgefaßte Bernsteinscheibe aus Manton mit dem Exemplar aus dem „Grab der Doppeläxte" in Knossos sowie die Bernsteinschieber mit komplexen Bohrmustern aus Gräbern der Wessex-Kultur mit den Exemplaren aus dem westlichen Mitteleuropa und aus dem mykenischen Kulturbereich (Tholosgrab von Kakovatos). ApSimon 1954, 48 ff.

116 Gerloff 1975.

117 Sie sind nach eponymen Fundorten benannt. Gerloff 1975, 70.

118 Gerloff 1975, 245.

119 Neben den für die Wessex-Kultur so diagnostischen Dolchgräbern kommen zahlreiche Bestattungen vor, die keine Waffen enthalten, aber Auf Grund der sonstigen Beigaben als reich oder gar prunkvoll zu bezeichnen sind. Auf Grund des Fehlens von Waffenbeigaben bzw. Dolchen und dem Vorkommen von weiblich konotierten Schmuckbeigaben, werden diese archäologisch als Bestattungen sozial hochgestehender Frauen gedeutet. Anthropologische Geschlechtsbestimmungen fehlen bei den allermeisten der altgegrabenen Wessex-Bestattungen.

120 Gerloff 1975, 212 ff.

heute den aktuellen Forschungsstand und wird daher in Kap. 2.2.1 Die relativchronologische Gliederung der Wessex-Kultur eingehender erläutert werden.

Zu absoluten Daten für die verschiedenen Phasen der Entwicklung der Wessex-Kultur gelangte Gerloff wie bereits ApSimon, Piggott und andere, mit Hilfe von Vergleichen zwischen der Wessex-Kultur, dem kontinentalen Europa und dem mediterranen Raum. Aus Ermangelung an [14]C-Daten spielten diese bei der Datierung der Wessex-Kultur in den 1970er Jahren nur eine sekundäre, unterstützende Rolle[121].

Gerloff gelangte zu der Ansicht, dass die Amorikanisch-Britischen Dolche nicht vor der Stufe Reinecke A2 auftraten. Was nach damaliger Chronologie in etwa mit der mykenischen Schachtgräberzeit zeitgleich sein sollte und circa der ersten Hälfte des 16. vorchristlichen Jahrhunderts entsprochen hätte. Das Ende der Amorikanisch-Britischen Dolchserie datierte sie in das 15. Jahrhundert, eine Zeit, zu der bereits die Camerton-Snowshill Dolchserie entwickelt war[122]. Deren Laufzeit begann mit dem ausgehenden 16. Jahrhundert und endete im beginnenden 14. Jahrhundert[123]. Gerloff revidierte 1993[124] diese Datierung teilweise, bzw. gründete sie auf neuere naturwissenschaftliche Datierungsergebnisse. Der Beginn von Wessex I blieb in seiner relativchronologischen Synchronisation mit der kontinentaleuropäischen Bz A2 bestehen, wurde nun jedoch absolut um 2000 v. Chr. datiert und somit um einige Jahrhunderte älter. Die Übergangsphase Wessex I/II zusammen mit den Frauenbestattungen der Wilsford Serie wurde mit dem Übergangshorizont Bz A2/B1 bzw. A3 synchronisiert. Was in absoluten Daten ungefähr dem ausgehenden 17. und beginnenden 16. Jahrhundert entspricht[125]. Die Datierung des Endes von Wessex II und des Beginns der Mittelbronzezeit in Südengland blieb weiterhin bestehen und wird ins beginnende 14. Jahrhundert gleichzeitig mit dem Übergang von Bz B2 zu C datiert[126].

## 1.3 DEFINITION DES TERMINUS „PRUNKGRAB"

Bereits im Titel dieser Arbeit spielt der Terminus „Prunkgrab" eine zentrale Rolle. Dieser ist von oft synonym verwendeten archäologischen Termini, wie „Fürsten-", „Königs-", „Adels-" oder „Häuptlingsgräbern" zu trennen, auch wenn oft das gleiche Phänomen damit bezeichnet wird. Diese Trennung der Termini wird gefordert, da mit den oben aufgeführten Begriffen bereits Bedeutungsinhalte verbunden sind, seien sie eher allgemeiner Natur[127] oder bereits durch archäologische Forschungen gefestigt[128], die

weit über die reine Beschreibung des Phänomens hinausgehen und bestimmte soziale Vorstellungen implizieren.

In Bezug auf das frühbronzezeitliche Prunkgrabphänomen hatte sich zunächst der Begriff „Fürstengrab" in der deutschsprachigen Literatur durchgesetzt. Erst in den letzten Jahrzehnten kamen vermehrt kritische Stimmen auf, die eine Anwendung dieses Terminus im Zusammenhang mit dem frühbronzezeitlichen wie auch dem hallstattzeitlichen Phänomen kritisch hinterfragten[129].

In Bezug auf die Benennung des Phänomens der exzeptionell reich ausgestatteten Gräber ist – sofern angestrebt – bislang kein einheitlicher Konsens erzielt worden, weswegen eine Definition des Terminus „Prunkgrab" nicht ohne eine Abgrenzung von anderen Termini sinnvoll ist.

Wie bereits in den vorherigen Kapiteln angesprochen, wurden die monumentalen Grabbauten der Wessex-Kultur im Süden Englands und der Aunjetitz-Kultur in Mitteldeutschland sowie in Großpolen bereits sehr früh als Begräbnisstätten ehemals bedeutender Persönlichkeiten interpretiert[130]. In dieser Tradition stehen auch die während der Vergangenheit in der englischsprachigen Literatur verwendeten Bezeichnungen, wie ‚princly burails' oder ‚royal graves' für Beispiele aus Wessex-Kultur[131].

Eine ähnliche Interpretation der mitteldeutschen Grabmonumente der Aunjetitz-Kultur brachte bereits 1906 Höfer in bezug auf das Grab von Leubingen [1] zum Ausdruck[132]. Diese führte letztlich zu einer vergleichbaren Ansprache. Größler verwendete 1907 in Zusammenhang mit der Publikation des Helmsdorfer Grabhügels [2] erstmals den Begriff des „Fürstengrabs" und führte ihn so in die Frühbronzezeitforschung ein[133]. Der Terminus „Fürstengrab" wurde bald auch für vergleichbare Grabbefunde des mitteldeutschen Raums, wie für das Grab von Leubingen [1], übernommen. Auf eine festere Grundlage wurde die Bezeichnung „Fürstengrab" in Bezug auf die Gruppe reich ausgestatteter frühbronzezeitlicher Grabhügel in Mitteldeutschland durch U. Fischer gestellt, der sich erstmals

---

121 Dazu GERLOFF 1975, 97 ff., 127.

122 GERLOFF 1975, 92 ff.

123 GERLOFF 1975, 126 ff.

124 GERLOFF 1993.

125 GERLOFF 1993, 74 ff.

126 GERLOFF 1993, 82 Abb. 10.

127 Der Begriffe wie Fürsten- oder Adelsgrab sind zunächst stark mit Bedeutungsinhalten aus mittelalterlichen Kontexten behaftet. Königs- oder Häuptlingsgräber sind weniger einer einzelnen Epoche verhaftet, sondern stehen in direkter Beziehung zu bestimmten Gesellschaftsformen.

128 Insbesondere in der Hallstattforschung ist um die Definition und die Bedeutungsinhalte des Begriffs „Fürstengrab" gerungen wurden, so

dass sich dort ein relativ festgefügter Terminus eingebürgert hat, der in seinem speziellen Kontext anzuwenden und zu verstehen ist. Fürstengräber werden in der Hallstattforschung als ein Ausdruck einer feudal strukturierten „Klassengesellschaft" aufgefaßt, an deren Spitze überregionale Herrscher, Fürsten, gestanden haben. Sie führten ihre Legitimation auf ihre Abstammung zurück (Dynastien). Sie setzten eine Schicht von „Lehnsleuten" ein, die die Bevölkerungsmasse kontrollierten. KRAUSSE 1996, 338.

129 Z. B.: KNAPP 1998; FISCHER 1982; SPINDLER 1983; BIEL 1985; EGGERT 1988; KOSSACK 1974.

130 Vgl. Kap. 1.2 Forschungsgeschichte. Bereits im 17. Jahrhundert gelangte J. Aubrey in Bezug auf die südenglischen Grabhügel zu einer solchen Deutung. Richtung weisend war für die Benennung der Aunjetitzer „Fürstengräber" GRÖSSLER (1907).

131 MEGAW/SIMPSON 1979, 212 ff.; CHILDE 1929, 244.

132 HÖFER 1906a, 34.

133 Siehe: 1.2.1 Aunjetitz-Kultur. GRÖSSLER 1907. Eingang in die archäologische Literatur fand dieser Terminus erstmals in Zusammenhang mit den Ausgrabungen zweier hallstattzeitlicher Grabhügel der Gießübel/Talhau-Gräbergruppe, nahe der Heuneburg, 1876/77. Dies geschah wahrscheinlich unter dem starken Eindruck der Schliemann'schen Entdeckung der sog. „Königsgräber" von Mykene. FISCHER 1982, 3. CHILDE (1929, 244) spricht im Zusammenhang mit den Gräbern der „Leubinger Gruppe" von ‚royal graves', wobei er direkt eine genauere Interpretation des gesellschaftlichen Status der dort bestatteten Individuen nachschiebt: „The royal tombs, under huge barrows, indicate powerful chieftains among merchants. [...] These presumably constituted a military aristocracy among the Aunjetitz people, who were buried in simple flat-graves."

um eine Abgrenzung und eine Definition der frühbronzezeitlichen „Fürstengräber" bemühte und entsprechende Gräber in der Leubinger Gruppe zusammenfaßte[134].

Sowohl die in der britischen wie auch in der deutschen Urgeschichtsforschung, verwendeten synonymen Begriffe „Fürstengrab", „princely burial" oder „royal graves" beinhalten nicht nur einen rein deskriptiven Aspekt, sondern implizieren darüber hinaus eine Interpretation der Befunde hinsichtlich der sozialen Rolle der dort Bestatteten. Besonders deutlich wird dies im Falle der frühen Wessex-Kultur, wo das gemeinsame Auftreten von „princely burials" und „warrior graves" bereits eine mindestens dreiteilig hierarchisch gegliederte Gesellschaftsstruktur impliziert.

Darüber hinaus enthalten solche Termini bereits eine Aussage zur Gesellschaftsform, so bestehen direkte Verbindungen zwischen Fürstengräbern und Fürstentümern[135], zwischen Königsgräbern und einem Königtum, wie zwischen Häuptlingsgräbern und Häuptlingstümern[136]. Welche Probleme eine solche mit sozialen Bedeutungsinhalten gefüllte Benennung der Gräber birgt, zeigt z. B. die in der Hallstattforschung seit Jahren geführte Diskussion zur Definition[137] und sozialen Deutung[138] der „Hallstattfürstengräber" und der sog. „-fürstensitze".

Die Hallstattforschung hat in den letzten Jahrzehnten mehrer Definitionsvorschläge für „Fürstengräber" hervorgebracht[139], welche allerdings z. T. speziell an die eisenzeitliche Befundsituation angepaßt und auf Grundlage dieser Quellen erarbeitet worden sind, so dass sie nicht ohne Weiteres auf das frühbronzezeitliche Phänomen der exzeptionell reich ausgestatteten Gräber anwendbar sind.

Ähnlich verhält es sich mit den Begriffen „Fürsten-" bzw. „Adelsgrab" in der Frühmittelal-

terarchäologie. Auch hier wurden verschiedene definierende Merkmale diskutiert, die aber auch in diesem Fall zunächst nur vor dem Hintergrund des speziellen kulturellen Kontexts jener Epoche Geltung besitzen[140].

Deshalb wird hier ein *terminus technicus* gefordert, der die Gräber der jeweils faßbaren Spitze einer im weitesten Sinne hierarchisch gegliederten, prähistorischen Gesellschaft bezeichnet. Die Frage nach der sozialen Rolle dieser elitären Minderheit bzw., welche Gesellschaftsform zu rekonstruieren ist, soll aber zunächst unberührt bleiben.

Wie bereits gezeigt werden konnte, beinhaltet der gebräuchliche Terminus „Fürstengrab" eine Fülle an vor Allem soziologischen Bedeutungsinhalten. Auch wenn diese der jeweiligen Sachlage der verschiedenen Epochen angepaßt werden, ist zunächst in jedem Fall ein neutraler Begriff wie Prunkgrab[141] vorzuziehen.

Definiert man diesen wie folgt, ist er zunächst von rein deskriptivem Charakter und umschreibt lediglich einen bestimmten, mehr oder weniger scharf umrissenen Grabtypus. Aus der Betrachtung der verschiedenen Definitionen von „Fürstengräbern" kann folgende Gruppe von Merkmalen für den geforderten *terminus technicus* erschlossen werden:

- Die Größe und Ausführung des Grabbaus erhebt diesen über die sonst übliche Norm hinaus.
- Die Quantität und Qualität der Beigabenausstattung geht über den sonst üblichen Rahmen der Bestattungen aus dem gleichen kulturellen Kontext hinaus. Die Beigabenausstattung bildet ein eigenes Ausstattungsmuster, das sich von der sonst geltenden Norm unterscheiden läßt. Dazu gehört auch die Beigabe von exotischen Materialien bzw. Gegenständen (z.B. Importgütern).
- Eine besondere topographische Lage der Gräber, z. B. an in einer die Landschaft beherrschenden Situation, an wichtigen Handels- bzw. Verkehrswegen.
- Ein Bezug zur Zentralität. Hierzu zählen z. B. der Bezug zu einer Siedlung oder einem Platz mit zentralörtlichem Charakter, der auf einer Machtkonzentration beruht, sei es, dass diese auf politischem, ökonomischem und/oder sakralem Einfluß basiert.

### 1.3.1 Aunjetitz-Kultur

Mittels der geforderten Definition und dem Merkmalkalog zur Bestimmung von Prunkgräbern kann ein solches nur durch die Abgrenzung gegenüber „Nicht-Prunkgräbern", also den „Normgräbern" der jeweiligen archäologischen Kultur, erkannt werden. Ein Grab ohne kulturellen Kontext kann demnach nicht als Prunkgrab anhand der gegebenen Definition bestimmt werden.

---

134 FISCHER 1956, 186 ff.

135 Dass dieser Zusammenhang nicht immer gewollt ist zeigt z. B. das Zitat von CHILDE. Siehe Anm.133. Der zwar von ‚royal graves' spricht, diese aber eigentlich im Sinne von Häuptlingsgräbern verstanden wissen will. Auf diese Problematik verweist auch MANDERA 1953, 208 f.

136 Dieser Zusammenhang wird in dem Titel „‚Fürst' oder ‚Häuptling'? Eine Analyse der herausragenden Bestattungen der frühen Bronzezeit" von KNAPP (1998) thematisiert und einer genauen Untersuchung unterzogen.

137 Dazu zusammenfassend KNAPP (1998, 9 ff.).

138 Als Beispiele für die Diskussion um die soziale Deutung der Hallstattfürstengräber seien hier nur die Aufsätze von EGGERT (1988) und KRAUSSE (1999) angeführt sowie die Ausführungen SPINDLERS (1983, 102.)

139 Dazu z. B.: FISCHER 1982, 3 ff. Als typische Merkmale der hallstattzeitlichen Fürstengräber erkannte er zum einen die auffallende Größe der Grabhügel sowie die Anlage einer hölzernen Zentral- und gelegentlich einer jüngeren Nebengrabkammer. Zum anderen enthielt diese Gruppe von Gräbern Goldobjekte und Importe aus den klassischen Ländern des Mittelmeerraums. Darüber hinaus fanden sich zumeist Reste von hölzernen, vierrädrigen Wagen. SPINDLER (1983, 102 ff.) präzisierte die Anhaltspunkte zur Definition der Fürstengräber: 1. die Größe des Tumulus von mindestens 30 bis 40 m Durchmesser, 2. Bezug zu einem Fürstensitz, 3. Goldbeigaben (Halsreif und/oder Armband bzw. Goldschale und/oder goldene Schmucknadeln), 4. mediterrane Importgüter oder Nachahmungen von solchen. Einen ähnlichen Ansatz erarbeitete BIEL (1985, 33 ff.). EGGERT (1988, 263 f.) faßte die bereits angeführten Merkmale recht allgemein in die drei Schlagworte „Fremdartigkeit, Qualität und Quantität". Des weiteren betonte er die Bedeutung des geleisteten Arbeitsaufwands zur Errichtung der Fürstengräber, als definierendes Maß, wobei eine Quantifizierung dieses Aufwands zumeist an zu vielen unbekannten Faktoren scheitert.

140 Zur Entwicklung des Begriffs „Fürstengrab" in der Frühmittelalterarchäologie siehe zusammenfassend: KNAPP 1998, 13 ff.

141 Zum Terminus Prunkgrab siehe KOSSACK 1974. der den Begriff erstmals in die archäologische Forschung einführte.

### 1.3.1.1 Das klassisch-aunjetitzer Normgrab in Mitteldeutschland[142]

**DER GRABBAU:**
- In der Aunjetitzer Kultur ist das Flachgrab in Nekropolen die vorherrschende Grabform[143].
- Die Flachgräber treten als einfache Erdgräber auf, häufig sind aber auch einfache Steinpackungen oder Mauerkisten, die als ein Leitfossil der klassischen Aunjetitz-Kultur gelten können[144].
- Die Gräber sind streng Nord/Süd orientiert.

**BESTATTUNGSFORM:**
- Die kanonische Lage der Toten der Aunjetitzer Kultur ist die rechtseitige Hockerlage. Zwar sind auch Bestattungen in gestreckter Rückenlage, oder linke Hocker zu beobachten, doch stellen diese eine Ausnahme dar.
- Die Bestattungen sind streng in Süd/Nord-Richtung ausgerichtet, der Blick geht nach Osten.

**BEIGABENAUSSTATTUNG:**
- Insbesondere die Gräber der „Metallgruppe"[145] zeichnen sich durch die relativ häufige Beigabe von Metallgegenständen in den Gräbern aus. Hinzu tritt oft die Beigabe von Keramikgefäßen. Erweitert man das Blickfeld auf die benachbarten Gruppen, so zeigt sich, dass dort üblicherweise Beigabenausstattungen ohne Metall die Regel darstellen. Auch Gräber ohne Metall- und Keramikbeigaben kommen regelhaft vor, zu mal von einer weit höheren Dunkelziffer auszugehen ist, da eine kulturelle Zuordnung beigabenloser Gräber selten sicher erscheint.
- Die keramischen Beigabenensembles der klassischen Aunjetitzer Kultur bestehen oft aus ein bis zwei Gefäßbeigaben. Zumeist handelt es sich um Tassenformen, die im Rumpf- oder Kopfbereich plaziert wurden. Die Metallgruppe, in der sich ein Bedeutungsverlust des keramischen Beigabenguts abzeichnet, gibt meist nur einzelne Gefäße mit ins Grab[146].
- Ergänzend zu den keramischen und metallenen Beigaben treten auch Gegenstände aus Knochen, Nadeln und Pfrieme, Gegenstände aus Flint sowie Schmuckgegenstände aus Muscheln oder Tierzähnen gelegentlich hinzu[147].
- In der gesamten Aunjetitzer Kultur sind nach den Gefäßbeigaben Nadeln die häufigsten Funde in den Gräbern. Diese sind als Bestandteil der Trachtausstattung zu werten. Meisten treten sie in der Einzahl in den Gräbern auf und finden sich im Brust-, Kopf-, Fuß- oder Hüftbereich und somit nicht immer im eigentlichen Trachtzusammenhang[148].

- Die häufigste Schmuckform in den Gräbern der Metallgruppe sind die Noppenringe[149]. Sie sind gleichzeitig auch die häufigste Form der Goldbeigabe in aunjetitzer Gräbern. Sie werden meistens paarweise angetroffen[150].
- Waffenbeigaben sind in den Flachgräbern der Aunjetitzer Kultur selten und spielen bei der Beigabenausstattung eine untergeordnete Rolle[151].

### 1.3.1.2 Merkmalsensemble der Aunjetitzer Prunkgräber

Betrachtet man nun das erste der geforderten Merkmale zur Bestimmung eines Prunkgrabs, die Ausführung und Größe des Grabbau, die über die übliche Norm gesteigert ist, dann ergibt sich scheinbar eine graduelle Abstufung innerhalb der aunjetitzer Grabbauten.

Diese reicht von simplen Erdgräbern über einfache Steinpackungen und aufwendiger gestalteten Mauergräber verschiedener Größen und Grabtiefen bis hin zu den monumentalen Grabhügeln mit komplexer innerer Struktur[152]. Dennoch ist eine deutliche Abgrenzung zwischen den einfachen Erdgräbern ohne Monumentcharakter und den oberirdisch weithin sichtbaren und dauerhaften Grabhügelmonumenten möglich. Es ergibt sich eine Gliederung der Gräber der Aunjetitzer Kultur in die große Gruppe der „normalen" Flachgräber und die relativ kleine Gruppe der Tumulusgräber. Neben dem Grabbügel selbst kommt aber noch die außergewöhnliche innere Struktur mit z. T. mächtigen Steinkernen und hölzernen Grabkammern als wichtiges Merkmal hinzu, wie es z. B. in den Gräbern von Leubingen [1] und Helmsdorf [2] beobachtet werden konnte.

Der Grabhügel mit komplexem Innenaufbau kann daher als ein notwendiges, wenn auch allein nicht hinreichendes Kriterium für Prunkgräber der Aunjetitzer Kultur geltend gemacht werden. Das zweite für die Bestimmung von Prunkgräbern geforderte Merkmal, die außergewöhnliche Beigabenausstattung, die sich sowohl durch die Quantität, als auch die Qualität der Beigaben auszeichnet, läßt sich nicht so scharf abgrenzen, wie es beim Grabbau möglich war. Als außergewöhnlicher Ausdruck hoher Qualität der Beigaben können z. B. Gegenstände aus Edelmetall betrachtet werden[153].

---

149 FISCHER 1956, 178.

150 FISCHER 1956, 178; ZICH 1996, 226 Anm. 226.

151 FISCHER 1956, 178 f., 179.

152 Beispiele für Grabhügel mit komplexem inneren Aufbau: Leubingen [1], Helmsdorf [2], Baalberge [3], Dieskau Hügel II [5], Nienstedt [6], Sömmerda Hügel I und II [7&8], Königsaue [9], Österkörner [10], Nekropole von Łęki Małe [11-16] und Szczepankowice [17].

153 Goldbeigaben fanden sich z. B. in folgenden Grabkontexten der nördlichen Aunjetitz-Kultur: Dieskau, Hügel I [4] (?), Dieskau, Hügel II [5], Leubingen [1], Helmsdorf [2], Nienstedt [6] (?), Łęki Małe, Hügel I D [11], Łęki Małe III B [13], Mellingen, Grab 1 (FISCHER 1956, 177; ZICH 1996, 197, F194a), Gernstedt (FISCHER 1956, 177), Magdeburg (ZICH 1996, 197, D313), Oberwerschen (BEHRENS 1962, 30), Burgliebenau (ZICH 1996, 227f., E116b), Płonia (ZICH 1996, 227f., L66a), Śliwin (ZICH 1996, 227f., L93c),Wrocław, Ot. Oporów, Grab LVII/67 (ZICH 1996, 227f., S513a), *Gosek* (ZICH 1996, 226 Anm. 860, E201c; BEHRENS 1962, 30.), *Osmünde* (ZICH 1996, 226 Anm. 860,E614b; BEHRENS 1962, 28), Mellingen (ZICH 1996, 226 Anm. 860, F195c), *Altenburg* (ZICH 1996, 226 Anm. 860, H3b), *Groß-Gastrose* (ZICH 1996, 226 Anm. 860, I18b), *Burk*, Grab

---

142 Nach FISCHER 1956, 170ff.

143 FISCHER 1956, 171, 185.

144 FISCHER 1956, 171.

145 FISCHER 1956, 175 f.

146 FISCHER 1956, 176 f.

147 FISCHER 1956, 176 ff.

148 FISCHER 1956, 175 f.

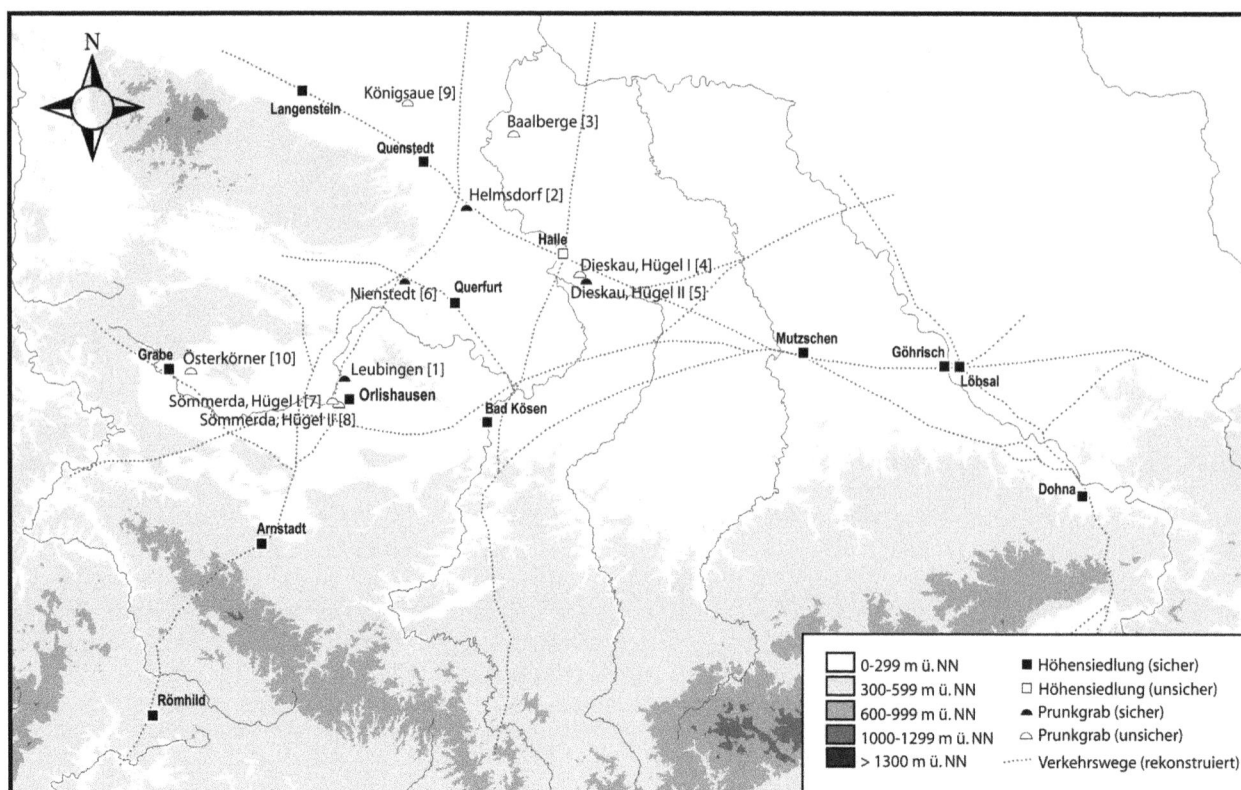

**Abbildung 3:** Prunkgräber der Leubinger Gruppe im Verhältnis zum rekonstruierten Wegenetz. (Erstellt auf der Basis von: SIMON 1990, 301 Abb.12)

Sowohl die Menge des mit ins Grab gegebenen Goldes, als auch die qualitätvolle Verarbeitung des Materials liefern zumindest Hinweise auf eine graduelle Abstufung. So beträgt z. B. die Gesamtmasse der Goldbeigaben aus dem Grab von Leubingen [1] rund 245 g[154] und die Verarbeitung des Goldarmreifs und der beiden Ösenkopfnadeln [1/A 8&11] , sind Zeugnisse sorgfältigster handwerklicher Produktion. Die Goldgegenstände aus dem Goldhort von Dieskau, die als wahrscheinliche Grabbeigabenausstattung aus dem Hügel II von Dieskau [5] gedeutet werden[155], umfassen ein Gesamtgewicht von ca. 605 g und sind ebenfalls sorgfältig dekoriert[156]. Dem gegenüber sind die Goldmengen in anderen aunjetitzer Gräbern wesentlich geringer. Das Grab von Osmünde enthielt z. B. zwei Noppenringe – Schmuckgegenstände in Ringform sind die häufigste Grabbeigabe aus Gold in aunjetitzer Grabkontexten[157] – mit einem Gesamtgewicht von ca. 13 g[158]. Auch die beiden Drahtspiralen aus dem Grab von Burgliebenau mit einem Goldgewicht von zusammen 2,2 g stellen sowohl in Hinsicht auf die Goldmenge wie auch die handwerkliche Ausführungen eine andere Beigabenqualität dar. Dennoch soll hier als notwendiges Kriterium zur Bestimmung eines aunjetitzer Prunkgrabs keine Grenze anhand der beigege-

benen Goldmenge festgelegt werden, sondern allein die Tatsache der Goldbeigabe im Grab gewertet werden.

Waffenbeigaben[159] sind nicht die Regel in den aunjetitzer „Normgräbern" und können somit ein Hinweis auf die außergewöhnliche Beigabenzusammensetzung liefern. Die Beigabe von Dolchen kommt gelegentlich vor[160], während Beile und Äxte eine ganz untergeordnete Rolle spielen[161].

---

8 (ZICH 1996, 226 Anm. 860, K37c), *Naundorf*, Grab 5 (ZICH 1996, 226 Anm. 860, K164a), *Barwice*, Grab 2 (ZICH 1996, 226 Anm. 860, L6a), *Drzeńsko* (ZICH 1996, 226 Anm. 860, L26), *Poradz* (ZICH 1996, 226 Anm. 860, L80c), *Legnica* (ZICH 1996, 226 Anm. 860, R50c). Gräber, die als einzige Goldbeigabe Noppenringe enthalten, sind *kursiv* gedruckt.

154 SCHWARZ 2001, 62.

155 SCHMIDT/NIETZSCHKE 1980, 182.

156 v. BRUNN 1959, 55.

157 Siehe Anm. 153.

158 BEHRENS 1962, 30.

159 Als Waffenbeigaben werden alle Werkzeuge im Grab aufgefaßt, die funktional gesehen zum Töten von Mensch und/oder Tier bestimmt sein können. Selbst wenn auf Grund eines Bedeutungswandels die praktische Funktion als Waffe nicht mehr gewährleistet ist, wie es z. B. bei dem goldenen Randleistebeil von Dieskau, Hügel II [5] der Fall ist, oder eine Verwendung als rein handwerkliches Werkzeug ebenfalls möglich ist.

160 Gräber der nördlichen Aunjetitz-Kultur mit Dolchbeigabe: Leubingen [1], Helmsdorf [2], Baalberge [3], Österkörner [10], Łęki Małe Hügel I/D [11/D], Łęki Małe Hügel VI [16], Kotła (ZICH 1996, 220 R39d), Klein-Quenstedt Grab 13 (ZICH 1996, 221, Beilage 7, D248a), Silsted (ZICH 1996, Beilage 7, 221, D431b), Hirschroda Grab 1 (ZICH 1996, Beilage 7, 222 f., G9a), Zscheiplitz (ZICH 1996, Beilage 7, 222 f., E963a), Sachsenburg (ZICH 1996, Beilage 7, 224, E723b; E724a), Thierschneck Hügel 3 (ZICH 1996, Beilage 7, 224, G28a), Naundorf Gräber 3, 4 und 5 (ZICH 1996, Beilage 7,294, 221, K163b; K164b; K162a), Myrcyce Grab 11 (ZICH 1996, Beilage 7, 222, R61a), Wrocław Grab XC/104 (ZICH 1996, Beilage 7, 222, S540b).

161 Gräber der nördlichen Aunjetitz-Kultur mit Beilbeigabe: Leubingen [1], Helmsdorf [2], Dieskau Hügel I [4], Dieskau Hügel II [5], Österkörner [10], Łęki Małe Hügel I/A [11], Walschleben (ZICH 1996, Beilage 7, 217, F293b), Sachsenburg (ZICH 1996, Beilage 7, 218, E724b), Thierschneck (ZICH 1996, Beilage 7, 218, G28b), Naundorf Grab 4 (ZICH 1996, Beilage 7, 220, K163c), Techritz (ZICH 1996, Beilage 7, 220, K274b).
Gräber der nördlichen Aunjetitz-Kultur mit Axtbeigabe aus Felsgestein:
Leubingen [1], Helmsdorf [2], Österkörner [10], Hedersleben (ZICH 1996, 243 E341c), Kalbsrieth (ZICH 1996, 243 E377e), Königsaue

Stabdolche aus Grabzusammehängen sind ebenfalls sehr selten[162]. Auf Grund der hier aufgeführten Verteilung bestimmter Beigabentypen können Beigabenausstattungen, die aus mehr als nur einem Bronzeobjekt bestehen und darüber hinaus Waffen, wie Dolche, Beile oder gar Stabdolche enthalten, durchaus als außergewöhnlich bezeichnet werden. Ebenfalls als Merkmal einer außergewöhnlichen Beigabenausstattung sind die Felsgesteinäxte aufzufassen, die gelegentlich in Grabkontexten vorkommen.

Ein drittes gefordertes Merkmal zur Bestimmung von Prunkgräbern war die besondere topographische Lage, z. B. in einer beherrschenden Position, an wichtigen Handels- bzw. Verkehrswegen oder in der Nähe von wichtigen Ressourcen. Betrachtet man die Lage der im Katalog aufgeführten Prunkgräber auf Abbildung 3, so wird deutlich, dass die Befunde von Dieskau [4 und 5] und Helmsdorf [2] an einer wahrscheinlich schon in der Frühbronzezeit bedeutenden Nordwest/Südost-Verkehrsachse liegen. An dieser Route reihen sich neben den erwähnten Prunkgräbern auch einige Höhensiedlungen auf, die wahrscheinlich der gleichen Zeitstellung angehören[163]. Eine ähnliche Aufreihung von Prunkgräbern läßt sich an einer in Nordost/Südwest-Richtung verlaufenden Verkehrsachse erkennen. Die Prunkgräber von Leubingen [1], Sömmerda [7 und 8] und Nienstedt [6] liegen an dieser Route, die in der Gegend von Helmsdorf [2] die bereits erwähnte Nordwest/Südostroute kreuzt und an deren Verlängerung der Grabhügel von Baalberge [3] liegt[164]. Sicherlich ließen sich noch weitere Prunkgräber mit dem rekonstruierten Wegenetz in Verbindung bringen[165]. Doch sollen die aufgeführten Beispiele reichen, um die herausgehobene topographische Lage der Prunkgräber zu belegen.

Als letztes Merkmal zur Bestimmung der Prunkgräber wurde ein Bezug zur Zentralität gefordert. Also einem Platz mit einem gewissen zentralörtlichen Charakter, sei es das dieser auf einer politischen, ökonomischen, strategischen oder kultisch sakralen Bedeutung beruht. Auch hier konnte Simon (1990) zeigen, dass die bisher meist recht spärlichen Hinweise auf Höhensiedlungen der älteren Bronzezeit im Elbsaalegebiet wahrscheinlich ebenfalls eng mit den naturräumlichen Ressourcen und der verkehrsgeographischen Situation verbunden sind, wie es auch die Prunkgräbern waren. In unmittelbarer Nähe zu wahrscheinlichen Höhensiedlungen der klassischen bis späten Aunjetitz-Kultur befinden sich z. B. die Prunkgräber von Leubingen [1] und Sömmerda [7] – sie liegen nur etwa 6 und 4 km von der Siedlung von Orlishausen entfernt – und das Grab von Österkörner [10], welches nur etwa 6 km von der wahrscheinlichen Höhensiedlung von

Grabe entfernt errichtet wurde. Ganz ähnlich stellen sich die Verhältnisse im Großpolnischen Bereich dar, wo die Grabhügelnekropole von Łęki Małe [11-16] in Zusammenhang mit der befestigten Siedlung von Bruszczewo gesehen wird[166]. Auch wenn die eigentliche Natur dieser Siedlungen noch nicht in vollem Umfang erforscht ist, so kann dennoch von einem gewissen zentralörtlichem Gepräge ausgegangen werden, in deren Einflußsphären auch die Prunkgräber angelegt worden sind[167].

Nachdem die geforderten Merkmale zur Bestimmung von Prunkgräbern auf die Gruppe der in der Literatur oftmals als „Fürstengräber" geführten Befunde angewendet wurde, zeigt sich, dass bei den wenigsten alle Kriterien als zutreffend bewertet und nachgewiesen werden konnten. Dies liegt zum einen am lückenhaften Kenntnisstand zu den Befunden selbst, wie z. B. bei den z. T. mangelhaft dokumentierten Befunden Dieskau, Hügel I [4], Nienstedt [6], Sömmerda Hügel I [7], Königsaue [9] und Łęki Małe Hügel VI [16] oder am Erhaltungszustand der oftmals beraubten Hügel, wie z. B. Dieskau Hügel II [5], Łęki Małe Hügel II [12] und Szczepankowice [17].

Zum Anderen muß auch bedacht werden, dass sicherlich abgesehen von Erhaltungsbedingungen und Qualität der Dokumentation nicht bei allen im Katalog geführten Gräbern davon auszugehen ist, dass sie ehemals alle geforderten Kriterien gleichermaßen erfüllten. Daher erscheint es an dieser Stelle angebracht, die Befunde in zwei Gruppen zu gliedern, erstens die Gruppe der Befunde, die auf Grund der Merkmalskombination sicher als Prunkgräber zu klassifizieren sind und zweitens eine Gruppe, die den Ausführungen Fischers (1956) folgend, als wahrscheinliche aber nicht sicher nachweisbare Kandidaten für Prunkgräber geführt wird. Zur ersten Gruppe zählen die Befunde von Leubingen [1], Helmsdorf [2], Dieskau Hügel II [5], Łęki Małe Hügel I/A und B [11] und Hügel II/B [13] sowie Szczepankowice [17]. Die zweite Gruppe umfaßt die Befunde von Baalberge [3], Dieskau Hügel I [4], Königsaue [9], Nienstedt [6], Sömmerda [7&8] und Österkörner [10]. Dabei bleibt aber der Übergang zwischen beiden Gruppen fließend, wie auch die Abgrenzung zwischen Prunkgrab und Normalgrab[168].

### 1.3.2 Wessex-Kultur

Beim Versuch, die geforderten Kriterien auf die Gräber der Wessex-Kultur anzuwenden, stellt sich folgendes Problem: Auf Grund der Quellensituation zur Wessex-Kultur und deren forschungsgeschichtlicher Genese und Definition stehen keine Informationen zu Normgräbern dieser Kultur als Vergleichsmaterial zur Verfügung, wie es für die

(Zich 1996, 243 E397e), Wrocław Gräber LXI/17, LXII/72 und LXIX/79 (Zich 1996, 243 S517d, S518a, 523a).

162 Gräber der nördlichen Aunjetitz-Kultur mit Stabdolchbeigabe: Leubingen [1], Łęki Małe Hügel I/A [11], Burk Grab 8 (Zich 1996, Beilage 7, 225, K37b)

163 Simon 1990.

164 Simon 1990, 306. Dazu schon Fischer (1956, 190): „Die Hügel von Helmsdorf, Nienstedt, Leubingen und Sömmerda liegen aber wie aufgereiht an dem alten Straßenzug, der aus dem Mansfelder Land, von der Aschersleber Pforte kommend, am Fuße der Harzberge vorbei in das Helmetal und das thüringische Becken hinüberzieht. Sie liegen dort an erhöhtem Punkte, zum Teil heute noch weithin sichtbar, wie der von Leubingen."

165 Simon 1990, 301 Abb. 12.

166 Simon 1990, 308 f.; Müller 2004, 39. Beide Fundplätze werden zur Kościan-Gruppe gezählt und liegen ca. 12 km von einander entfernt.

167 „Hinter den gut vergleichbaren Abständen von Siedlung zu Siedlung (bzw. zu geordneter Fundgruppen) könnten sich bestimmte Einfluß- und Machtbereiche verbergen, deren politischen und wirtschaftlichen und kulturellen Mittelpunkt die jeweilige Zentralsiedlung gebildet hat." Simon 1990, 311.

168 Die Grauzone der Abgrenzung von Normal- zu Prunkgräbern wird deutlich, wenn man die Listen der als Fürstengräber geführten Befunde der Aunjetitz-Kultur von verschiedenen Autoren vergleicht. Z. B.: Knapp 1998, 47 ff.; Simon 1990, 301 Abb. 12; Otto 1955, 61 Abb. 2; Fischer 1956, 301 ff.

Aunjetitz-Kultur mit ihren zahlreichen Flachgräbernekropolen der Fall ist[169].

Dennoch läßt sich die getroffene Auswahl der in die Betrachtung einbezogenen Gräber begründen. Sie heben sich zwar durch ihren Grabbau nicht merklich über weniger reich ausgestattete zeitgleiche Gräber hinaus, doch können anhand der Beigabenzusammensetzung mehrere Gruppen der Wessex-Gräber unterschieden werden. Dabei kommt den Goldbeigaben eine tragende Rolle zu. Charakteristisch für die Goldverarbeitung in der Wessex-Kultur ist die Herstellung von Schmuckgegenständen aus dünnem Goldblech (0,1 bis 0,2 mm[170]), wobei das Blech häufig als Einfassung für Bernstein- oder als Verkleidung für Gagatobjekte (z. B. konische Goldknöpfe) verwendet wurde. Auf Grund der auf den Dolchformen beruhenden Chronologie konnte gezeigt werden, dass die Gruppe der goldführenden Wessex-Gräber direkt oder indirekt mit der Phase Wessex I bzw. dem Übergangshorizont I/II verbunden werden kann[171].

Goldschmuck bzw. Golddekoration fand sich in den Gräbern Wilsford G.5 (Bush Barrow) [18], Wilsford G.7 [19], Wilsford G.8 [20], Wilsford G.50a [21], Winterborne Stoke G.5 [22], Upton Lovell G.2e [23], Preshute G. 1 (Manton Barrow) [24], Hengistbury Head I [25], Clandon Barrow G.31 [27], Ridgeway Barrow 7 [28] und Little Cressingham [29].

---

169 Siehe: Kap. 1.2.2 Wessex-Kultur.
170 Diese Angaben beziehen sich auf die große Goldblechraute aus Wilsford G.5 (Bush Barrow) [18]. KINNES et al. 1988, 25.
171 GERLOFF 1975, 73, 76 ff., 93 ff., 196 ff. Siehe dazu auch: Kap. 2.2.1 Die relativchronologische Gliederung der Wessex-Kultur.

Gräber der Phase Wessex II, deren Ausstattungsmuster bei Männergräbern von Gerloff als Camerton-Snowshill Serie und bei Frauen als Aldbourne Serie bezeichnet wurde, enthalten keinen Goldschmuck[172]. Als Beispiel kann hier das Grab von Hove [26] angeführt werden. Es handelt sich um eine typisch Wessex II-zeitliche Beigabenausstattung der Camerton-Snowshill Serie[173], wenngleich die Körperbestattung für diese Phase nicht mehr charakteristisch ist.

Die hier aufgeführte Gruppe von goldführenden Gräbern zeichnet sich ferner durch weitere herausragende Merkmale der Beigabenausstattung aus. So finden sich in den goldführenden Männergräbern der Bush Barrow Serie oft mehrere Dolche der Typen Amoriko-Britisch A und/oder B[174], ein Merkmal, dass sich in den Gräbern der Camerton-Snowshill Serie nicht wiederfindet[175].

Die Frauengräber der Wilsford Serie sind meist durch reiche Schmuckbeigaben gekennzeichnet. Neben dem typischen Goldblechschmuck finden sich in ihnen häufig

---

172 GERLOFF 1975, 109, 203.
173 Typische Grabbeigaben der Camerton-Snowshill Serie sind: Knochenpinzetten, Bronze- und Knochennadeln, durchlochte Wetzsteine, Felsgesteinäxte, Räuchergefäße und Henkeltassen aus Bernstein, Gagat oder Gold. GERLOFF 1975, 109. Dabei ist beachtenswert, dass bisher nur eine einzige aus Gold gefertigte Wessex-Tasse aus Rillaton in Cornwall bekannt ist. GERLOFF 1975, 257 App. 6.1.
174 GERLOFF 1975, 73, 77. Wilsford G. 5 (Bush Barrow) [18], Winterborne Stoke G. 5 [22], Ridgeway Barrow 7 [28]. Das Grab von Little Cressingham Barrow I [29] enthielt einen Dolch des Typs Amoriko-British B und einen kleinen sog. ‚knife-dagger'. Die Zusammengehörigkeit der Beigaben aus dem Clandon Barrow [27] ist nicht gesichert.
175 GERLOFF 1975, 77.

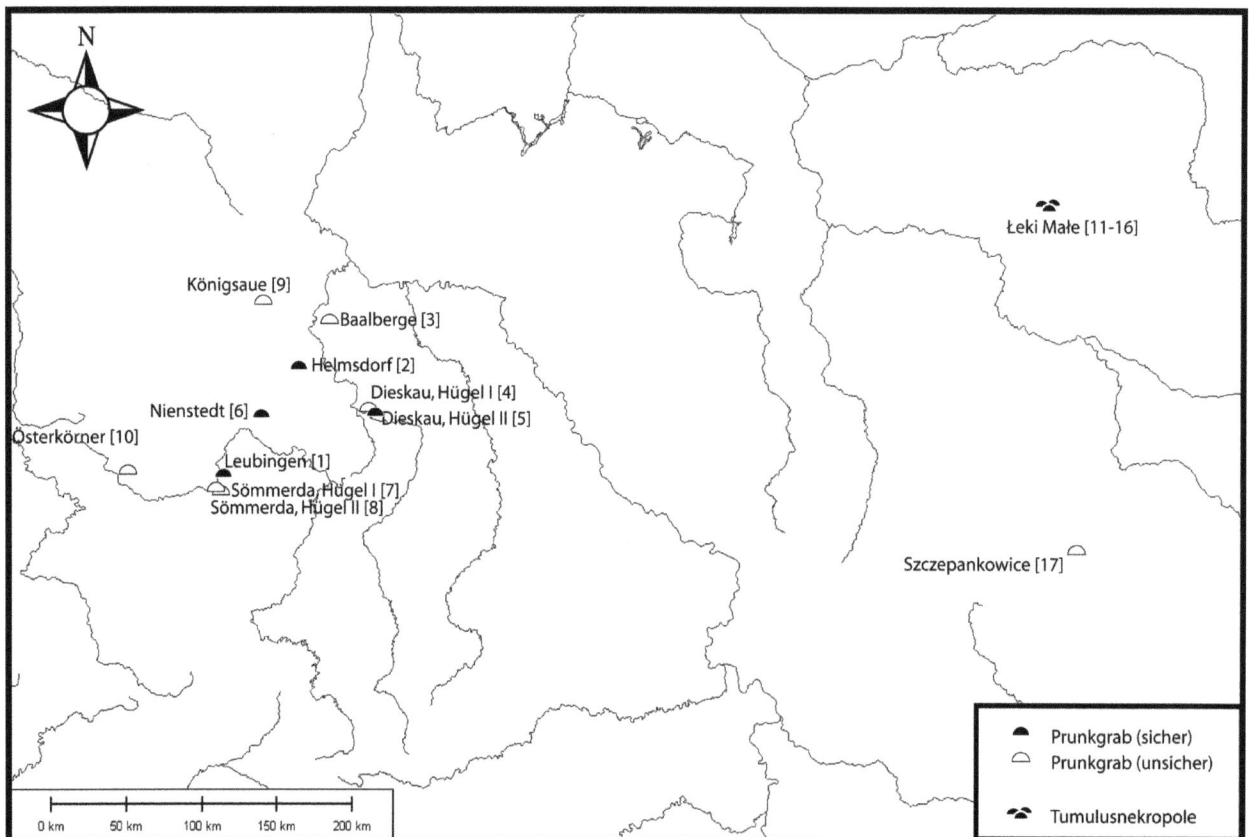

**Abbildung 4:** Verbreitung der Aunjetitzer Prunkgräber.

zahlreiche Perlen. Es handelt sich z. T. um Bernsteinperlen, die zusammen mit Bernsteinschiebern aufwendig gestaltete Colliers bildeten. Aber auch ohne dass der Nachweis von Bernsteinschiebern erbracht werden kann, zeichnen sich einige der Bestattungen der Wilsford Serie durch ein reiches Ensemble von verschiedenen Perlen und Anhängern aus, so dass auch in diesen Fällen von einem aufwendigen Halsschmuck ausgegangen werden kann. Zu diesen Gräbern gehören die Befunde von Upton Lovell G.2(e) [23] mit einem Bernsteinhalskragen, die eponymen Gräber Wilsford G.7 [19], Wilsford G.8 [20] sowie Wilsford G.50a [21] ebenfalls mit einem Bernsteinhalskragen und Preshute G.1(a) (Manton Barrow) [24].

## 1.4 GEOGRAPHISCHER RAHMEN

Die beiden schwerpunktmäßig zu untersuchenden Kulturen bilden naturgemäß auch den geographischen Rahmen für die Arbeit, wobei sowohl im Falle der Wessex- wie auch der Aunjetitzer Kultur gewisse Einschränkungen bzw. Präzisierungen notwendig erscheinen.

### 1.4.1 Aunjetitz-Kultur

Ein Untersuchungsschwerpunkt liegt auf den „Prunkgräbern" der Aunjetitzer Kultur. Während im Falle der Wessex-Kultur, z. T. auf Grund forschungsgeschichtlicher Entwicklungen, ihr Verbreitungsgebiet auch ungefähr dem Verbreitungsgebiet der Prunkgräber entspricht, stellen sich

im Falle der Aunjetitzer Prunkbestattungen die Verhältnisse etwas anders dar.

Die Aunjetitzer Kultur erstreckte sich über weite Bereiche Mitteleuropas, brachte aber nur in wenigen und recht begrenzten Zonen Prunkgräber nach der oben vorgestellten Definition hervor, zum Einen im Circumharzer Raum, wo sich mit der Leubinger Gruppe der Schwerpunkt der Verbreitung findet, zum Anderen finden sich in der Tumulusnekropole von Łeki Małe mindestens zwei weitere Beispiele für Prunkgräber der Aunjetitzer Kultur. Diese werden zur sog. Kościan-Gruppe Großpolens gerechnet. Ferner ist ein Beispiel aus dem Bereich der mittelschlesischen Aunjetitz-Gruppe bekannt.

### 1.4.2 Wessex-Kultur

Das Verbreitungsgebiet der Wessex-Kultur ist 1938 durch St. Piggott[176] beschrieben worden. Es umfaßt ungefähr die südenglischen Counties Wiltshire, in dem auch der Schwerpunkt der Verbreitung liegt, Dorset, Hampshire und im Norden Teile des südlichen Berkshires. Das beschriebene Areal entspricht in naturräumlicher Hinsicht dem Zentralen Kalkmassiv des südlichen Englands[177]. Dieses Gebiet bildete seit Langem eine waldfreie offene Landschaft, die wahrscheinlich auch schon von frühen Landwirtschaft betreibenden Gesellschaften genutzt wurde.

---

176 PIGGOTT 1938, 53 ff.
177 Zu den naturräumlichen Voraussetzungen siehe: GIFFORD 1957.

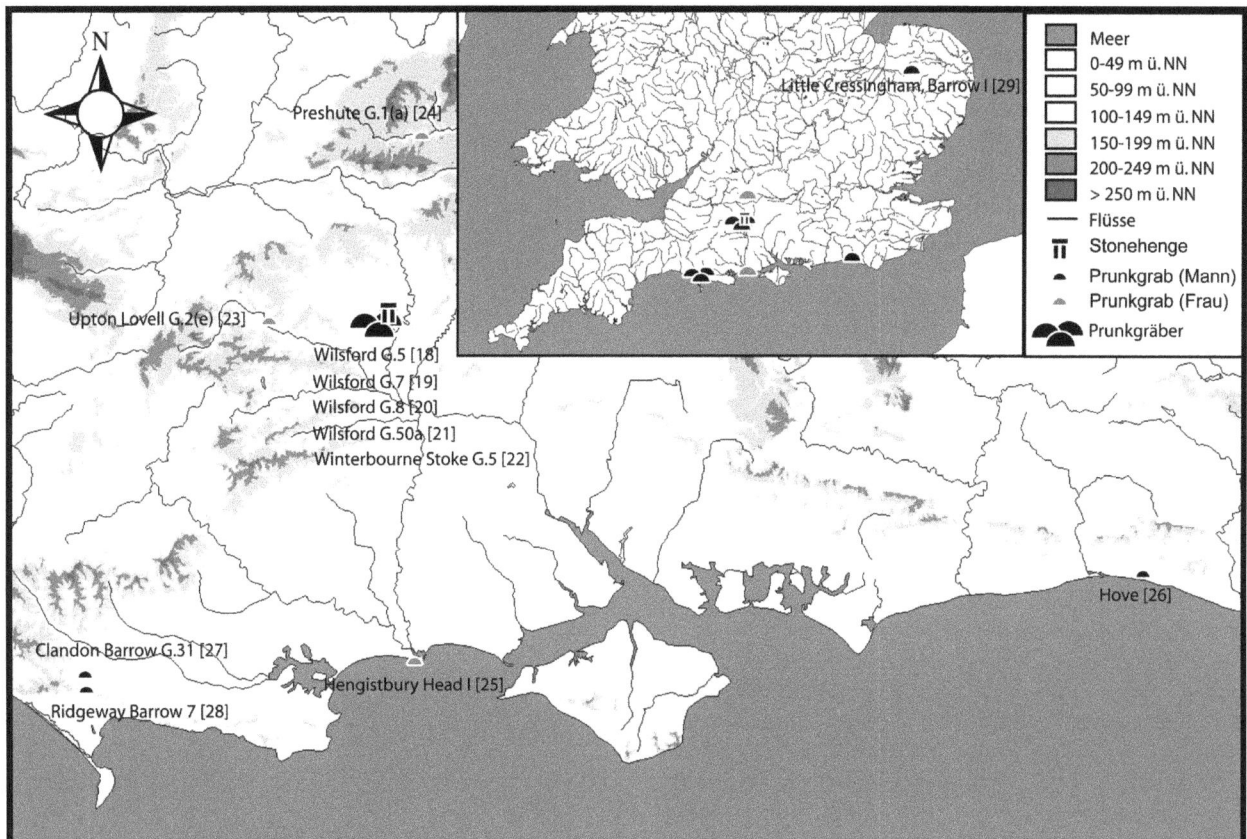

**Abbildung 5:** Verbreitung der Wessex Prunkgräber.

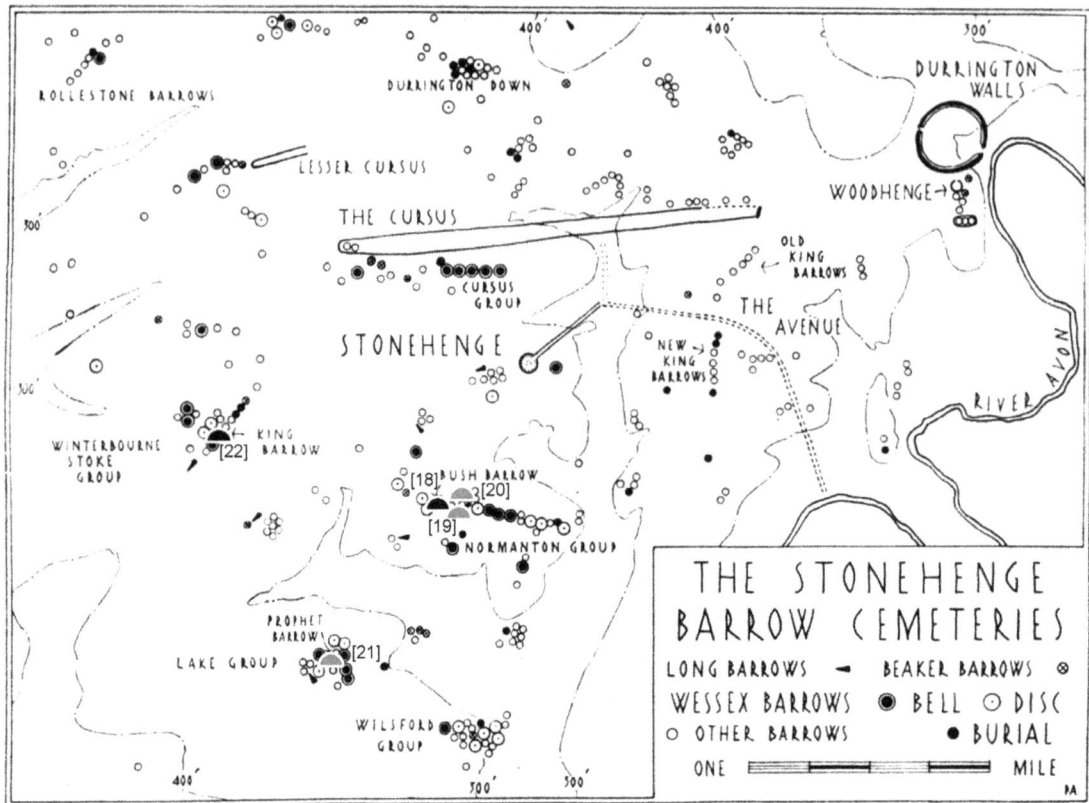

Prunkgrab (Frau)  [18] Wilsford G.5, [19] Wilsford G.7, [19] Wilsford G.8, [20] Wilsford G.8, [21] Wilsford G.50a
Prunkgrab (Mann)

**Abbildung 6:** Nähere Umgebung um Stonehenge. (Überarbeitet auf der Basis von: Ashbee 1960, 32 Fig.6)

Aber auch außerhalb dieses Gebietes finden sich Bestattungen, die nach ihrem Habitus enger an die Wessex-Kultur anzubinden scheinen als an lokale Traditionen. So finden sich Wessex-Bestattungen auch vereinzelt in Devon und Cornwall (z. B. Rillaton), in Gloucestershire (Snowshill-Gruppe) und weiter im Norden auch in Norfolk (Little Cressingham [29] und Bircham). Aus Cambridgeshire und Essex sind vereinzelte Grabbeigaben bekannt, die wahrscheinlich aus dem Bereich der Wessex-Kultur zu erklären sind. Aus Sussex ist eine bedeutende Bestattung bekannt (Hove), die enge Verbindungen zum Kernbereich der Wessex-Kultur erkennen läßt. Es bleibt festzuhalten: Die dichteste Konzentration von Wessex-Bestattungen findet sich in Wiltshire insbesondere im Bereich um Stonehenge. Um diese Kernzone herum findet sich etwa im Bereich des ‚Central Chalk' das eigentliche Verbreitungsgebiet der Wessex-Bestattungen. Von diesem Verbreitungsgebiet strahlt der Einfluß der Wessex-Kultur in die umliegenden Bereiche aus, wo vereinzelt ebenfalls typische Wessex-Bestattungen oder z. T. auch nur einzelne charakteristische Beigaben gefunden wurden.

Ebenfalls im Bereich dieses maximalen Verbreitungsgebietes liegt auf dem jenseitigen Kanalufer die frühbronzezeitliche Grabhügelkultur der Bretagne, deren enge Beziehungen zu Wessex-Kultur bereits seit langem bekannt sind. Auf Grund der Forschungstradition wird diese Region aber nicht mehr schwerpunktmäßig in die Untersuchungen einbezogen.

# 2 CHRONOLOGIE

Eine der grundlegenden Aufgaben bei der Beurteilung des frühbronzezeitlichen Prunkgrabphänomens im Arbeitsgebiet ist sicherlich die Klärung der Chronologie. Ohne weitreichende Überlegungen zum zeitlichen Verhältnis zwischen Wessex und Aunjetitz-Kultur, wie auch zum zeitlichen Verhältnis der zu untersuchenden Befunde in ihren jeweiligen kulturellen Kontexten kann kaum eine plausible Deutung der vorliegenden Befunde erfolgen. Im Folgenden werden zunächst die zur Verfügung stehenden absoluten Daten und anschließend die relativchronologischen Anhaltspunkte für beide Kulturen getrennt betrachtet. Am Ende jedes der Kapitel zur Chronologie erfolgt eine Zusammenfassung der gewonnenen kulturspezifischen Ergebnisse.

## 2.1 DIE CHRONOLOGIE DES AUNJETITZER PRUNKGRABPHÄNOMENS

Um zu einer Beurteilung der Chronologie des Prunkgrabphänomens der Aunjetitzer Kultur zu gelangen, wird schwerpunktmäßig auf die uns aus den Prunkgräbern selbst zur Verfügung stehenden Daten zurückgegriffen. Weiterreichende, vor Allem typologisch/ relativchronologische Verknüpfungen können nur kursorisch angeschnitten werden. Hinzu kommt, dass die Aunjetitzer Kultur sowohl von ihrer räumlichen wie auch zeitlichen Verbreitung wohl einen der größten und stabilsten Kulturkomplexe der europäischen Metallzeiten bildet.

### 2.1.1 Die mitteldeutsche Gruppe der Aunjetitzer Prunkgräber

Die mitteldeutsche Gruppe der Prunkgräber, die Leubinger-Gruppe[178], ist als Teil der circumharzer Aunjetitz-Gruppe[179] zu verstehen. Sie erbrachte die bisher größte Zahl von untersuchten Prunkgräbern. Darüber hinaus bildet sie auf Grund der mittels dendrochronologischer Ergebnisse sehr gut datierten, überdies sehr reich ausgestatteten und gut erhaltenen Gräber von Leubingen [1] und Helmsdorf [2] einen Eckpfeiler für Datierung des Aunjetitzer Prunkgrabphänomens. Mit Hilfe archäologischer Datierungsmethoden können Prunkgräber aus anderen Regionen wie z. B. Polen an diese chronologischen Fixpunkte angeschlossen werden.

#### 2.1.1.1 Absolutchronologische Daten

Bis heute erbrachten nur zwei mitteldeutsche Prunkgrabbefunde absolute Daten durch naturwissenschaftliche Datierungsmethoden. Ein erstes Ergebnis einer Radiokarbondatierung des Helmsdorfer Grabs [2] wurde 1966 veröffentlicht. Die Probe Bln 248, eine Eichenholzprobe aus der Totenlade (Taf. II/12), erbrachte das unkalibrierte

[14]C-Alter von 3613 ±160 Jahren[180]. Auf Grund der großen 1σ-Abweichung kann auch eine Kalibration auf der Basis neuester Kalibrationskurven kein zufriedenstellendes Ergebnis liefern.

Eine weitere Holzprobe, ebenfalls aus Helmsdorf [2], Bln 1533 ergab bei einer 1976 durchgeführten Messung das Alter 3645 ±88 BP[181], welches in Anbetracht der Fragestellung ebenfalls wenig aufschlußreich ist. Neben der bei beiden Datierungen recht großen Schwankungsbreite der Daten muß bei den aus Holzproben gewonnenen Daten berücksichtigt werden, dass sie nur den mittleren Wachstumszeitpunkt der Probe widerspiegeln und nicht unbedingt ein archäologisch relevantes Datum[182].

Genauere absolute Daten zu den beiden sehr gut erhaltenen und gut dokumentierten Grabbefunden von Leubingen und Helmsdorf lieferten 1989 erstmals veröffentlichte dendrochronologische Untersuchungen[183].

1987 wurde ein Bruchstück der hölzernen Totenlade aus dem Grab von Helmsdorf [2] beprobt. Es handelte sich hierbei um ein Stück einer mächtigen Eichenspaltbohle (2,05 x 0,98 x 0,30 m), die ehemals den Hauptteil der Totenlade bildete (Taf. II/12). Markseite und Splintholz der Bohle waren abgetrennt worden. Die aus dieser Probe gewonnene Jahrringsequenz von insgesamt 202 Jahrringen konnte sowohl mit der Hohenheimer Eichenchronologie sowie mit den Auwaldeichenchronologien Süddeutschlands synchronisiert werden. Daraus ergibt sich ein Datum für den jüngsten erhaltenen Jahrring von 1860 v. Chr., wobei das Splintholz und somit die Waldkante verloren sind. Daraus läßt sich ein wahrscheinliches Fälldatum von 1840 ±10 v. Chr. ermitteln, so dass es selbst bei einem größeren Verlust von weiteren Kernholzringen sicher ist, das Fälldatum in den Bereich der zweiten Hälfte des 19. Jahrhunderts v. Chr. zu datieren[184]. Dieses Datum liefert einen *terminus post quem* für den Bau der Totenlade und somit der gesamten Helmsdorfer Grabanlage.

Ebenfalls 1987 wurden insgesamt 17 Eichenhölzer und ein Eschenholz aus dem Leubinger [1] Grabhügel beprobt. Es handelt sich meist um Reste von Rundhölzern und Spaltbrettern[185]. Die meisten der beprobten Hölzer konnten allerdings nicht mit der Hohenheimer Eichenchronologie in Übereinstimmung gebracht werden, so dass sie für eine Datierung ausschieden. Lediglich eine Probe (Inv.-Nr. Halle III.67) erbrachte eine ausreichende Synchronlage mit der Auwaldeichenchronologie des oberen Maintals. Ein genaues Fälldatum läßt sich aber auch bei dieser Probe nicht angeben, da es sich um ein Stück eines Spaltbretts handelt, wobei Waldkante und Splintholz fehlen. Daher kann nicht abgeschätzt werden, ob eventuell Teile des Kernholzes

---

178 Vgl. Kapitel 1.2.1 Aunjetitz-Kultur.
179 ZICH 1996, 26 ff. Diese ist weitgehend mit der Metallgruppe gleichzusetzen. MANDERA 1953, 206 ff.

180 KOHL/QUITTA 1966, 29.
181 GÖRSDORF 1993, 105, 109.
182 GÖRSDORF 1993, 98.
183 BECKER/JÄGER/KAUFMANN/LITT 1989. Die Beprobung erfolgte durch Kaufmann, Jäger und Litt, die dendrochronolgische Datierung führte Becker am Dendro-Labor Stuttgart-Hohenheim durch.
184 BECKER/JÄGER/KAUFMANN/LITT 1989, 302 ff.
185 Dabei ist Auf Grund der Dokumentation des Befundes nicht bei allen beprobten Stücken sicher, ob sie Teile der Grabkammerkonstruktion bildeten, oder ob sie aus der oberen Erdschüttung des Hügels stammten. BECKER/JÄGER/KAUFMANN/LITT 1989, 301 f.

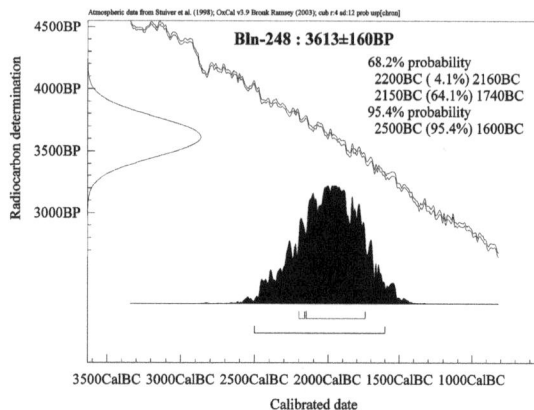

Abbildung 7: ¹⁴C-Datum aus dem Grab von Helmsdorf [2].

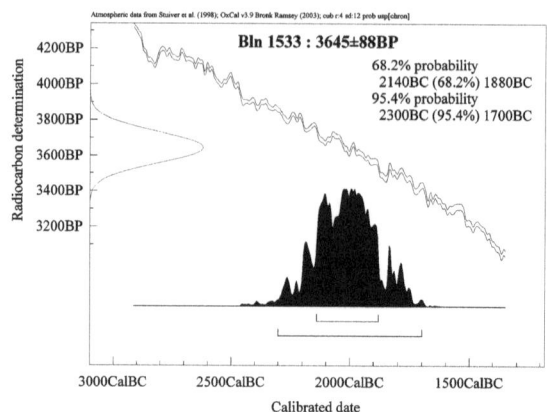

Abbildung 8: ¹⁴C-Datum aus dem Grab von Helmsdorf [2].

verloren gegangen sind. Der jüngste erhaltene Jahrring der Probe datiert in das Jahr 1962 v. Chr. Auf Grund des fehlenden Splintholzes wird daher ein wahrscheinliches Fälldatum mit 1942 ±10 v. Chr. angeben. In jedem Fall ist aber eine Datierung in die zweite Hälfte des 20. vorchristlichen Jahrhunderts gesichert[186]. Dieses Datum kann als *terminus post quem* für die Anlage des Leubinger Fürstengrabs [1] gewertet werden.

Nur im Falle der Gräber von Leubingen [1] und Helmsdorf [2] liegen uns direkte naturwissenschaftliche Datierungen für Prunkgräber der mitteldeutschen Gruppe vor. Dabei sind die älteren durch die Radiokarbondatierung gewonnenen Daten zur Helmsdorfer Grabanlage für die moderne Forschung nur hinsichtlich eines Vergleiches mit den dendrochronologischen Datierungsergebnissen von Belang. Sie zeigen, dass beide Methoden keine widersprüchlichen Daten liefern. Für die archäologische Beurteilung der Grabkomplexe sind nur die Ergebnisse der Dendrochronologie von Bedeutung. Im Fall beider Gräber liefern sie einen *terminus post quem* für die Errichtung der Grabanlage von Leubingen bzw. für den Bau der Helmsdorfer Totenlade. Die gewonnenen Daten für Leubingen 1942 ±10 Jahre v. Chr. und 1840 ±10 Jahr v. Chr. für Helmsdorf zeigen, dass erstens mindestens ab der zweiten Hälfte des 20. Jahrhunderts v. Chr. im circumharzer Raum die Prunkgrabsitte existierte und zweitens dass sie mindestens bis in die zweite Hälfte des 19. vorchristlichen Jahrhunderts praktiziert wurde.

### 2.1.1.2 Relativchronologische Einordnung

Auf Grund des unterschiedlichen Dokumentations- und Erhaltungszustands können nur wenige Gräber für eine genauere Beurteilung ihrer zeitlichen Stellung herangezogen werden. Dabei sind die Grabbefunde von Leubingen [1] und Helmsdorf [2] von herausragender Bedeutung, da diese auf Grund des guten Erhaltungszustands und der vollständigen Dokumentation die meisten Daten zur Verfügung stellen. Darüber hinaus konnten beide Befunde durch dendrochronologische Datierung sehr genaue absolute Daten liefern, die es ermöglichen, die gewonnenen re-

lativchronologischen Daten in eine absolute Chronologie einzuhängen.

Im Folgenden soll versucht werden anhand chronologisch signifikanter und dokumentierter Beigaben aus mitteldeutschen Prunkgräbern zu einer relativchronologischen Einordnung und Abfolge der Grabinventare zu gelangen.

Grundlage für eine relativchronologischen Einordnung des mitteldeutschen Prunkgrabbestands ist das Stufenschema zur Entwicklung der nördlichen Aunjetitzer Kultur nach Zich[187] und die Bronzezeitchronologie Süddeutschlands. Erklärtes Ziel muß es dabei sein, nicht nur die Stellung des Prunkgrabphänomens innerhalb der Aunjetitzer Kulturentwicklung zeitlich zu fixieren und die interne, relative Abfolge der Grabbefunde zu klären, sondern darüber hinaus auch das zeitliche Verhältnis dieses Phänomens im weiteren kulturellen Kontext zu bestimmen, um damit der Fragestellung der gesamten Untersuchung Genüge zu tun.

### Nadeln

Nadeln gelten in Hinblick auf die mitteleuropäische Bronzezeit als eine der chronologisch aussagekräftigsten Typengruppen, da sie anscheinend stärker als. Waffen oder Werkzeuge den damaligen modischen Vorstellungen unterworfen waren.

In drei respektive vier der insgesamt 12 aufgenommenen Prunkgräber der Aunjetitzer Kultur aus dem mitteldeutschen bzw. circumharzer Bereich ist die Beigabe von Nadeln belegt. Aus den ungestörten und vollständig untersuchten Prunkgräbern von Leubingen [1] (Taf. I/5-6) und Helmsdorf [2] (Taf. II/5-6) stammen jeweils zwei goldene Exemplare, aus dem nur unvollständig untersuchten Prunkgrab von Nienstedt [6] liegen ein Knochennadelfragment und ein Fragment einer Bronzenadel vor[188] (Taf. IV/4-5). Aus dem Steinkistengrab im Grabhügel von Österkörner [10] stammt ein Bronzefragment, welches eventuell als Rest einer Nadel zu werten sein könnte.

### Ösenkopfnadeln

Insgesamt sind drei goldene Exemplare vom Typ der Ösenkopfnadeln aus Prunkgrabzusammenhängen der mit-

---

186 BECKER/JÄGER/KAUFMANN/LITT 1989, 305 ff.

187 ZICH 1996.
188 EICHHORN 1908, Taf. XIV, 9, 11. Beide Fragmente sind für eine typologische Bestimmung zu schlecht erhalten.

teldeutschen Gruppe bekannt. Ein Paar stammt aus dem Grab von Leubingen [1][189] (Taf. I/5-6) und ein weiteres Exemplar aus dem Grab von Helmsdorf [2][190] (Taf. II/5). Es handelt sich um Ösenkopfnadeln des Aunjetitzer Typs mit getreppt profiliertem Kopf[191] und einer Schaftverzierung in Form eines Fischgrät- bzw. Tannenzweigmusters. Nach Zich handelt es sich um den Typ 30B[192]. Die Ösenkopfnadel des Aunjetitzer Typs stellt eines der wichtigsten Leitfossilien der Stufe 4 der Aunjetitzer Kulturentwicklung in der circumharzer Gruppe dar[193]. Nach dem süddeutschen Chronologiesystem der Bronzezeit sind dort anzutreffende Ösenkopfnadeln als Fremdeinfluß aus dem Bereich der klassischen Aunjetitz-Kultur in der Phase Bz A2/a zu werten[194].

## Kreuzbalkennadeln

Aus dem Grab von Helmsdorf [2][195] stammt eine goldene Kreuzbalkennadel des Typs 30 I nach Zich[196] (Taf. II/6). Auffällig ist, dass beim Helmsdorfer Exemplar zum Einen das Material Gold verwendet wurde, zum Anderen aber, dass die Öse nicht wie bei den beiden vergleichbaren Exemplaren aus Oberwerschen, Kr. Hohenmölsen mitgegossen, sondern ausgeschmiedet und dann eingerollt wurde[197]. Diese für den Aunjetitzer Bereich ungewöhnlich anmutende Herstellungstechnik stellt diese Nadel in einen engeren Zusammenhang mit den westeuropäischen Kreuzbalkennadeln. Der Typ 30I datiert nach Zich in Stufe 4 der Aunjetitzer Kulturentwicklung[198]. Vergleichsfunde außerhalb des eigentlichen Aunjetitzer Verbreitungsgebiets werden allgemein in die Endphase der Frühbronzezeit und an den Übergang zu Mittelbronzezeit datiert[199].

## Dolche

In vier der insgesamt zehn untersuchten aunjetitzzeitlichen Prunkgräbern aus dem mitteldeutschen Raum waren Dolche als Beigaben vertreten. Drei Exemplare stammen aus dem Grab von Leubingen [1] (Taf. I/15-17), zwei aus Baalberge [3] (Taf. III/2-3) und jeweils einzelne Dolchfunde sind aus den Gräbern von Helmsdorf [2] (Taf. II/9) und Österkörner [10] (Taf. III/13) bekannt.

### Trianguläre Dolchklingen, Variante Burgstaden-Leubingen[200]

Aus dem eponymen Fundort Leubingen [1] (Taf. I/15-17) stammt ein Satz von drei Dolchen dieses Typs[201]. Jeweils ein weiteres Exemplar fand sich im Grab von Baalberge [3][202] (Taf. III/3) und im Grab von Helmsdorf [2][203] (Taf. II/9). Dieser Dolchtyp wird allgemein in die Stufe Bz A2 datiert[204].

### Trianguläre Dolchklingen, Variante Hornshagen-Neunheiligen[205]

Ein Dolch dieses Typs konnte nur einem der untersuchten Gräber, im Grab von Österkörner [10] (Taf. III/13), nachgewiesen werden[206]. Dieser Dolchtyp ist für die zeitliche Einordnung des Prunkgrabphänomens von hervorgehobener Bedeutung, denn die Datierung des Dolches aus dem Österkörner [10] reicht von der Stufe Bz A2 bis an den Übergang von Früh- zur Mittelbronzezeit, wobei ein hineinreichen dieses Dolchtyps bis in die Hügelgräberbronzezeit nicht ausgeschlossen werden kann[207]. Auf Grund des Auftretens dieser Form könnte man das Grab von Österkörner [10] relativchronologisch an das Ende der mitteldeutschen Prunkserie einordnen[208].

189 HÖFER 1906a, 24 ff.
190 GRÖSSLER 1907, 28 ff.
191 GEDL 1983, 23 ff.
192 ZICH 1996, 196 ff. Allerdings ist die Zuweisung Zichs der beiden Stücke aus Leubingen zur Variante 1 des Typs 30B (vgl.: ZICH 1996, Beilage 5) an Hand der von ihm ausgestellten definierenden Kriterien nicht nachvollziehbar. Zumal die formal kaum zu unterscheidende Ösenkopfnadel aus Helmsdorf von Zich der Variante 2 des Typs 30B zugewiesen wurde.
193 ZICH 1996, 269. Ösenkopfnadeln vom Aunjetitzer Typ werden allgemein in die klassische Phase der Aunjetitzer Kultur eingeordnet. Sie datieren im Chronologieschema der nordischen Bronzezeit nach Montelius in die späte Periode I. Ihr Auftreten scheint die gesamte 2. Hälfte der Periode I abzudecken. Somit scheint eine Laufzeit bis in die Stufe VI der Aunjetitzer Kultur nach MOUCHA (1963, 46, 52 f.) wahrscheinlich. GEDL 1983, 24 f.
194 RUCKDESCHEL 1978, 127 ff.
195 GRÖSSLER 1907, 31 f.
196 ZICH 1996, 203. Diese Nadelform ist im Bereich der nördlichen Aunjetitzer Kultur selten. Zwei vergleichbare bronzene Exemplare stammen aus dem Grab 17 Oberwerschen (MÜLLER 1982, 110; BEHRENS 1962, 30, Taf. 11). In Böhmen sind ebenfalls zwei Kreuzbalkennadeln (T. 16 nach BARTELHEIM 1996) bekannt. BARTELHEIM 1996, 73.
197 HUNDT 1974, 153.
198 ZICH 1996, Beilage 5. Von HUNDT (1974) wird eine Datierung der Aunjetitzer Kreuzkopfnadeln mit gegossener Öse in das letzte Drittel der Frühbronzezeit bzw. in die Endphase der Aunjetitzer Kultur (MÜLLER 1982) vorgeschlagen. HUNDT 1974, 153; MÜLLER 1982, 113.
199 Die westlichen Vertreter der Kreuzkopfnadeln mit ausgeschmiedeter Öse werden an den Übergang von Frühbronzezeit zur Mittelbronzezeit datiert. HUNDT 1974, 153.

200 WÜSTEMANN 1995, 93 ff.
201 WÜSTEMANN 1995, 95 Nr. 230-232, Taf. 35. Dem Dolch Nr. 230 in formaler wie ornamentaler Hinsicht sehr nahestehende Vergleichstücke sind aus Poniec und Inowrocław in Polen bekannt. Sie gehören zum Typ der flachen triangulären Dolchklingen mit halbkreisförmiger Griffplatte, Variante Pawłowiczki. GEDL 1980, 41 Nr. 73, 74, Taf. 11. Dieser Gruppe sehr nahestehend sind unverzierte Exemplare aus Polen, wie auch die Dolche Nr. 231 und 232 aus Leubingen.
202 HÖFER 1902, 22, Taf. III,5; WÜSTEMANN 1995, 93 Nr. 209, Taf. 34.
203 WÜSTEMANN 1995, 94 f. Nr. 227, Taf. 35.
204 WÜSTEMANN 1995, 96.
205 WÜSTEMANN 1995, 99 ff.
206 WÜSTEMANN 1995, 100 Nr. 272, Taf. 36.
207 WÜSTEMANN 1995, 101.
208 In eine ähnliche Richtung weisen auch die Ergebnisse Zichs. Der Dolch aus Österkorner (F184b), der seiner Sonderform 38C$_4$ entspricht, gehört demnach bereits zum Typenrepertoire der Stufe 5 der circumharzer Aunjetitz-Kulturentwicklung. ZICH 1996, 222, Beilage 7, 5. Allerdings weist Zich dieser Sonderform auch zwei der drei Dolche aus dem Grab von Leubingen (F189e, f) zu. Dieser Zuweisung ist indes nicht zu folgen. Vgl. Kap. Trianguläre Dolchklingen, Variante Burgstaden-Leubingen.

*Vollgriffdolch des Alpinen Typs*[209]

Aus dem Grab von Baalberge [3] (Taf. III/2) stammt ein Vollgriffdolch des Alpinen Typs[210]. Hierbei handelt es sich, wie auch bei dem anderen aus aunjetitzer Zusammenhängen stammenden Vollgriffdolchen dieses Typs[211] um eine Fremdform im aunjetitzer Kulturbereich. Der Ursprung dieses Dolchtyps liegt wahrscheinlich im westalpinen Raum, wo sich auch der Schwerpunkt ihrer Verbreitung findet[212]. Auf Grund bestimmter Dekormerkmale des Baalberger Dolches kann eine lokale Herstellung im Bereich Aunjetitzer Kultur nicht ausgeschlossen werden[213]. Auch wenn sie nicht sicher als „echte Importstücke" gelten können, so belegen sie jedoch kulturelle Verbindungen zwischen dem nördlichen Randbereich der Aunjetitzer Kultur und dem westlichen Alpenraum[214]. Datiert wird das Auftreten dieses Dolchtyps in die Stufe Bz A2[215].

*Keramik*

Neben den Metallformen ist für die interne zeitliche Gliederung der Prunkgräber der Leubinger Gruppe das Keramikrepertoire aus den Gräbern von großer Bedeutung. Insbesondere auf der Basis dieser Quellengattung wurde von Zich die circumharzer Gruppe der Aunjetitzer Kultur in fünf Phasen gegliedert. Leider zeichnen sich die mitteldeutschen Prunkgräber der Leubinger Gruppe im Gegensatz zu manchen Flachgräbern durch eine relativ geringe Anzahl von keramischen Beigaben aus.

In fünf der zehn untersuchten Befunde der Leubinger-Gruppe fanden sich Hinweise für die Beigabe von Keramikgefäßen. In nur einem dieser fünf Gräber, Nienstedt [6] (Taf. IV/3), liegen gesicherte Hinweise für die Beigabe von mehr als einem Gefäß vor[216]. In den Prunkgräbern aus den Grabhügeln von Baalberge [3][217] und Dieskau II [5][218] fanden sich Tassenformen bzw. Fragmente solcher Gefäße. In Fall des Grabs von Sömmerda II [8][219] wird

von einigen Scherben berichtet, die bei der Untersuchung des Hügels gefunden wurden, aber keine genauere Bestimmung zulassen. In den Gräbern von Leubingen [1][220] (Taf. I/11), Helmsdorf [2][221] (Taf. II/11), Nienstedt [6][222] und Österkorner [10][223] (Taf. III/11) fanden sich Reste von größeren Gefäßen.

In Anbetracht der Quellenlage kann in keinem der untersuchten Befunde die Beigabe einer Tassenform in Zusammenhang mit einem Prunkgrab bzw. wahrscheinlichen Prunkgrab der Leubinger Gruppe als gesichert angesehen werden.

In Zusammenhang mit den Grabsitten der Leubinger Gruppe kann die Beigabe eines größeren Gefäßes als kanonisches Element gewertet werden. Eine Ausnahme stellt der Befund von Nienstedt [6] dar, der neben einem größeren schlickgerauhten Gefäß auch eine Becherform enthielt.

*Zapfenbecher*[224]

Das Fragment aus Nienstedt [6] (Taf. IV/3) zeigt eine „zweizipflige" Handhabe und ist auf Grund seiner fragmentarischen Erhaltung keiner genaueren typologischen Klassifikation zu unterziehen[225]. Indes ist jedoch zu beachten, wie oben bereits angesprochen, dass der Zapfenbecher aus Nienstedt [6] zusammen mit dem größeren Gefäß den einzigen Nachweis für die Beigabe eines Gefäßsets in einem Prunkgrabzusammenhang aus der Leubinger Gruppe darstellt.

*„Vorratsgefäße" verschiedener Formen*

Die charakteristische Keramikbeigabe in den Prunkgräbern der Leubinger Gruppe scheint in Anbetracht der Quellensituation ein größeres „Vorratsgefäß" zu sein. Das Gefäß aus Leubingen (Taf. I/11) wird von Zich den Vorratsgefäßen II des Typs 21B zugeordnet[226]. Auf Grund der beim Nienstedter [6] Exemplar nachgewiesenen Schlickrauhung des Gefäßes kann dieses, ohne genauere Angaben zur Form machen zu können, wahrscheinlich der großen Gruppe der Vorratsgefäße zugewiesen werden.

Das Gefäß aus Österkörner [10] ist ein typischer Vertreter des Typs 14A, Variante 1 der „enghalsigen, plattbauchigen Bauchtöpfe mit unechter Fransenzier" (Taf. III/11). Diese Gefäßform wird in die Stufe 5 der circumharzer Gruppe der Aunjetitzer Kultur datiert[227].

---

209 SCHWENZER 2004, 64 ff. In der älteren Literatur als Schweizer Typus bezeichnet. UENZE 1938, 29 ff.; WÜSTEMANN 1995, 60 f.

210 HÖFER 1902, 22, Taf. III/4; BILLIG/FRICKE 1964; WÜSTEMANN 1995, 60 f. Nr. 72, Taf. 9; SCHWENZER 2004, Nr. 9, Taf. 2,9.

211 Ein vergleichbares Exemplar ohne Fundzusammenhang stammt wahrscheinlich aus Halberstadt. WÜSTEMANN 1995, 60 f. Nr. 74, Taf. 9; SCHWENZER 2004, 270 Nr. 41. Die Zuordnung eines weiteren Dolchs aus dem Depotfund von Bresinchen (WÜSTEMANN 1995, 61 Nr. 73, Taf. 9) zum Alpinen Typs wird auf Grund der Griffkonstruktion angezweifelt. Schwenzer reiht das Exemplar in die Gruppe seines Baltisch-Padanischen Typs ein. SCHWENZER 2004, 68, 265 Nr. 18, Taf. 6,18.

212 SCHWENZER 2004, 67 Abb. 42.

213 BILLIG/FRICKE 1964, 4. Ebenfalls gegen die Deutung des Dolches aus Baalberge als ein „echtes Importstück" sprechen auch die Ergebnisse der Metallanalysen. SCHWENZER 2004, 197, 240.

214 WÜSTEMANN 1995, 60. Dieser kulturelle Kontakt könnte möglicherweise durch Wanderhandwerker vermittelt worden sein. SCHWENZER 2004, 240.

215 WÜSTEMANN 1995, 60.

216 Siehe: Anm. 222.

217 HÖFER 1902, 21, Taf. III/3. Dieses Gefäß stammt aus Grab 2. Ein Zusammenhang mit Grab 4, aus dem die beiden Dolche stammen ist nicht nachweisbar.

218 KNAPP 1998, 48 f. Weitere Hinweise fehlen leider und in der Zusammenstellung ist das Randfragment einer spätaunjetitzzeitlichen Tasse nicht wieder aufgeführt.

219 HÖFER 1906b, 84. Bei besagtem Befund handelt es sich um das spätaunjetitzzeitliche Grab (obere Etage) in diesem Grabhügel.

220 HÖFER 1906a, 16 ff., Taf. IV/1a,b. Neben dem großen Gefäß fanden sich noch einige Scherben, die sich aber nicht zu rekonstruierbaren Gefäßen zusammensetzen ließen.

221 GRÖSSLER 1907, 19 f., Taf. VI/16.

222 EICHHORN 1908, 91 f., Taf. XIV/1–6. Dabei sind nach ZICH (1996, 458) aber nur das Fragment eines Zapfenbechers E552 (EICHHORN 1908, Taf. XIV/2 und die Scherbe eines geschlickten Gefäßes E555 als frühbronzezeitlich zu datieren. Von letzterem liegen keine Abbildungen vor.

223 HÖFER 1906a, 36, Taf. IV Fig. 2.

224 ZICH 1996, 142 ff., Taf. 68; NEUMANN 1929, 72, 82 ff, Taf. IV, 1-11.

225 ZICH 1996, 142 Amn. 462.

226 ZICH 1996, 189 f., Taf. 76.

227 ZICH 1996, Beilage 5. Ein vergleichbares Gefäß aus Mähren, welches bereits mit dem Übergang zur Lausitzer Kultur gesehen wird, belegt die Spätdatierung dieser Gefäßform in Stufe 5. ZICH 1996, 181; SPURNÝ 1961a, 134 Abb. 3.2.

Atmospheric data from Stuiver et al. (1998); OxCal v3.9 Bronk Ramsey (2003); cub r:4 sd:12 prob usp[chron]

## Leki Male Tumulus 1, Grab A

GrN-5037 3605±35BP

M-1325 3900±150BP

Bln_1293 3620±106BP

Bln-1294 3620±106BP

Bln-1295 3570±106BP

Bln-1296 3645±106BP

Bln-3218 3760±88BP

4000CalBC          3000CalBC          2000CalBC          1000CalBC

### Calibrated date

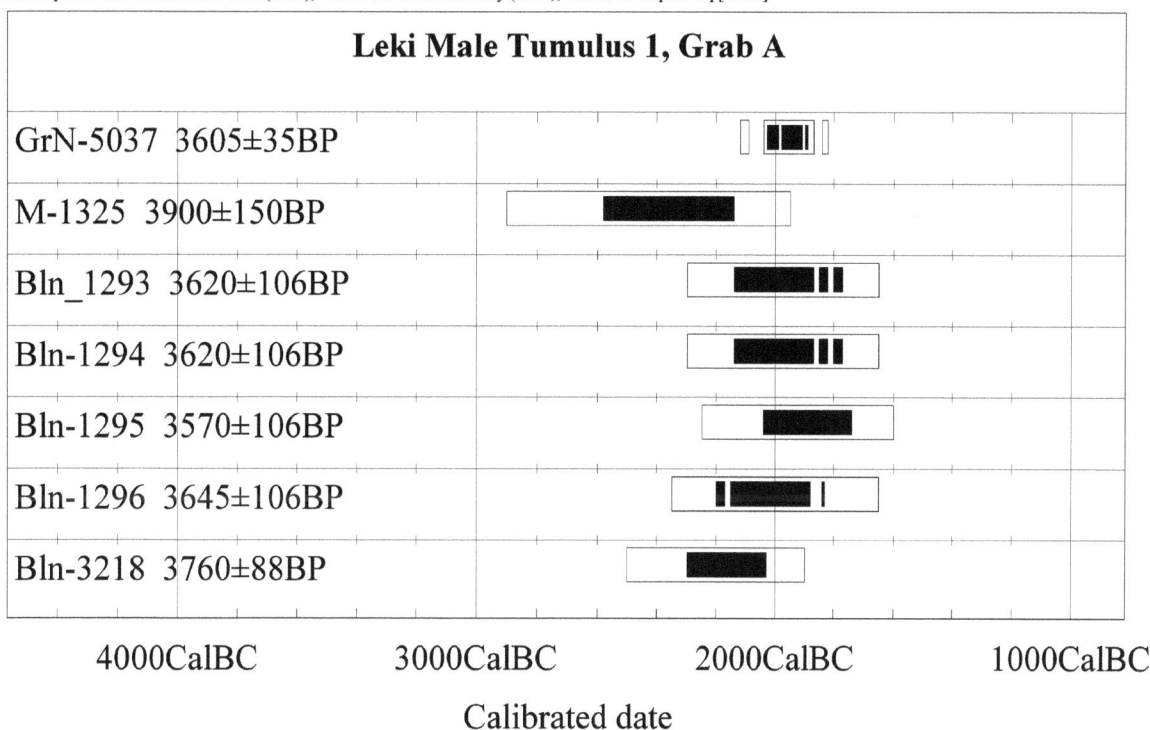

**Abbildung 9:** [14]C-Daten aus Łeki Małe Hügel 1, Grab A.

Die rekonstruierte Form des Helmsdorfer [2] Gefäßes[228] (Taf. II/11) erscheint fraglich[229] und kann daher nicht genauer bestimmt werden. Dennoch mag eine Zuweisung des Gefäßes zum Typ der enghalsigen, plattbauchigen Bauchtöpfe möglich erscheinen.

### 2.1.2 Die Prunkgräber Großpolens

Aus der Region Großpolen sind bisher nur die Prunkgräber aus der Tumulusnekropole von Łęki Małe bekannt. Diese Nekropole wird oft im Zusammenhang mit der aunjetitzzeitlichen Siedlung von Bruszczewo gesehen, die nur rund 13 km vom Gräberfeld entfernt gelegen ist. Wie Ausgrabungen in der Siedlung zeigen, kann diese auf Grund der gefundenen Keramik zumindest z. T., als gleichzeitig mit der Nekropole angesehen werden[230]. Somit liegt hier erstmals eine Siedlung mit eventuell zentralörtlichem Charakter zusammen mit einer zugehörigen Nekropole vor, die die soziale Oberschicht repräsentiert.

### 2.1.2.1 Absolutchronologische Daten

Bisher sind im Raum Großpolens an nur einem Ort Prunkgräber der Aunjetitzer Kultur entdeckt worden. Aus der Grabhügelnekropole von Łeki Małe sind insgesamt 14 Tumuli bekannt. Die sieben veröffentlichten Radiokarbondaten stammen alle aus Tumulus I, Grab A (GrN-5037:

3605 ±35 BP[231]; M-1325: 3900 ±150 BP[232]; Bln-1293: 3620 ±106 BP; Bln-1294: 3585 ±106 BP; Bln-1295: 3570 ±106 BP; Bln-1296: 3645 ±106 BP; Bln-3218: 3760 ±88 BP[233]) dem am reichsten ausgestatteten und am besten erhaltenen Grab.

Aus einem Stammstück, welches zur Grabkammerkonstruktion des Grabs A gehörte, stammt das Probenmaterial der Probe GrN-5037. Kalibriert ergibt die Probe eine 1σ-Datierung von 2030-1890 v. Chr. und eine 2σ-Datierung von 2120-1820 v. Chr. Sie liefert also einen *terminus post quem* für die Errichtung des Grabs, wobei auf Grund der unbekannten Probenentnahmestelle der 5-10 Jahrringe umfassenden Probe ein Altholzeffekt nicht ausgeschlossen werden kann. Ähnlich verhält es sich auch mit den anderen [14]C-Daten aus diesem Grab, die alle aus Holzproben gewonnen wurden[234]. Auf Grund der relativ großen Datenserie, 7 Proben, kann für das Grab A aus Tumulus I eine *terminus ante quem* von etwa 1800 v. Chr. erschlossen werden.

Auf Grund der Ergebnisse naturwissenschaftlicher Datierungsmethoden kann davon ausgegangen werden, dass die Nekropole von Łęki Małe ungefähr zur gleichen Zeit errichtet wurde wie die Prunkgräber Mitteldeutschlands. Genauere Angaben über die Belegungsdauer, das zeitliche Verhältnis der einzelnen Grabanlagen zueinander und zu den mitteldeutschen Prunkgräbern können aus den Radiokohlenstoffmessungen nicht erschlossen werden.

228 Grössler 1907, 19 f., Taf. VI/16.
229 Zich 1996, 444.
230 Müller 2004.

231 Vogel/Waterbolk 1972, 75; Bakker/Vogel/Wiślansky 1969, 15 f.
232 Crane/Griffin 1972, 188.
233 Görsdorf 1993, 105 ff.
234 Besonders auffällig ist das Ergebnis der Probe M-1325, welches am stärksten vom Mittelwert der anderen Messungen abweicht.

## 2.1.2.2 Relativchronologische Einordnung

In diesem Kapitel sollen verschiedene Beigaben aus den Prunkgräbern der Tumulusnekropole von Łęki Małe auf ihre chronologische Aussagekraft untersucht werde. Dies geschieht mit dem Ziel, das zeitliche Verhältnis zwischen den einzelnen Prunkgräbern der Nekropole genauer zu erfassen und um das Prunkgrabphänomen in Polen in einen überregionalen zeitlichen Zusammenhang zu stellen, in dem dieses an die mitteldeutschen Prunkgräber und die süddeutsche Bronzezeitchronologie angeschlossen wird.

### Nadeln

Die Nekropole von Łęki Małe bestand ehemals aus 14 Tumuli, von denen 6 teilweise oder komplett untersucht wurden (Taf. V/1). Aus diesen Untersuchungen stammen insgesamt sechs Nadeln aus Grabzusammenhängen. Einzelne Exemplare kommen aus Grab A, Hügel I [11] (Taf. VI/13) und aus Hügel VI [16] (Taf. VIII/12), ohne genau beobachteten Grabzusammenhang. Nadelpaare fanden sich in Grab D, Hügel I [11] (Taf. VII/4-5) und in Grab B, Hügel III [13][235] (Taf. VII/27).

### Ösenkopfnadeln

Bei dem aus Grab D, Hügel I [11] stammenden und fragmentarisch erhaltenen Nadelpaar (Taf. VII/4-5) handelt es sich um zwei bronzene Ösenkopfnadeln des Aunjetitzer Typs der Variante mit einfach verbreitertem Kopf[236]. Aus dem Hügel VI [16] stammt eine weitere Ösenkopfnadel dieses Typs[237] (Taf. VIII/12).

Auf Grund dieser Nadeln kann das Grab D aus Hügel I [11] wie auch der zerstörte Hügel VI [16] in die klassische Phase der Aunjetitzer Kultur datiert werden und mit der Stufe 4 nach Zich im circumharzer Raum synchronisiert werden[238]. Das entspricht[239] nach der süddeutschen Bronzezeitchronologie etwa der Phase Bz A2/a.

### Zyprische Schleifennadel

Aus dem reich ausgestatteten Grab A des Hügels I [11] stammt eine nur fragmentarisch erhaltene zyprische Schleifenkopfnadel[240] (Taf. VI/13). Die meisten zyprischen Schleifenkopfnadeln Polens sind aus Grabzusammenhän-

gen der Aunjetitzer Kultur bekannt[241]. Chronologisch gesehen stellen sie eine ältere Nadelform als die Ösenkopfnadeln dar. Sie stammen z. T. aus Grabkontexten, die der Stufe IV nach Machnik, also der „vorklassischen Aunjetitzer Kultur", zugeordnet werden können[242]. Sie laufen allerdings bis in die klassische Phase der Aunjetitzer Kultur durch. Das Exemplar aus Grab A, Hügel I [11] ist dafür ein gutes Beispiel, da es zusammen mit einer für die klassische Aunjetitz-Kultur charakteristischen Beigabenausstattung gefunden wurde[243].

### Dolche

Neben den Nadelformen erscheint es auch im Fall der Nekropole von Łęki Małe sinnvoll, die Dolche einer genaueren Betrachtung zu unterziehen, um das zeitliche Verhältnis zwischen den großpolnischen Prunkgräbern und denen der Leubinger Gruppe deutlicher herauszuarbeiten zu können. Insgesamt sind drei Dolchfunde aus der Nekropole von Łęki Małe bekannt, wobei das Stück aus dem Hügel VI [16], der beim Bau einer Bahntrasse zerstört wurde, heute verschollen ist. Von diesem Stück liegen keine Abbildungen vor[244], wodurch der Dolch für eine typologische Einordnung nicht mehr zur Verfügung steht. Die beiden anderen erhaltenen Dolche stammen beide aus Hügel I [11]. Ein kleines unverziertes, trianguläres Exemplar gehörte zur Grabausstattung des Grabs A[245] (Taf. VI/8), der zweite, ein dekorierter Vollgriffdolch stammt aus Grab D[246] (Taf. VII/1).

### Vollgriffdolch des Saale-Weichsel-Typs

Der Dolch aus dem Grab D, Hügel I [11] (Taf. VII/1) wird zu den Vollgriffdolchen des Saale-Weichsel-Typs gezählt[247]. Auf Grund eines Vergleichstücks aus dem Hortfund von Bresinchen[248] des gleichen Typs, kann eine Datierung in die klassische Aunjetitzer Kultur wahrscheinlich gemacht werden. Im Sinne der Stufengliederung nach Zich entspricht dies der Stufe 4 der Aunjetitzer Kulturentwicklung im circumharzer Raum. Dabei gibt Schwenzer zu beachten, dass die Dolche des Saale-Weichsel-Typs typologisch ältere Formen als z. B. die Dolche des Malchiner Typs darstellen. Diese lassen sich aus den älteren Formen ableiten[249].

---

235 Sarnowska 1969, 190 Abb. 60/h–j; Kowiańska-Piaszykowa 1957, 134 Abb. 25/1&2. Auf Grund der fragmentarischen Erhaltung ist eine typologische Bestimmung der Nadeln nicht möglich. Vgl. auch: Gedl 1983, 117 Nr. 664 ,665, Taf. 39.

236 Gedl 1983, 21ff.,Nr. 16, 17, Taf. 1; Kowianska-Piaszykowa/Kurnatowski 1953, 66 Abb. 27,5, 6. Die Nadel Nr. 16 nach Gedl (1983) bzw. 5 nach Kowianska-Piaszykowa/Kurnatowski (1953) ist am Schaftansatz mit einem Fischgrätmuster dekoriert. Dies stellt diese Nadel in einen engen Zusammenhang mit den goldenen Ösenkopfnadeln aus der Leubinger Gruppe (Helmsdorf [2] und Leubingen [1]).

237 Gedl 1983, 22ff., Nr. 18, Taf. 1; Knapowska-Mikołajczykowa 1957, 62 Abb. 64.

238 Geld 1983, 25. Siehe auch: Anm.193.

239 Siehe Anm. 194.

240 Gedl 1983, 18 Nr. 7 Taf. 1; Kowianska-Piaszykowa/Kurnatowski 1953, 57 Abb. 12/6.

241 Sie stellen keine im Aunjetitzer Bereich entwickelte Form dar, sondern gehen in diesem Raum wahrscheinlich auf ostmediterrane Einflüsse zurück. Ruckdeschel 1978, 123.

242 Gedl 1983, 20. Siehe auch: Kap. 1.2.1 Aunjetitz-Kultur.

243 Geld 1983, 20 f. Siehe unten: Abschnitt zu den Dolchen und der Keramik. Zich 1996, 328 ff.

244 Knapowska-Mikołajczykowa 1957, 62; Gedl 1980, 67; Sarnowska 1969, 191.

245 Sarnowska 1969, 184 f. Abb. 57/i; Gedl 1980, 44 Nr. 86, Taf. 12; Kowianska-Piaszykowa/Kurnatowski 1953, 58, Taf. IV/5.

246 Sarnowska 1969, 186 f. Abb. 58/f; Gedl 1980, 13 Nr. 8, Taf. 1; Kowianska-Piaszykowa/Kurnatowski 1953, 62, 66 Abb. 15/5.

247 Schwenzer 2004, 56 ff., 305 Nr. 253; Taf. 78. Der hier zu besprechende Dolch aus dem Grab D, Hügel I, Łęki Małe wurde von Gedl (1980) als eine Sonderform der Dolche des Aunjetitzer Typs (Uenze 1938, 31 ff.) betrachtet. Nach Gedl (1980, 13 ff.) gehört er zur Variante Kotla.

248 Breddin 1969, 21, 32, Abb. 16,2, 17, Taf. 4, 4.

249 Schwenzer 2004, 231 f. Durch die Verbindung mit dem Hortfund von Bresinchen kann der Dolch an die sächsisch-anhaltinisch-thü-

---

Daraus dürfen wir schließen, dass Vollgriffdolche des Saale-Weichsel-Typs bereits an den Beginn der Stufe 4 nach Zich zu datieren sind, bzw. eine frühe Form des klassischen Aunjetitzer Metallformeninventars bilden[250].

*Flache trianguläre Dolchklingen mit halbkreisförmiger Griffplatte der Variante Mierczyce[251]*

Die in Hügel I [11], Grab A gefundene trianguläre Bronzedolchklinge (Taf. VI/8) gehört zu den typischen Dolchformen der klassischen Aunjetitz-Kultur[252], was ,wie bereits dargelegt etwa der Stufe 4 nach Zich in der circumharzer Aunjetitz-Gruppe entspricht. Darüber hinaus birgt das Stück wenig chronologische Aussagekraft, so dass die Klinge zur Klärung der Zeitstellung des Grabs A keine genaueren Anhaltspunkte liefert.

*Keramik*

Insbesondere die aunjetitzzeitlichen Prunkgräber der Nekropole von Łęki Małe zeichnen sich gegenüber den mitteldeutschen Prunkgräbern der Leubinger Gruppe durch relativ zahlreiche Keramikbeigaben aus. In einigen der vollständig untersuchten und besser erhaltenen Gräber konnten ganze Geschirrsätze geborgen werden. Dies ermöglicht es die Prunkgräber Großpolens unmittelbar an die anhand der Keramikabfolge der Aunjetitzer Flachgräber entwickelten Gliederung der Aunjetitz-Kultur anzuschließen.

Im Grab A, der primären Zentralbestattung, des Hügels I [11] von Łęki Małe, wurde ein aus sechs Gefäßen bestehender Geschirrsatz gefunden[253] (Taf. VI/1-6). Davon waren vier zu größten Teilen erhalten, während von zwei weiteren Gefäßen nur Bruchstücke gefunden wurden[254]. Bei den vier rekonstruierbaren Gefäßen handelt es sich um einen Zapfenbecher mit tiefsitzendem Zapfen[255] (Taf. VI/4), einem Zapfenbecher mit geschweiftem Profil[256] (Taf. VI/3), eine ungegliederte Tasse mit ausladender Mündung und einem Ösenhenkel[257] (Taf. VI/2) und um ein großes „amphorenartiges" Gefäß[258] (Taf. VI/1). Die Amphore des Typs Łęki Małe-Przecławice[259] verweist auf vorklassisch zu wertende

Kontexte[260]. Die zeitliche Einnordung des Zapfenbechers mit geschweiftem Profil (Typ 7P)[261] ist bisweilen noch mit zu vielen Unklarheiten behaftete, als dass es möglich wäre aus diesem Stück eine chronologische Aussage zu erschließen[262]. Die restlichen Gefäße der Grabausstattung datieren über ihren Befundkontext und somit über Vergleiche mit den mitteldeutschen Prunkgräbern und Hortfunden in die klassische Aunjetitzer Kultur.

Die Nachbestattung aus Grab D, ist stratigraphisch jünger als das Zentralgrab A des Hügels I [11] (Taf. V/2). Aus Grab D konnten fünf Gefäße geborgen werden. Darunter befanden sich drei rekonstruierbare Keramikgefäße (Taf. VII/12-15), ein Gefäß war stark fragmentiert (Taf. VII/14) und ein weiteres bestand aus ungebranntem Ton[263] (Taf. VII/11). Chronologische Aussagekraft besitzt vor allem die klassische Aunjetitzer Tasse[264] (Taf. VII/15), die als Leitfossil eine Synchronisierung mit der Stufe 4 der circumharzer Aunjetitz-Kulturentwicklung nahelegt. Ein ganz ähnlicher Zeitansatz läßt sich für Grab B aus Hügel I [11] annehmen[265]. Grab C kann mittels des stratigraphischen Befundes als das jüngste Grab in Hügel I angesprochen werden, was durch die Beigabe eines enghalsigen Topfes gestützt wird (Taf. VI/19)[266].

Es zeigt sich, dass eine chronologische Abfolge der Gräber im Hügel I [11] von Łęki Małe nur mittels der beobachteten Stratigraphie möglich ist. Anhand der Beigabenausstattung der Gräber sind sie zeitlich nicht zu trennen und müssen alle in die klassische Phase der Aunjetitzer Kultur datiert werden. Auffallend ist dennoch, dass in Grab A und D noch Anklänge an typologisch ältere Formen spürbar sind. Dies könnte zum einen auf einen retadierenden Randzonen Effekt der Aunjetitzer Gruppen außerhalb der kulturell innovativen Kernzonen zurückzuführen sein, oder zum anderen als ein Hinweis auf die zeitliche Nähe der Gräber des Hügels I [11] zur vorklassischen Stufe der Aunjetitzer Kultur gewertet werden.

Zu ganz ähnlichen zeitlichen Ansätzen gelangt man auch für die anderen Tumuli und Gräber der Nekropole. Hügel II [12], Grab B aus Hügel III [13] und das Grab B aus Hügel IV [14] können auf Grund der Beigabe von klassischen Aunjetitzer Tassen[267] (Taf. VII/18, 26; Taf. VII/7) in die gleiche Zeitstufe, wie der Hügel I [11] datiert werden. Auch anhand des keramischen Beigabeninventars ist eine zeitliche Abfolge der einzelnen Gräber, vgl. Hügel I, bzw. der verschiedenen Hügel in der Nekropole nicht fest-

ringischen Hortfunde angeschlossen werden und somit mit der Phase Bz A2 der süddeutschen Chronologie als gleichzeitig betrachtet werden. v. BRUNN 1959, 25 ff.

250 Dazu auch: ZICH 1996, 328 ff.

251 GEDL 1980, 43 f.

252 GEDL 1980, 44. Zu diesem Typ können auch die Dolchklingen des Typs Burgstaden-Leubingen aus dem mitteldeutschen Raum. Siehe oben: Kap. Trianguläre Dolchklingen, Variante Burgstaden-Leubingen.

253 KOWIANSKA-PIASZYKOWA/KURNATOWSKI 1953, 54 ff., 57 Abb. 12, 3–4, 8–11.

254 ZICH 1996, 570 Q48g-k.

255 Nach ZICH (1996) handelt es sich um den Typ 7k, Variante 1.

256 Nach ZICH (1996) handelt es sich um den Typ 7P.

257 ZICH 1996, 570 Q48i. Allerdings wird das Gefäß als Typ 3A, Variante 1 (Ösentopf, Variante „Tomice") geführt. ZICH 1996, 638 f. Dabei soll das ungegliederte Gefäß aber eine Sonderstellung unter den sonst typischerweise zweigegliederten Ösentöpfen einnehmen.

258 Nach ZICH (1996) Typ 12 A, Variante 1 (Amphoren vom Typ „Łęki Małe-Przecławice"). ZICH 1996, 176.

259 Zwei Vergleichsstücke stammen aus Grab 27 (S293e) und aus Grab 36 (S299) des eponymen Gräberfelds von Przecławice in Schlesien. In der Keramikabfolge der schlesischen Aunjetitzer Kultur wird die-

ser Gefäßtyp in die Stufe 3 nach Zich datiert. Vgl. ZICH 1996, Beilage 4.

260 ZICH 1996, 328 ff.

261 Ein vergleichbares Stück soll aus Grab 34 des Gräberfelds von Nohra (F233a) stammen. Vgl. ZICH 1996, 328 f., 643. Wie in Amn. 257 bereits angemerkt, scheint es hier zu einer Verwechslung gekommen zu sein. Denn das Gefäß aus Nohra wird auf der Beilage 5 dem Typ 7Q zugewiesen. ZICH 1996, Beilage 5.

262 ZICH 1996, 328 ff. Hier müßte allerdings bei der Erwähnung des Zapfenbechers Typ 7P statt 7Q stehen.

263 KOWIANSKA-PIASZYKOWA/KURNATOWSKI 1953, 62, 66 Abb. 27/10–14. ZICH 1996, 570 Q51g-l.

264 Typ A1, Variante 3 nach ZICH (1996, 330).

265 Hier wurde als einzige datierbare Beigabe ebenfalls eine klassische Aunjetitz-Tasse gefunden (Taf. VI/16). ZICH 1996, 330.

266 ZICH 1996, 330.

267 Hügel II: KNAPOWSKA-MIKOŁAJCZYKOWA 1957, 62, 61 Abb. 63. Grab B Hügel III: KOWIAŃSKA-PIASZYKOWA 1957, 134 Abb. 25. Grab B Hügel IV: KOWIAŃSKA-PIASZYKOWA 1968, 12 Abb. 12/1.

zustellen. Die Gräber sind nur anhand der grabhügelinternen Stratigraphie in ein relativchronologisches Verhältnis zu bringen. Die zeitliche Abfolge der Errichtung der einzelnen Tumuli läßt sich dagegen mit den zur Verfügung stehenden Daten nicht zufriedenstellend auflösen.

### 2.1.3 Die Prunkgrabsitte der mittelschlesischen Gruppe

Bisher ist die Prunkgrabssitte der mittelschlesischen Aunjetitzgruppe nur anhand des Grabhügels von Szczepankowice belegt. Weitere Befunde die den Kriterien zur Identifizierung von Prunkgräbern entsprechen, sind bislang nicht bekannt.

#### 2.1.3.1 *Absolutchronologische Daten*

Für das bisher isoliert gelegene Prunkgrab der mittelschlesischen Gruppe von Szczepankowice liegen keine naturwissenschaftlich gewonnen Datierungsergebnisse vor. So dass eine chronologische Einordnung dieses Befundes nur mittels archäologischer Methoden vorgenommen werden kann.

#### 2.1.3.2 *Relativchronologische Einordnung*

Auf Grund des schlechten Erhaltungszustands und der wahrscheinlichen Beraubung des Zentralgrabs des Hügels von Szczepankowice [17] beschränken sich die Aussagemöglichkeiten weitgehend auf die Nachbestattung in Grab B des Hügels (Taf. VIII/13). Dort konnten zwei Gefäße dokumentiert werden. Es handelt sich um einen Ösentopf[268] (Taf. VIII/14) der gleichen Art, wie er bereits in Łeki Małe, Hügel I [11], Grab A beobachtet wurde (Taf. VII/2), und eine flache Schüssel mit ausladendem Rand[269] (Taf. VIII/15). Auf Grund der kombinationsstatistischen Analyse ordnete Zich das Grab B der Stufe 5 der schlesischen Aunjetitz-Kulturentwicklung zu[270]. Bei der Betrachtung der chronologischen Verbreitung des Prunkgrabphänomens in der Aunjetitzer Kultur ist hier zu beachten, dass es sich bei Grab B nicht um ein Prunkgrab nach der gegebenen Definition handelt[271]. Die Nachbestattung kann lediglich einen *terminus ante quem* für die Errichtung des Zentralgrabs mit dem dazugehörigen Grabmonument liefern. Des weiteren kann hier ein Hinweis für die zeitliche Bezugnahme auf ältere Prunkgräber abgeleitet werden[272].
Aus dem Zentralgrab konnten nur Gefäßfragmente geborgen werden. Eine Randscherbe wird von Zich als Teil einer großen Schüssel angesprochen[273]. Diese gehören zum Keramikrepertoire der Aunjetitzer Bestattungen am

Übergang von Stufe 4, der klassischen Aunjetitzer Kultur, zur Stufe 5, der postklassischen Phase. Auch wenn es sich hierbei nur um recht schwache Indizien handelt, werden sie durch die stratigraphischen Beobachtungen gestützt. Allem Anschein nach kann das Zentralgrab in die Stufe 4 bis spätestens an den Übergang zu Stufe 5 datiert werden. Die Nachbestattung des Grabs B in der Hügelschüttung scheint nicht nur stratigraphisch, sondern auch typologisch jünger zu sein.

### ZUSAMMENFASSUNG

Als Ergebnis der typologischen und relativchronologischen Betrachtung der mitteldeutschen Prunkgräber kann geschlossen werden, dass sich das Prunkgrabphänomen im Bereich der circumharzer Aunjetitzgruppe mit dem Beginn der klassischen Aunjetitz Kultur ausbildete (Stufe 4 nach Zich). Frühester absolutchronologisch datierbarer Ausdruck der Prunkgrabsitte ist das Grab von Leubingen [1], welches durch die Dendrochronologie einen *terminus post quem* für den Beginn der Prunkgrabentwicklung um die Mitte des 20. Jahrhunderts v. Chr. liefert. Die Prunkbestattungen im mitteldeutschen Raum konnten auf Grund der goldenen Ösenkopfnadeln in Leubingen [1] und Helmsdorf [2] mit der frühen Phase der jüngeren Frühbronzezeit (Bz A2/a) in Süddeutschland verbunden werden. Die in Helmsdorf gefundene goldene Kreuzbalkennadel legt allerdings eine Einordnung dieses Befundes in einen späteren Abschnitt von Bz A2/a oder bereits A2/b nahe[274].
Unterstützung findet diese Einordnung des Helmsdorfer Befundes durch die absoluten Daten aus den dendrochronologischen Untersuchungen, die das Grab in die zweite Hälfte des 19. vorchristlichen Jahrhunderts datieren.
Neben den Nadelformen, die wahrscheinlich die chronologisch empfindlichste Gruppe der Metallbeigaben darstellen, scheinen typologische Bestimmungen, was die Metallbeigaben zur Klärung des zeitlichen Verhältnisses der Prunkgräber der mitteldeutschen Prunkgrabgruppe betrifft, nur noch Betrachtungen zur Dolchentwicklung zielführend zu sein.
Auf Grund des Dolches aus dem Grab von Österkörner [10] ließ sich dieses von einer älteren Gruppe der dolchführenden Prunkgräber etwas absetzten. Der nur einmal in einem der Prunkgräber nachweisbare trianguläre Dolch der Variante Hornshagen-Neunheiligen legt nahe, dieses Grab eher ans Ende der mitteldeutschen Prunkgrabentwicklung (Stufe 5 nach Zich) zu datieren, da dieser Dolchtyp allgemein an den Übergang Bz A2/b zu B1 datiert wird.
In eine ähnliche Richtung weisen Auswertungen der keramischen Beigaben.. Selbst die wenigen keramischen Beigaben aus Prunkgrabkontexten der Leubinger Gruppe lassen den Schluß zu, dass das Grab von Österkörner [10 als das relativchronologisch jüngste Prunkgrab ans Ende der Prunkgrabentwicklung im mitteldeutschen Bereich zu datieren ist. Das Grabgefäß aus dem Grab von Österkörner [10] zeigt Ähnlichkeiten mit einem Gefäß, welches bereits in frühe Kontexte der Vorlausitzer-Kultur zu weisen

268 Typ 3A, Variante 1 nach Zich. ZICH 1996, 81, 638 f. (S350a).
269 Typ 4P nach Zich. ZICH 1996, 102, 340 (Nr. S350b). Abbildungen bei: SARNOWSKA 1969, 300 Abb. 128/a, b
270 ZICH 1996, Beilage 4.
271 Siehe: Kap. 1.3 Theoriegeleitete Überlegungen zur Definition des Terminus „Prunkgrab".
272 Siehe: Kap. 3.2 Bewußte Bezugnahme auf ältere Gräber.
273 Bei dem Stück S349b handelt es sich wahrscheinlich um eine Schüssel des Typs 4k, Variante 3 nach Zich. ZICH 1996, 640, 100.

274 Auf Grund der im Grab gefundenen Kreuzbalkennadel kann eine Datierung in eine spätere Phase der jüngeren Frühbronzezeit angenommen werden. Vgl. Kap. Kreuzbalkennadeln.

scheint und somit der letzten Stufe der circumharzer Aunjetitzentwicklung zugewiesen werden kann[275].

Die aunjetitzer Prunkgräber der Nekropole von Łęki Małe in Großpolen konnten anhand einiger Beigaben, wie Nadeln und Keramikgefäßen, als zeitgleich mit der Stufe 4 des circumharzer Raums datiert werden. Auch wenn in Grab A und D in Hügel I Beigabentypen auftauchen, die noch älteren vorklassischen aunjetitzer Traditionen verhaftet scheinen, so ergibt sich daraus keine hinreichende Begründung für höheres Alter der Nekropole von Łęki Małe.

Unterstützt wird diese Einschätzung durch die Radiokarbondatierung aus Grab A, Hügel I der Nekropole, den einzigen absolutchronologischen Daten zur frühbronzezeitlichen Prunkgrabsitte im Bereich Großpolens. Auch wenn die großen Standartabweichungen und der auf Grund der Probennahme nicht auszuschließende Altholzeffekt in die Betrachtungen mit einbezogen werden, schienen sie einen Zeitansatz für die Errichtung des Grabes A im ersten Viertel des 2. Jahrtausends v. Chr. zu belegen. Die Ergebnisse dieses Datierungsversuchs fügen sich schlüssig mit den Ergebnissen zur Prunkgrabsitte in der mitteldeutschen Frühbronzezeit zusammen, wo diese sicher in die klassische Aunjetitzer Kultur (Stufe 4 nach Zich) datiert werden können. Die im Bereich Mitteldeutschlands gewonnenen absolutchronologischen Daten der Gräber von Leubingen [1] und Helmsdorf [2] fallen, wie gezeigt werden konnte, ebenfalls in die ersten Jahrhunderte des 2. vorchristlichen Jahrtausends.

Die Datierung des Prunkgrabs von Szczepankowice [17] im Bereich der mittelschlesischen Aunjetitz-Gruppe ist wegen der schlechten Überlieferung des Befunds weniger sicher. Dennoch kann eine Datierung des Zentralgrabs A im Grabhügel von Szczepankowice in die Stufe 4 der mittelschlesischen Aunjetitzer Kultur als wahrscheinlichster Zeitansatz gewertet werden.

Abschließend kristallisiert sich für die Datierung des Prunkgrabphänomens der Aunjetitzer Kultur Folgendes Ergebnis heraus: Die ältesten Prunkgräber scheinen am Beginn der Stufe 4, in den ersten Jahrhunderten des 2. Jahrtausends v. Chr. aufzutreten. In welchem Gebiet sich diese Entwicklung erstmals vollzieht, ist auf Grund der Chronologie nicht näher zu bestimmen, doch scheint allein auf Grund der Dichte der Prunkgrabbefunde im Bereich der Leubinger Gruppe der Ursprung der aunjetitzer Prunkgrabsitte hier zu liegen. Mehr oder weniger gleichzeitig – für eine genauere chronologische Auflösung fehlen die erforderlichen Daten – scheinen auch in anderen Regionen der Aunjetitzer Kultur, Großpolen (Łęki Małe [11-16]) und Mittelschlesien (Szczepankowice [17]) Prunkgräber errichtet worden zu sein.

Wie lange die Prunkgrabsitte in der Aunjetitzer Kultur bestand, ist nicht sicher auszumachen. Das jüngste absolutchronologisch datierte Prunkgrab Helmsdorf [2] verweist auf ein Bestehen dieser Sitte in Mitteldeutschland bis mindestens in die zweite Hälfte des 19. Jahrhunderts v. Chr. Dass auch noch nach dem Grab von Helmsdorf [2] Prunkgräber errichtet wurden, deutet der Befund von Österkörner [10] an. Für diesen konnte eine Datierung in die Stufe 5 nach Zich wahrscheinlich gemacht werden. Dem fol-

gend kann ein Bestehen der Prunkgrabsitte über die Dauer der gesamten Stufe 4 bis in Stufe 5, also den Übergang zur Mittelbronzezeit angenommen werden, auch wenn die Blütezeit der Prunkgräber der Aunjetitz-Kultur sicherlich nur von kurzer Dauer war und nach den ersten Jahrhunderten des 2. Jahrtausends v. Chr. schwand. Am Übergang zur Mittelbronzezeit sind nur noch leichte Nachklänge der Prunkgrabsitte zu verzeichnen.

Bei diesen Beobachtungen dürfen allerdings die in den letzten Jahren mehrfach geäußerten Zweifel an der Richtigkeit der relativchronologischen Gliederung der Aunjetitzer Kultur nicht außer Acht gelassen werden. Johannes Müller machte 1999 darauf aufmerksam, dass die meisten der bisherigen Vorstellungen über die Entwicklung der Aunjetitzer Kultur auf einer fast axiomatischen Grundannahme beruhen: Die Evolution der Aunjetitzer Tassen von einer rundbauchigen Form hin zur „klassischen Aunjetitzer Tasse"[276]. Diese Annahme basiert letztendlich auf horizontalstratigraphischen Beobachtungen aus Flachgräberfeldern der Aunjetitzer Kultur[277], deren chronologische Aussagekraft letztlich aber noch nicht sicher nachgewiesen worden ist.

Ein wichtige Indizien, welche die Kritik Müllers an den traditionellen Vorstellungen stützen, sind z. B. Grab 1 von Klein-Wanzleben[278] sowie eine Reihe von [14]C-Daten aus dem mitteldeutschen Aunjetitzer Kulturbereich[279]. In wie weit der Kritik Müllers zu folgen ist, können nur weitere absolutchronologische Untersuchungen an geschlossenen Grabbefunden, bzw. vertikalstratigraphische Befundbeobachtungen klären. Diese würden Aussagen über die zeitliche Entwicklung der aunjetitzer Keramik auf eine sichere Grundlagen stellen.

Auch wenn die Feinheiten der Aunjetitzer Kulturentwicklung noch im Dunkeln liegen, so kann dennoch von einer weitgehenden Gleichzeitigkeit der verschiedenen Prunkgrabbefunde ausgegangen werden, da sie typologisch einen recht einheitlichen Horizont zu bilden scheinen, der durch Leubingen [1] und Helmsdorf [2] recht sicher in das erste Viertel des 2. Jahrtausends einzuordnen ist.

## 2.2 Die Chronologie des Prunkgrabphänomens in der Wessex-Kultur

Die Datierung des südenglischen Prunkgrabphänomens, welches sich hauptsächlich mit den Phasen Wessex I und der Übergangsphase I/II verbinden läßt, stellt auf Grund der fehlenden absoluten Daten aus diesen Kontexten ein gewisses Problem dar.

Die meisten chronologischen Vorstellungen über die Wessex-Kultur basieren bislang auf Ergebnissen archäologischer Datierungsmethoden. Hauptsächlich wurden Vergleiche mit dem kontinentalen Europa angestrengt, um zu absolutchronologischen Daten zu gelangen. Welche Ri-

---

275 Siehe auch: Anm. 227.

276 Müller 1999, 69 ff. Darauf beruhen in weiten Teilen auch die jüngsten Arbeiten zu diesem Thema: Zich 1996 und Bartelheim 1998. Dem hat bisher nur Mandera 1953 widersprochen. Der von einer weitgehenden Gleichzeitigkeit zweier unterschiedlicher Keramikrepertoires ausging. Siehe oben: Kap. 1.2.1 Aunjetitz-Kultur.

277 Vgl. z. B. Moucha 1963.

278 Zich 1996, 400 D270, Taf. 36/I,1-4; Müller 1999, 70.

279 Müller 1999, 69 ff., Liste 1, 2.

siken sich damit ergeben, zeigt die Beschäftigung mit der Forschungsgeschichte[280].

## 2.2.1 Die relativchronologische Gliederung der Wessex-Kultur

Wie bereits im Vorfeld erwähnt basiert die Definition der Wessex-Kultur auf einer bestimmten Grabbeigabenzusammensetzung bzw. einem bestimmten Repertoire von Beigaben. Diese charakteristischen Beigabentypen wurden 1938 erstmals durch Piggott zusammengestellt. Später gliederten verschiedene Forscher diesen Bestand weiter, um zu einer internen zeitlichen Gliederung der Wessex-Kultur zu gelangen. Der bislang jüngste Ansatz zur relativchronologischen Gliederung stammt von S. Gerloff. Die von ihr beschriebene Phasengliederung der Wessex-Kultur bildet noch heute die Grundlage zur Beurteilung des zeitlichen Verhältnisses zwischen den verschiedenen Grabserien der Wessex-Kultur.

Die hier im Mittelpunkt des Interesse stehenden Prunkgräber sind auf Grund des charakteristischen Beigabenausstattung der einer älteren Phase der Kultur zuzuordnen. Dies gilt in besonderem Maße für die Prunkbestattungen von Männern. Sie sind vor allem durch die Sitte, Dolche mit ins Grab beizugeben, gekennzeichnet und können somit anhand der Dolchchronologie nach Gerloff eingeordnet werden.

Die Frauenbestattungen, welche auf Grund ihrer reichen Beigabenausstattung zur Gruppe der Prunkgräber gezählt werden, können über Vergesellschaftungen verschiedener Beigabentypen an die auf der Typologie der Dolche basierenden Chronologie der männlichen Wessex-Bestattungen angeschlossen werden.

Anhand des geschlechtsspezifischen Beigabenrepertoires der Prunkgräber in der Wessex-Kultur sollen hier die Aspekte der Chronologie nach Grabserien – männliche und weibliche – getrennt betrachtet werden.

### 2.2.1.1 Männerbestattungen in Prunkgräbern

Im Rahmen dieser Arbeit werden insgesamt sechs Bestattungen von männlichen Individuen genauer untersucht, welche den Kriterien für Prunkgräber in der Wessex-Kultur[281] entsprechen. Sie sind alle durch Dolchbeigaben gekennzeichnet. Diese stellen die wichtigsten Leitfossilien zu Datierung dieser Gräber dar.

Die Gräber Wilsford G5 [18][282], Winterborne Stoke G5 [22][283], Clandon Barrow [27][284], Ridgeway Barrow 7 [28][285] und Little Cressingham [29][286] (Taf. IX/2-3; Taf. X/3-4; Taf. XI/10-11, 24) können auf Grund von Dolchbeigaben der amorikanisch-britischen Dolchserie in die ältere Wessex-Kultur, Wessex I, datiert werden, wobei eine

| DATIERUNG | Gräber / Dolchtypen | Wilsford G. 5 [18] | Winterbourne Stoke G. 5 [22] | Clandon Barrow [27] | Ridgeway Barrow 7 [28] | Little Cressingham [29] | Hove [26] |
|---|---|---|---|---|---|---|---|
| Amorikanisch-Britische Dolchserie / Wessex I | Amoriko-Britisch A | ■ | ■ | — | ■ | — | — |
| | Amoriko-Britisch B | ■ | — | ■ | — | ■ | — |
| | Amoriko-Britisch C | — | — | — | — | — | — |
| Camerton-Snowshill Dolchserie / Wessex II | Typ Camerton | — | — | — | — | — | ■ |
| | Typ Snowshill | — | — | — | — | — | — |

■ nachgewiesen     — nicht nachhewiesen

**Tabelle 1:** Verteilung der verschiedenen Dolchtypen in den Wessex-Prunkgräbern mit männlichen Bestattungen.

feinere chronologische Auflösungen der Typen Amoriko-Britisch A und B nicht möglich ist[287]. Es liegen aber Hinweise vor, dass die Dolche des Typs B der Amorikanisch-Britischen Dolchserie eine etwas längere Laufzeit als die des Typs A hatten[288], so dass sie durchaus bis in Wessex I/II datiert werden können. Das Grab von Hove[289] datiert auf Grund des Dolches des Typs Camerton (Taf. XI/1) in die jüngere Wessex-Kultur, Wessex II[290].

Relativchronologisch schließt sich die Phase Wessex I an die späten Glockenbechererscheinungen im Südwesten Englands an. Horizontale Gräberfeldstratigraphien, wie z. B. in den linearen Barrow-Nekropolen von Winterborne Stoke und Normanton oder auch in nicht linearen Nekropolen, wie in der Lake Group zeigen eine kulturelle Abfolge von Gräbern. Sie beginnen mit der Phase der sog. ,Long-Necked Beaker'[291], einer späten Erscheinung der südwestlichen britischen Glockenbecherkultur. Daran schließen sich Gräber der Bush-Barrow Serie (Wessex I) mit Körperbestattungen an, worauf die jüngsten Grabhügel mit Brandbestattungen der Camerton-Snowshill Serie (Wessex II) folgen[292].

---

280 Siehe oben: Kap. 1.2.2 Wessex-Kultur.

281 Zu den hier angelegten Kriterien für Prunkgräber in der Wessex-Kultur siehe Kap. 1.3.2 Wessex-Kultur.

282 GERLOFF 1975, 71 Nr. 113 (Amoriko-Britisch A), Pl. 11, 74 Nr. 124 (Amoriko-Britisch B), Pl. 12.

283 GERLOFF 1975, 70 Nr. 108, 109 (Amoriko-Britisch A), Pl. 10.

284 GERLOFF 1975, 74 Nr. 127, Pl. 112.

285 GERLOFF 1975, 71 Nr. 114, 115, Pl. 11.

286 GERLOFF 1975, 75 Nr. 132, Pl. 12.

287 GERLOFF 1975, 92 ff.

288 GERLOFF 1975, 95. Darauf deutet z. B. die in Clandon Barrow gefundene Bernsteintasse hin. Solche Gefäße sind öfters mit Dolchen der Camerton-Snowshill Serie vergesellschaftet, die bereits in Wessex II-Kontexte gehören.

289 GERLOFF 1975, 105 Nr. 183, Pl. 18.

290 GERLOFF 1975, 99 ff.

291 Diese späte Phase der britischen Glockenbecherkultur ist wahrscheinlich z. T. mit Wessex I als gleichzeitig zu betrachten. Wobei in den ehemaligen Kernzonen der südwestlichen Glockenbecher Kultur, diese von den Gräbern der Phase Wessex I abgelöst werden, während sie in den Randbereichen weiterbesteht. CLARKE 1966, 196; CLARKE 1970, 232 f.

292 ANNABLE/SIMPSON 1964, 21 f.; GERLOFF 1975, 92.

## 2.2.1.2 Frauenbestattungen in Prunkgräbern

Anthropologische Geschlechtsbestimmungen an Skeletten aus den Prunkgräbern der Wessex-Kultur fehlen. Daher kann eine Geschlechtsbestimmung der bestatteten Individuen nur anhand archäologischer Hinweise erfolgen. Das wahrscheinlich wichtigste Kriterium, um Bestattungen von Frauen von denen der Männer zu unterschieden, ist das Fehlen von Dolch- bzw. Waffenbeigaben[293] in reich ausgestatteten Gräbern.

Darüber hinaus sind einige durch eine relativ reiche Schmuckausstattung, Goldschmuck, Halsschmuck aus Perlen und Anhängern, sowie Schmuckscheiben und Knöpfen[294], gekennzeichnet. Diese Befunde werden als Gräber sozial hochgestellter Frauen gedeutet[295].

Gräber mit diesen Merkmalen wurden von Gerloff auf Grund verschiedener Ausstattungsmuster in zwei Gruppen gegliedert. Die erste der beiden Gruppen, die sog. Wilsford Serie, zeichnet sich durch eine sehr reiche Beigabenausstattung aus. Diese umfaßt z. B. Schmuckstücke aus Goldblech oder in Goldblech gefaßte Schmuckstücke aus Bernstein oder Gagat, hinzutreten z. T. sog. ‚incense cups' und ‚cinerary urns'. Sie sind mit Körper- wie auch mit Brandbestattungen vergesellschaftet[296].

Zu dieser Gruppe gehören die hier zu betrachtenden weiblichen Prunkgräber Upton Lovell G.2(e) [23][297] (Taf. X/5-14), die Gräber der eponymen Gruppe Wilsford G.8 [20], G.50(a) [21] und G.7 [19][298] (Taf. IX/13-40), sowie Preshute G.1(a) [24][299] (Taf. X/15-30) und Hengistbury Head I [25][300] (Taf. X/31-38).

Die zweite Gruppe der Frauenbestattungen ist im Allgemeinen ärmer ausgestattet. Sie bilden die sog. Aldbourne Serie. Gekennzeichnet sind sie durch das Fehlen von Goldschmuck und die im Vergleich zu den Gräbern der Wilsford Serie geringere Zahl der Bernstein- und Schieferperlen bzw. –anhänger. In kleineren Stückzahlen kommen gelegentlich Fayenceperlen in diesen Gräbern vor. Weiterhin charakteristisch sind Bronzeahlen und Knochenpinzetten. Diese Gruppe enthält ausschließlich Brandbestattungen[301].

Basierend auf dieser Definition beider Gruppen der Frauenbestattungen der Wessex-Kultur wird deutlich, dass die zu betrachtenden Prunkgräber ausschließlich der Wilsford Serie angehören.

Auf Grund des Auftretens von Goldblechschmuckstücken in den Gräbern der Wilsford Serie können diese mit den Männergräbern der Bush Barrow-Serie verbunden werden, die ebenfalls Goldblechschmuckstücke enthielten[302].

Verbindungen zur Camerton-Snowshill Serie sind selten[303]. Dennoch scheint die Wilsford Serie zeitgleich mit dem Ende der Bush Barrow-Serie und dem Beginn der Camerton-Snowshill Serie zu sein, also dem Übergang Wessex I/II[304].

## 2.2.2 Absolute Datierung

Wesentlich schwieriger als die relativchronologische Einordnung des Prunkgrabphänomens der Wessex-Kultur in deren chronologische Phasengliederung ist die möglichst genaue absolute Datierung, um des Weiteren das zeitliche Verhältnis zwischen der internen Wessex-Phasengliederung und der kontinentalen Chronologie der Frühbronzezeit aufzuzeigen. Wegen des Fehlens naturwissenschaftlicher Datierungen von Prunkgrabzusammenhängen der Wessex I-Kultur, seien es Radiokarbondaten[305] oder auch Dendrodaten, bleibt als einzige Möglichkeit, um das Prunkgrabphänomen zeitlich genau zu einzuordnen, die Datierung mittels archäologischer Datierungsmethoden.

Vergleichsfunde aus benachbarten Gebieten und dem kontinentalen Europa der Frühbronzezeit bilden die einzige Möglichkeit, zu absoluten Daten gelangen und das zeitliche Verhältnis zwischen den verschiedenen zu untersuchenden Prunkgrabprovinzen zu klären.

Die Mehrzahl der reichen Wessex I-Bestattungen zeichnet sich durch das verbindende Merkmal der Totenlage aus. Wie bereits erwähnt ist in den Gräbern der Bush Barrow-Serie die Körperbestattung vorherrschend, wenn auch nicht die alleinige Bestattungsform[306]. Der überwiegende Teil der Bestatteten wurde in gestreckter Rückenlage niedergelegt[307]. Diese Niederlegungssitte, insbesondere in Verbindung mit hölzernen Grabkammern oder Steinkisten unter Grabhügeln verweist evtl. auf die Prunkbestattungen der nördlichen Aunjetitzer Kultur[308], wo diese Form der Niederlegung in Prunkgrabzusammenhängen in frühbronzezeitlichen Kontexten gehäuft vorkommt.

Eine weitere Verbindung zwischen der älteren Phase der Wessex-Kultur und der nördlichen Aunjetitzer Kultur stellen die Dolche dar. Gerloff erkennt in den Vollgriffdolchen der Hauptform des Oder-Elbetypus[309] die Prototypen der Amoriko-Britischen Dolche der Typen A und B[310]. Woraus ein Zeitansatz für die amoriko-britische Dolchserie abglei-

---

293 Hier werden nur Wessex-Dolche gewertet. Kleine, sog. ‚knifedaggers' kommen auch in Frauenbestattungen vor. Vgl. z. B. Upton Lovell G2(e) [23] und Preshute G.1(a) [24].

294 Es handelt sich um typische Ausstattungsmuster von Frauenbestattungen in Prunkgräbern der Wessex-Kultur siehe Kap. 3.3.2.2 Die „goldene" Tracht der Frauen.

295 GERLOFF 1975, 197.

296 GERLOFF 1975, 197 f.

297 GERLOFF 1975, 197, App. 7 Nr. 24.

298 GERLOFF 1975, 197, App. 7 Nr. 26, 2, 3, 26.

299 GERLOFF 1975, 197, App. 7 Nr. 4.

300 GERLOFF 1975, 197, App. 7 Nr. 11.

301 GERLOFF 1975, 198.

302 Für weitere Hinweise für die Verbindung der Wilsford Serie mit der Amorikanisch-Britischen Serie siehe GERLOFF 1975, 213 ff.

303 GERLOFF 1975, 109. Hier ist z. B. das Auftreten von Brandbestattungen zu nennen, welches ein charakteristisches Merkmal der Camerton-Snowshill Serie und damit Wessex II ist. MEGAW/SIMPSON 1979, 218.

304 GERLOFF 1975, 213 f.

305 Aus der älteren Wessex-Kultur sind bislang keine ¹⁴C-Daten bekannt. Vgl. auch: KRAUSE 1988, 172 Anm. 353. Bisher liegen nur vier Radiokarbondaten aus dem jüngeren Abschnitt der Wessex-Kultur vor. RENFREW 1973, 222 f.

306 GERLOFF 1975, 93 f.

307 GERLOFF 1975, 94.

308 GERLOFF 1975, 94. Gerloff macht hier auf eine mögliche Verbindung zwischen dem Verbreitungsgebiet der Wessex Kultur Phase I und dem Verbreitungsgebiet der Aunjetitzer Prunkgräber aufmerksam. Jedoch könnte die gestreckte Rückenlage der Toten einfach durch eine gesteigerte repräsentative Funktion der Trachtausstattung erklärt werde, die dadurch während des Bestattungsrituals besser zur Geltung gekommen wäre.

309 UENZE 1938, 41 ff.; SCHWENZER 2004, 42 ff.

310 GERLOFF 1975, 95.

Atmospheric data from Stuiver et al. (1998); OxCal v3.9 Bronk Ramsey (2003); cub r:4 sd:12 prob usp[chron]

| | | | |
|---|---|---|---|
| HD-8971 - 9115/Singen, Grab 79 3680±45BP | | | |
| HD-8974 - 9155/Singen, Grab 65 3850±45BP | | | |
| HD-8978 - 9157/Singen, Grab 70 3770±40BP | | | |
| HD-8975 - 9145/Singen, Grab 68 3650±45BP | | | |
| HD-8976 - 9129/Singen, Grab 74 3650±45BP | | | |
| HD-8970 - 9147/Singen, Grab 80 3690±45BP | | | |

3500CalBC     3000CalBC     2500CalBC     2000CalBC

### Calibrated date

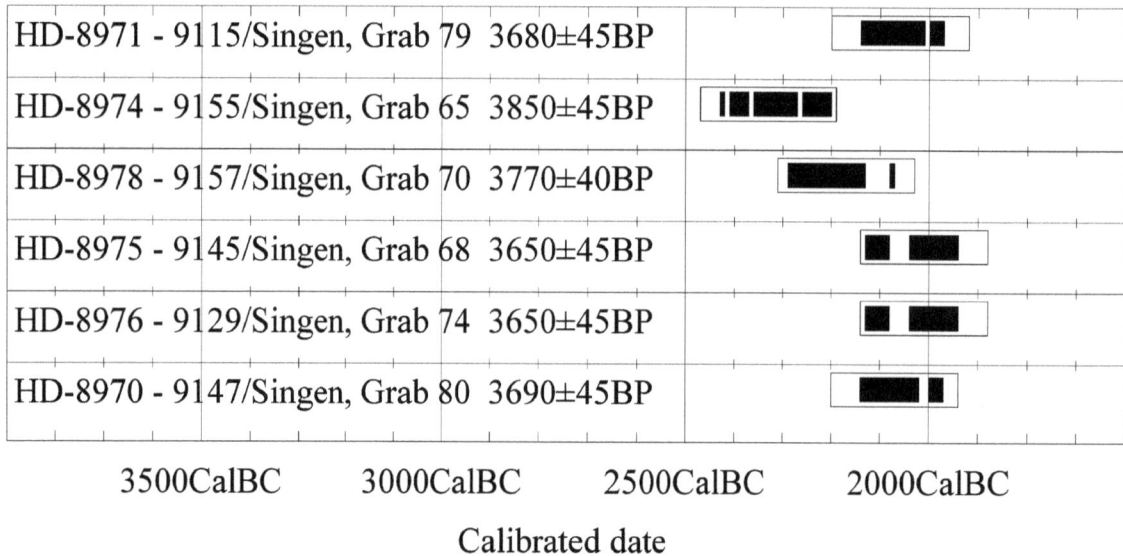

**Abbildung 10:** [14]C-Daten aus dem Gräberfeld aus Gräbergruppen mit atlantischen Dolchen aus dem Gräberfeld von Singen.

tet werden kann, der in etwa der klassischen Aunjetitz-Kultur entspricht.

Darüber hinaus stammen kontinentale Vergleichsstücke für die amorikanisch-britischen Dolche aus dem Bz A1-zeitlichen Gräberfeld von Singen[311]. Sie werden z. B. von Krause[312] als Beleg dafür gedeutet, dass der Beginn der Phase Wessex I bereits mit der älteren Frühbronzezeit des Kontinents zu synchronisieren sei, also der Phase Bz A1 bzw. dem Horizont Adlerberg/Straubing/Singen entsprechen würde[313]. Dabei könnte man die Deutung der Befunde aus dem Singener Gräberfeld in Hinsicht auf ihre Aussagen zur Datierung der amorikanisch-britischen Dolche etwas präzisieren[314]. Wie gezeigt werden konnte, stammen die sog. ‚atlantischen Dolche' aus Gräbergruppen, die nicht allein aus der älteren Belegungsphase der Nekropole stammen, sondern aus Gräbergruppen, die auch noch während der jüngeren Belegungsphase entstanden. Somit ist eine Datierung der atlantischen Dolche im Gräberfeld von Singen in Phase Bz A1/b wahrscheinlich zu machen.

Aus dem Gräberfeld von Singen sind mehrere Radiokarbondatierungen publiziert[315]. Leider stammt keine der Datierungen aus einem direkten Kontext der atlantischen Dolche. Aus der Gräbergruppe II b, zu der das Grab 60 mit

einem atlantischen Dolch stammt, liegt kein [14]C-Datum vor. Aus der Gräbergruppe III stammen zwei atlantische Dolche (Gräber 67 und 76) und insgesamt vier Radiokarbondaten (Gräber 65, 68, 70 und 74). Folgt man Krause, so muß man für die Gräbergruppe III eine Belegungsphase annehmen, die noch während der ältesten Phase des Gräberfelds begann und bis in die jüngste Phase hineinreichte[316]. Auf der Grundlage dieser Annahme können zwei der vier Radiokarbondaten mit der jüngeren und zwei mit der älteren Belegungsphase in Verbindung gebracht werden. Die jüngeren [14]C-Daten aus den Gräbern 68 und 74 ergeben kalibrierte Daten um 2000 v. Chr.[317]. Dieser Zeitansatz für die jüngere Belegungsphase wird durch die [14]C-Daten aus der Gräberfeldgruppe IV, Grab 79 und 80 gestützt[318]. Daraus ergibt sich eine absolute Datierung der jüngeren Belegungsphase des Gräberfeldes um 2000 v. Chr., ein Zeitansatz, der auch für die atlantischen Dolche geltend gemacht werden kann und somit eine Hinweis auf den Beginn der Phase Wessex I liefert.

Eine weiteres aus Irland stammendes [14]C-Datum läßt sich mit der älteren Wessex-Kultur in Verbindung bringen. In dem Brandgrab 10 bei Grange, Co. Roscommon wurde ein Dolch des Typs Amoriko-Britisch A gefunden. Die Radiokarbondatierung ergab ein Alter von 3480 ±35 BP, was kalibriert einem 1σ-Datum von 1880-1740 BC und ein 2σ-Datum von 1890-1680 BC entspricht.

Aus den hier aufgeführten und mit der Phase Wessex I verknüpften [14]C-Daten läßt sich eine Laufzeit der Amoriko-Britischen Dolche rekonstruieren, die etwa um den Wechsel vom 3. zum 2. Jahrtausend v. Chr. beginnt und mindestens bis ins 17. vorchristliche Jahrhundert andauerte.

Ein weiterer wichtiger Hinweis auf eine ungefähre Gleichzeitigkeit der Wessex I-zeitlichen Gräber und der klas-

---

311 Der ‚atlantische Dolch' aus Grab 84 des Gräberfelds von Singen kann in die jüngste Belegungsphase der Nekropole datiert werden, während die anderen Exemplare aus dem mittleren Bereich des Gräberfels stammen, der sich sowohl der älteren, als auch der jüngeren Belegungsphase zuschreiben läßt. KRAUSE 1988, 120 ff., 166. Dabei scheint allerdings die mittlere Grabgruppe II b, zu der der atlantische Dolch aus Grab 60 gehört, eher der jüngeren Belegungsphase des Gräberfeldes anzugehören (Bz A1/b nach RUCKDESCHEL 1978, Beilage 1). KRAUSE 1988, 126.

312 KRAUSE 1988, 56 ff., 165 ff. Zu dieser Gruppe gehören die Dolche aus den Gräbern 60, 67, 76 und 84. Diese Dolche werden auf Grund ihrer Form, der stark arsenhaltigen, silbrig glänzenden Oberfläche (vgl. auch: HUNDT 1971, 20.) und auch der Metallzusammensetzung als echte Importe aus dem Bereich der atlantischen Frühbronzezeit angesehen.

313 KRAUSE 1988, 145 ff. besonders. 154.

314 GERLOFF 1993, 75 ff.

315 KRAUSE 1988, 171 Tab. 5.

316 KRAUSE 1988, 127 f.

317 HD-8975 – 9145 (Grab 68); HD-8976 – 9129 (Grab 74). KRAUSE 1988, 171 Tab 5.

318 HD-8971 – 9115 (Grab 79); HD-8970 – 9147 (Grab 80). KRAUSE 1988, 171 Tab. 5.

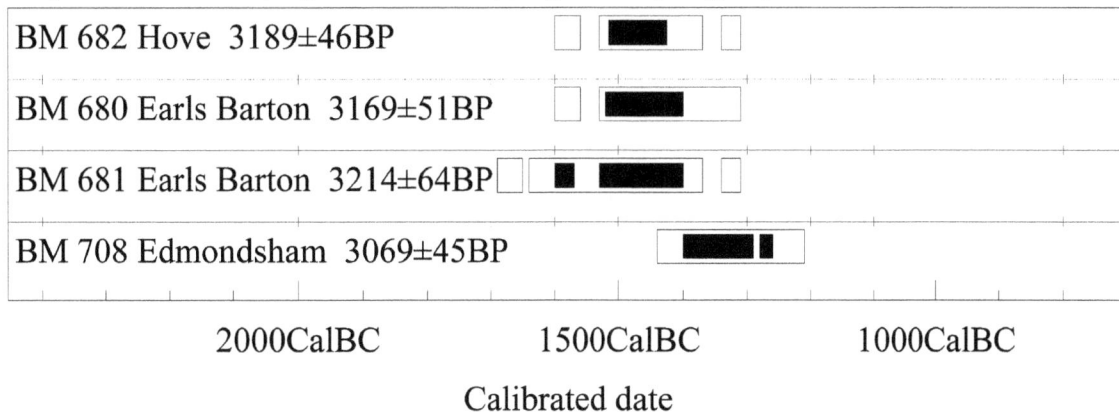

Atmospheric data from Stuiver et al. (1998); OxCal v3.9 Bronk Ramsey (2003); cub r:4 sd:12 prob usp[chron]

**Abbildung 11:** [14]C-Daten aus Gräbern der Phase Wessex II.

sischen Aunjetitzer Kultur läßt sich mittels bestimmter Beilformen rekonstruieren. Im Grab Wilsford G5 [18] und im Ridgeway Barrow 7 [28][319] wurde jeweils eine Beilklinge gefunden, die dem ‚Metalwork Assemblage V'[320] angehört. Nach Burgess gehört diese Form in die Stufe VI der Metallformenentwicklung der frühen Bronzezeit auf den Britischen Inseln[321]. Eine ähnliche Beilklinge wahrscheinlich britischer Herkunft[322] wurde auch im mitteldeutschen Bronzedepotfund II von Dieskau[323] gefunden[324]. Dieses Beispiel nimmt eine Schlüsselstellung bei der Beurteilung des zeitlichen Verhältnisses zwischen den Wessex I-zeitlichen und den klassisch-aunjetitzzeitlichen Grabkontexten ein. Mittels der Verbindung zwischen dem klassisch-aunjetitzzeitlichen Depotfund von Dieskau II, der wahrscheinlich in die frühen Stufe der entwickelten Frühbronzezeit auf dem Kontinent zu stellen ist, und den Prunkgräbern der Bush-Barrow Serie der Wessex I-Kultur kann eine zeitliche Übereinstimmung rekonstruiert werden[325].

Nachdem der Beginn der Phase Wessex I noch in Bz A1/b, also für die Zeit um 2000 v. Chr., wahrscheinlich gemacht werden konnte und die Laufzeit der Dolche sicher noch während der Phase Bz A2/a belegt werden konnte, stellt sich die Frage nach der Datierung des Übergangs von Wessex I zu II. Die Laufzeit der älteren Wessex-Kultur, Wessex I, endet relativchronologisch mit dem Übergang von der sogenannten Bush-Barrow Phase mit Dolchen der amorikanisch-britischen Serie zur sogenannten Camerton-Snowshill Phase, also mit der Übergangshorizont Wessex I/II. Dass die für die Bush Barrow-Phase so charakteri-

stische Sitte der Prunkbestattungen bis in die Zeit dieses Übergangs hinreichen, könnte z. B. das Grab von Clandon Barrow belegen, dass auf Grund der Beigabe von amorikanisch-britischen Dolchen noch Merkmale von Wessex I aufweist, während es durch die Beigabe einer Bernsteintasse bereits direkte Bezüge zur jüngeren Beigabenausstattung der Camerton-Snowshill Phase, also Wessex II aufweist, wie sie deutlich im Grab von Hove belegt sind. Für diesen Übergangshorizont können kaum präzise absolutchronologische Daten angeführt werden. Aus dem oben angesprochenen Grab 10 aus Grange erschließt sich eine Mindestlaufzeit für Wessex I bis ins 17. Jahrhundert. Auf Grund von Daten aus wessex II-zeitlichen Zusammenhängen kann einen *terminus ante quem* für den Übergangshorizont Wessex I/II erschlossen werden.

Aus drei wessex II-zeitlichen Bestattungen mit Camerton-Snowshill Dolchen liegen Radiokarbondaten vor[326]. Diese zeigen, dass frühestens ab der Mitte des 17. vorchristlichen Jahrhunderts mit der voll ausgeprägten Phase von Wessex II gerechnet werden muß. Damit kann eine Datierung der Phase Wessex I ins erste Drittel des 2. Jahrtausends als sicher angesehen werden.

Der Fund einer schrägdurchlochten Kugelkopfnadel im eponymen Grab von Camerton[327] zeigt, dass das typische Wessex II-zeitliche Grab wahrscheinlich nicht vor Bz A2/b der mitteleuropäischen Frühbronzezeitchronologie datiert werden kann, da die schrägdurchlochten Kugelkopfnadeln eine der charakteristischen Nadelformen dieser Phase dar-

---

319 GRINSELL 1959, 141 (Weymouth Barrow 8); GERLOFF 1975, Taf 41/A,1; KRAUSE 1988, 166.

320 KINNES et al. 1988, 24; NEEDHAM/LAWSON/GREEN 1985, iii, Tab. I;

321 BURGESS 1978, 209 f., Fig. 2.

322 Für die Deutung als Import Kontext der Aunjetitzer Depots spricht neben der dort ungewöhnlichen Form auch der sehr hohe Zinngehalt von 14 % der Beilklinge. BUTLER 1963, 35.

323 v. BRUNN 1959, 55 f., Taf. 16/3. Auch als Depot 1 von Dieskau bezeichnet, wenn das Golddepot nicht mit in die Zählung aufgenommen wird. Vgl. auch BUTLER 1963, 34.

324 BUTLER 1963, 34 f.; BURGESS 1978, 209 f.

325 Der Synchronisierung von Wessex I mit der Phase Bz A2 in Mitteleuropa Auf Grund der angeführten Beilfunde steht Krause kritisch gegenüber. KRAUSE 1988, 166.

326 RENFREW 1973, 222 f.; BURLEIGH/HEWSON/MEEKS 1976, 16 ff.; GERLOFF 1993, 95 Liste 4, 18-20. Hove (GERLOFF 1975, 105 Nr. 182, Taf. 17; ), Earls Barton (GERLOFF 1975, 104 Nr. 173, Taf. 17; ) und Edmondsham (GERLOFF 1975, 105 Nr. 182, Taf. 17). Der Dolch aus Earls Barton stellt eine Hybridform dar, die Merkmale des Typs Snowshill und des Typs Camerton vereint. GERLOFF 1975, 102 ff. Bei den [14]C-Daten ist zu beachten, dass erstens die Proben aus Earls Barton nicht aus dem Grabkomplex selbst stammen, sondern nur einen *terminus post quem* für die Errichtung des Grabhügels liefern. Zweitens sind alle Proben von Holzkohlen oder Stammhölzern entnommen worden. Damit ist ein Altholzeffekt nicht ausgeschlossen. Eine Ausnahme bildet die Probe aus Edmondsham. Sie stammt aus kurzlebigem Knochenmaterial, das in direktem Kontext mit den Grabbeigaben stand. GERLOFF 1993, 78, Liste 4 Nr. 20; BURLEIGH/HEWSON/MEEKS 1976, 29 f.

327 GERLOFF 1975, 104 Nr. 175, Taf. 48/F, 3.

stellen[328]. Eine sehr enge Parallele für die Nadel aus dem Grab von Camerton stammt aus der frühbronzezeitlichen Seeufersiedlung am Bodensee von Arbon Bleiche 2[329]. Auf Grund dendrochronologisch datierter Schlagphasen kann die frühbronzezeitliche Besiedlung von Arbon Bleiche 2 in das 16. Jahrhundert v. Chr. datiert werden[330].

328 RUCKDESCHEL 1978, 141; HOCHULI 1994, 103.
329 FISCHER 1971, Taf. 4,9.
330 HOCHULI 1994, 80, Tab 11.

## ZUSAMMENFASSUNG

Die Wessex-Kultur läßt sich vor allem anhand der typologischen Entwicklung der charakteristischen Dolchformen in drei Phasen gliedern: Wessex I, diese Phase ist durch die Gräber der Bush Barrow-Serie mit den Dolchen der Amorikanisch-Britischen Serie geprägt und weist als vorherrschende Bestattungssitte Körperbestattungen auf[331]. Darauf folgt eine Übergangsphase, Wessex I/II, die durch ein wahrscheinlich gleichzeitiges Bestehen von typischen

331 MEGAW/SIMPSON 1979, 209.

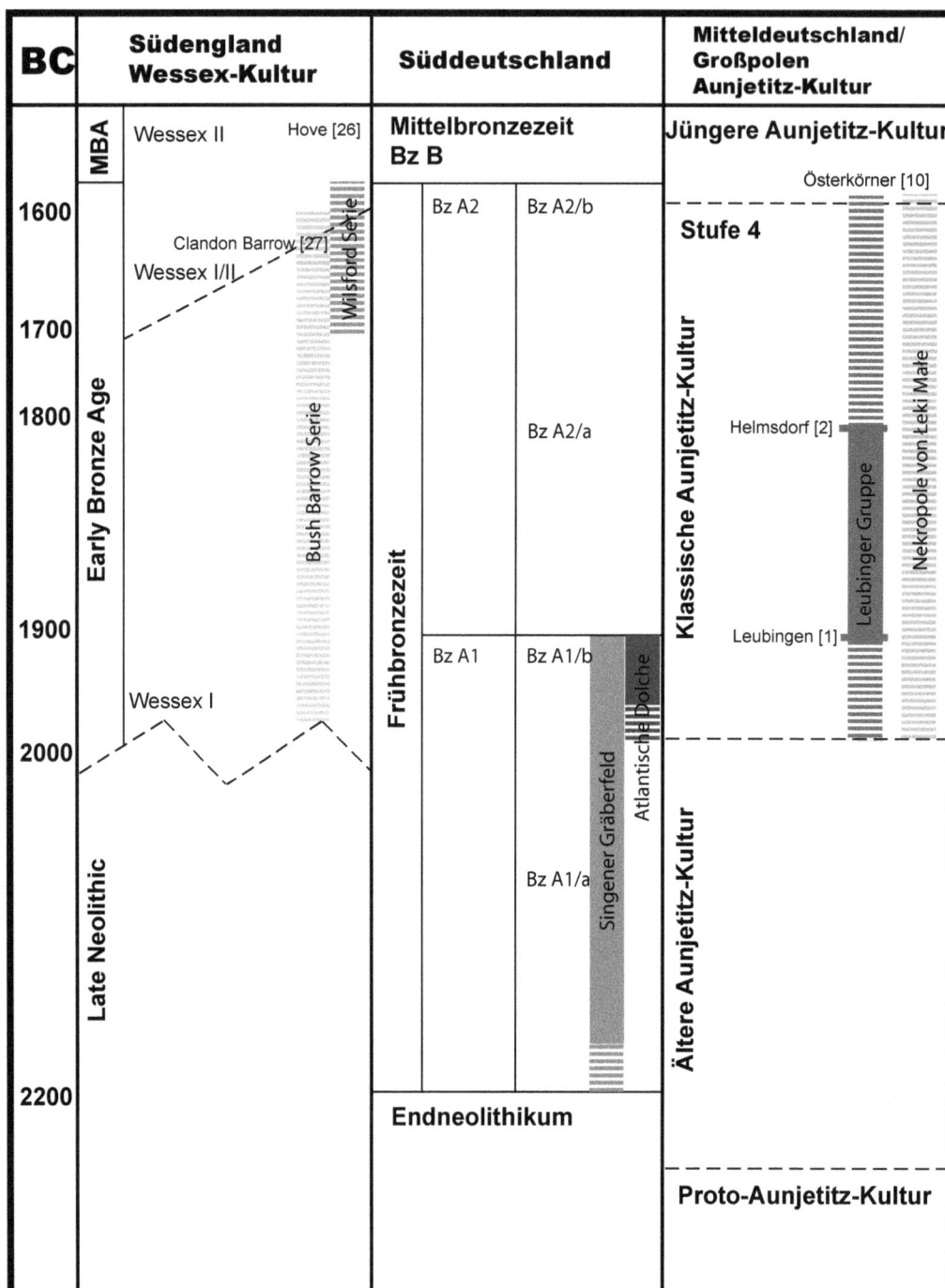

| BC | Südengland Wessex-Kultur | Süddeutschland | Mitteldeutschland/ Großpolen Aunjetitz-Kultur |
|---|---|---|---|
| | MBA — Wessex II — Hove [26] | Mittelbronzezeit Bz B | Jüngere Aunjetitz-Kultur |
| | | | Österkörner [10] |
| 1600 | Wilsford Serie; Clandon Barrow [27]; Wessex I/II | Bz A2 — Bz A2/b | Stufe 4 |
| 1700 | | | Klassische Aunjetitz-Kultur |
| 1800 | Early Bronze Age — Bush Barrow Serie | Bz A2/a | Helmsdorf [2] — Leubinger Gruppe — Nekropole von Łeki Małe |
| 1900 | Wessex I | Bz A1 — Bz A1/b — Atlantische Dolche | Leubingen [1] |
| 2000 | | Frühbronzezeit — Singener Gräberfeld | Ältere Aunjetitz-Kultur |
| | Late Neolithic | Bz A1/a | |
| 2200 | | Endneolithikum | Proto-Aunjetitz-Kultur |

**Abbildung 12:** Chronologieschema zu den Prunkgräbern der Wessex und der Aunjetitz-Kultur.

Elementen der älteren Amorikanisch-Britischen Tradition und dem Aufkommen jüngerer Traditionen der Camerton-Snowshill Serie gekennzeichnet ist und den Übergang von Brand- zu Körperbestattungen zeigt. Die Phase Wessex II entspricht der vollständig ausgeprägten Camerton-Snowshill Serie mit der Brandbestattung als allein vorherrschender Bestattungsform.

In Bezug auf die männlichen Prunkbestattungen der Wessex-Kultur ist von herausgehobener Bedeutung, dass die spektakulären Goldfunde der Wessex-Kultur aus Gräbern der Bush Barrow Serie (Amorikanisch-Britische Dolchserie) stammen, d. h. sie gehören zur Phase Wessex I. Das Grab von Clandon Barrow G.31 [27] zeigt Merkmale sowohl der Bush Barrow-Serie[332], wie auch der Camerton-Snowshill Serie[333]. Es datiert wahrscheinlich in die Übergangsphase Wessex I/II. Das Grab von Hove [26], welches einen Dolch des Typs Camerton enthielt und auch sonst im Muster der Grabausstattung der Camerton-Snowshill Serie entspricht, datiert in die Phase Wessex II.

Ein wesentlich komplexeres Problem stellt die relativchronologische Datierung der reich ausgestatteten Frauengräber dar. Diese gehören auf Grund des Ausstattungsmusters zur von Gerloff definierten Wilsford Serie. Sie kann über Vergesellschaftungen bestimmter Beigabentypen mit den dolchführenden Männergräbern verbunden werden. Die stärksten Verbindungen bestehen z. B. auf Grund des charakteristischen Goldschmucks mit den Gräbern der Bush Barrow-Serie der Dolchgräber, also Wessex I. Innerhalb der Wilsford Serie treten sowohl Brand-, als auch Körperbestattungen auf, was bereits auf den Wandel der vorherrschenden Bestattungssitte mit dem Übergang von Wessex I zu II hindeutet. Dadurch scheint es gerechtfertigt, die Gräber der Wilsford Serie in die Phasen Wessex I und I/II zu datieren.

Mittels Vergleichsfunden aus Irland und dem kontinentalen Europa konnten dort gewonnene Radiokarbondaten mit den verschiedenen Entwicklungsstufen der Wessex-Kultur verbunden werden. Die ältesten Radiokarbondaten, die mit der Wessex I-Kultur verknüpft werden konnten, datieren den Beginn von Wessex I um die Wende vom 3. zum 2. vorchristlichen Jahrtausend. Das jüngste mit Wessex I zu verbindende Radiokarbondatum zeigt, dass Dolche der amoriko-britischen Serie mindestens bis in 17. Jahrhundert v. Chr. in Gräber gelangten.

Ab etwa 1700 v. Chr. vollzog sich anscheinend der Übergang von Wessex I und zu II, so dass frühestens ab etwa der Mitte des 17. Jahrhunderts v. Chr. mit der vollausgeprägten Wessex II-Kultur zurechnen ist.

Für das Prunkgrabphänomen der Wessex-Kultur kann also Folgendes festgehalten werden: Die Prunkgräber mit männlichen Bestattungen sind mittels der Dolchtypologie der sog. Bush Barrow-Serie zuzuordnen. Relativchronologisch gehören sie also zur Phase Wessex I. Die Prunkgräber mit weiblichen Bestattungen können auf Grund des Ausstattungsmusters der Wilsford-Serie zugewiesen werden. Diese datiert in die Übergangsphase Wessex I/II.

Absolutchronologisch konnte das Auftreten von Dolchen der Amorikanisch-Britischen Dolchserie im ersten Drittel des 2. Jahrtausends nachgewiesen werden. In wie weit sich die Laufzeit dieser Dolchtypen mit dem Auftreten der Prunkgrabsitte in der Wessex-Kultur deckt, kann nicht näher geklärt werden. Sicher ist aber dennoch, dass die Prunkgräber der Bush Barrow, wie auch der Wilsford Serie diesem Zeitabschnitt zugeordnet werden können. Ob die Prunkgrabsitte sich aber über den gesamten Zeitbereich der Phase Wessex I bis in Wessex I/II erstreckt oder ob die Prunkgräber nur in einem sehr begrenzten zeitlichen Rahmen innerhalb dieser Phase entstanden, muß bisher unbeantwortet bleiben.

In diesem Zusammenhang muß hier auf Beobachtungen hingewiesen werden, die bei genauen Untersuchungen der herausragenden Goldblecharbeiten aus den Prunkgräbern der Wessex-Kultur gemacht wurden. Coles und Taylor stellten zwischen den herausragenden, weil qualitativ hochwertigen, Goldblecharbeiten aus den Gräbern Wilsford G.5 [18] (Taf. IX/5, 8), Upton Lovell G.2(e) [23] (Taf. X/9), Preshute G.1(a) [24] (Taf. X/21), Clandon Barrow [27] (Taf. XI/8) und Wilsford G8 [20] (Taf. IX/26, 29-30) deutliche Übereinstimmungen fest. Diese betreffen Gestaltung, Technik und handwerkliche Ausführung, so dass sie diese exquisiten Stücke einem „Meisterhandwerker" bzw. einer Werkstatt zuwiesen. Daraus schlossen sie, dass die Herstellung dieser Schmuckstücke wahrscheinlich in einem Zeitraum von maximal etwa 40 bis 50 Jahren erfolgte. Hinzukommt, dass diese Stücke keine Abnutzungsspuren zeigen, die von einem längeren Gebrauch herrühren würden. Es scheint naheliegend, dass sie extra zum Anlaß der jeweiligen Bestattung hergestellt worden sind[334].

Folgt man dieser Ansicht, so wäre das Prunkgrabphänomen der Wessex-Kultur wahrscheinlich nur von relativ kurzer Dauer gewesen und wäre in seinem Höhepunkt auf nur einen kurzen Zeitabschnitt von Wessex I zu beschränken. Auf Grund der Hinweise, dass das Grab von Clandon Barrow bereits ans Ende dieser Entwicklung zu datieren ist, und der Deutung von Coles und Taylor wären Gräber wie z. B. Wilsford G.5 [18] und Upton Lovell G.2(e) [23] tendenziell eher an das Ende von Wessex I zu datieren.

---

332 z. B. Dolch des Typs Amoriko-Britisch B.

333 z. B. die Bernsteintasse. Vgl. dazu auch das Wessex II-zeitliche Grab von Hove.

334 COLES/TAYLOR 1971, 11 f.

Allgemein werden Prunkgräber als ein Ausdruck der Selbstdarstellung von sozialen Gruppen verstanden, die wegen ihres Rangs in der sozialen Hierarchie einer Gesellschaft als Elite bezeichnet werden können. Welche Mittel der Selbstdarstellung im funerären Sektor von den Eliten der Wessex- und der Aunjetitz-Kultur verwendet wurden, soll hier einer genaueren Betrachtung unterzogen werden. Dabei werden als Statusrepräsentationsmodi Ausdrucksformen verstanden, deren sich diese prähistorischen Gesellschaften bedienten, um gehobenen sozialen Rang zu kennzeichnen.

## 3.1    Monumentaler Grabbau

Bereits bei der Definition des Terminus Prunkgrab wurde ein Grabbau, dessen Ausführung und Größe über die übliche Norm gesteigert ist, als ein wichtiges Kriterium zur Klassifikation der Prunkgräber gefordert[335]. Dieses Kriterium beinhaltet jedoch nicht notwendigerweise auch den Monumentcharakter des Grabbaus, auch wenn beides oft zusammen einhergeht. Als Beispiel seien hier nur die Felskammergräber des ägyptischen neuen Reichs aus dem Tal der Könige angeführt, deren Größe und Ausführung sicherlich über die Norm gesteigert ist und somit dem geforderten definitorischen Kriterium entsprechen würde. Ihnen muß aber auf Grund ihrer Konstruktion eine Funktion als Monument aberkannt werden[336].

Als Grabmonument werden nur solche Grabbauten angesehen, die allgemein wahrnehmbar waren. Sie waren an einen Adressaten gerichtet und wurden zum Zweck einer dauerhaften Überlieferung errichtet. Sie stellen somit die Manifestation eines gezielten Willens dar[337]. Um diesen Zweck zu erfüllen, sind vor allem Größe und Aufwand, wie auch die oft exponierte Lage der Monumente ein entscheidender Faktor.

### 3.1.1    Prunkgräber der Aunjetitz-Kultur

Bei allen untersuchten Prunkgräbern der Leubinger Gruppe, der großpolnischen Nekropole von Łęki Małe und dem Beispiel aus dem mittelschlesischen Bereich ist der Grabbau monumental gestaltet [1-17], wobei graduelle Unterschiede deutlich erkennbar sind[338]. Die Grabform – in den vorliegenden Fällen Tumuli – ist sicherlich zum einen auf Grund des von einer Gruppe geleisteten Arbeits- und auch

Organisationsaufwands, wie auch zum anderen auf Grund ihrer Stabilität und Sichtbarkeit als Mittel zur Repräsentation von sozialem Status bestens geeignet. Ferner stellen die Grabhügel der frühbronzezeitlichen Prunkgräber aus dem Bereich der Aunjetitz-Kultur die einzigen uns überlieferten Monumente dieser Kultur dar.

Darüber hinaus muß auch der performativen Wirkung eine wichtige Bedeutung beigemessen werden. Denn nicht nur die dem Monument scheinbar als solchem inhärenten Wirkungen auf den Beobachter[339] vermitteln einen Eindruck vom Willen und der Macht derjenigen, für die ein solches errichtet wurde, bzw. derjenigen, die es errichten ließen, sondern der Akt der Errichtung selbst, die Inszenierung von gesellschaftlichen Ereignissen stellt eine wichtige Form zur Repräsentation von sozialem Rang dar. Aus einer rein machtpolitischen Betrachtungsweise heraus gesehen wird eine solches Monument oft weniger für den Toten errichtet, als für seine Nachfolger[340], die sich durch die angemessene Ausrichtung eines solchen performativen Ereignisses, als solche zu legitimieren suchen, in dem sie zeigen, dass sie die mit ihrem sozialen Status verbundenen Pflichten auch auszuführen vermögen[341].

Dabei sind die Wirkungen, die eine solche Inszenierung[342] entfaltet, sicherlich dahingehend zu unterscheiden, wie groß der Aufwand gewesen ist. So wird z. B. die monumentale Wirkung des Grabhügels von Helmsdorf [2] (Taf. II/14-15) mit seinen bei der Untersuchung noch beachtlichen Ausmaßen von 6,8 m Höhe und 34 m Durchmesser einen gewissen Eindruck auf den Betrachter gemacht haben und somit im speziellen kulturellen Kontext seine Symbolwirkung entfaltet haben. Die Errichtung dieses Monumentes wird aber auf Grund der Einbeziehung von älteren Monumenten weniger arbeitsintensiv gewesen sein als z. B. die Errichtung des erstens größeren und zweitens von Grund auf neu errichteten Hügels von Leubingen [1] (Taf. I/22). Ganz ähnlich verhält es sich auch mit dem in ein älteres, neolithisches Grabmonument eingebrachten Grab 4 aus dem sog. Riesenhügel von Baalberge [3] (Taf. III/1). Dessen repräsentative Wirkung während des Begräbnisrituals sicherlich nicht vornehmlich durch den verrichteten Arbeitsaufwand, sondern wahrscheinlicher durch eine mythisch/religiöse Bezugnahme zu älteren Monumenten[343] bestimmt wurde. Darüber hinaus wird das Grab nach der Vollendung durch seine monumentale

---

335 Siehe: Kap. 1.3.1.2 Merkmalsensemble der Aunjetitzer Prunkgräber.

336 Diese Funktion verlagerte sich vollständig auf die seit Thutmosis I von der eigentlichen Grabstätte getrennten Totentempel. In dieser Funktionsverlagerung ist sicherlich ein wichtiger Grund für den Wandel von der Grabform des ägyptischen alten Reichs, der Pyramide, deren monumentale Funktion außer Zweifel steht, hin zu einer oberflächlich nicht sichtbaren Grabform, dem Felskammergrab, zu suchen. Nack 1977, 138; Hornung 1985, 31 ff.

337 Vgl. dazu auch: Assmann 1991, 11, 13f., 21.

338 Weiterführende Untersuchungen zu den verschiedenen Grabhügelgrößen sind aufgrund der geringen Datenbasis und den oft lückenhaften Befunddokumentationen nicht zielführend.

339 Natürlich hängt die Wirkung eines Monumentes immer vom Betrachter ab, dessen Hintergrundwissen zu dem Monument maßgeblich die empfundene Wirkung prägt.

340 Von ähnlichen Beweggründen geht auch Krause (1996, 342 ff.) bei seiner Interpretation des Hochdorfer „Fürstengrabs" aus.

341 In nichtstaatlichen Gesellschaften ist z. B. Autorität durch sozialen Status charakterisiert, der bestimmte Rechte und Pflichten in bestimmten Aktionsbereichen – soziale, rituelle, militärische etc. – markiert. Dazu auch: Earle 1997, 3.

342 Einen Hinweis auf eine Inszenierung eines solchen Zeremoniells können z. B. auch die im Grabhügel von Szczepankowice [17] beobachteten Reste von „rituellen Feuern" liefern, die neben der Grabkammer gebrannt hatten. Machnik 1977, 128.

343 Siehe: Kap. 3.2 Bewußte Bezugnahme auf ältere Gräber.

Wirkung seinen Zweck als Ausdrucksmittel von Rang und Macht auch erfüllt haben.

Dass durchaus auch auf die performative Wirkung der Errichtung solcher Monumente in der Leubinger Gruppe Wert gelegt wurde und diese sicherlich auch als Statusrepräsentationsmittel eingesetzt werden konnte, läßt sich z. B. daran ablesen, dass die mächtige Steinpackung des Leubinger Grabs [1] mit ihrem Volumen von ca. 210 m³ aus Steinblöcken errichtet wurde, die aus Entfernungen von bis zu 30 km herangeschafft wurden[344]. Dieser Aufwand ist aber dem Monument nach seiner Vollendung nicht mehr anzusehen, so dass der Grund für diese Ausführung sicherlich auch in der performativen Wirkung gesucht werden kann, die ein solch aufwendiges Unterfangen gehabt haben muß.

Hinsichtlich der Statusrepräsentation in der Gruppe der aunjetitzer Prunkgräber kann also festgehalten werden, dass der monumentale Grabbau seine Wirkung auf zweierlei Art und Weise entfaltete. Der soziale Status der Eliten wurde in der Aunjetitz Kultur durch die Anlage der Prunkgräber zum einen dauerhaft in der Landschaft festgeschrieben[345], als auch zum anderen durch den Akt der Errichtung selbst und evtl. anderer kultisch/ritueller Handlungen am Monument der Gesellschaft als einmaliges oder vielleicht auch immer wiederkehrendes Ereignis vor Augen geführt und erneuert[346].

### 3.1.2 Prunkgräber der Wessex-Kultur

Auch für die Prunkgräber der Wessex-Kultur wurde ein über die Norm gesteigerter Grabbau gefordert, welcher über die sonst üblichen qualitativen und quantitativen Merkmale hinausgeht. Bei einer Überprüfung erweist sich, dass bei allen in die Betrachtung einbezogenen Prunkgräbern der Wessex-Kultur ein monumentaler Grabbau nachweisbar ist. Die allgemeinen Ausführungen zur Funktion und Wirkungsweise dieser Monumente und auch von deren Errichtung, wie im vorherigen Kapitel dargelegt, gelten sicherlich auch für die Grabbauten der Wessex-Kultur. Die Erbauer dieser Grabmonumente waren sich dieser Funktion durchaus bewußt und gestalteten die Monumente demnach. So spielte z. B. die Wahrnehmbarkeit der Grab-

bauten durch die Adressaten, an die die Monumentbotschaft gerichtet war, eine wichtige Rolle.

Die Wahl der Grabform, nämlich des Tumulus, zum einen und zum anderen deren Ausführung sprechen für diese Annahme. So konnte der eigentliche Hügelkörper aus verschiedenen Materialien, je nach Verfügbarkeit aus Rasensoden, Steinen oder Lehm bestehen[347]. Als letzte Schicht folgte eine Lage des Aushubs aus dem umgebenden Graben[348]. Im Bereich des Zentralen Kalkmassivs Südenglands, wo die größte Zahl der Prunkgräbern aus der Wessex-Kultur bekannt ist, verlieh der weiße Kalkstein dem Hügel ein weiß erscheinendes Äußeres, welches das Monument in der grünen Landschaft sicherlich weithin sichtbar machte. Auf einem anderen geologischen Untergrund werden die Grabhügel andere Farben gehabt haben[349].

Im direkten Umfeld um Stonehenge befindet sich die größte und dichteste Konzentration von Bestattungen der Wessex-Kultur und auch von Prunkgräbern[350]. Bei der Wahl des Standortes für die Grabmonumente spielte sicherlich die Sichtbarkeit vom neolithischen Monument Stonehenge eine wichtige Rolle, die sicherlich durch den farbigen Kontrast noch hervorgehoben wurde[351]. Leider fehlen zu den meisten der bereits sehr früh ausgegrabenen Prunkgräber der Wessex-Kultur genaue Aufzeichnungen über die Stratigraphie der Hügel, so dass hier nur allgemeine Angaben zu den Grabhügeln Südenglands ausreichen müssen.

Einige der südenglischen Barrows waren in ihrem Inneren aus Rasensoden aufgeschichtet worden. Insbesondere bei dieser Bauweise tritt hinsichtlich der Statusrepräsentation hinzu, dass je nach Volumen der Hügelkörpers eine mehr oder weniger große Fläche Weidelands vorübergehend vernichtet wurde[352]. Andererseits scheint es, dass die britischen Grabhügel vor allem aus Materialien errichtet wurden, die in der direkten Umgebung zur Verfügung standen, so dass die Errichtung aus Rasensoden auch einfach durch die Verfügbarkeit des Materials erklärt werden kann. Für diese Annahme spricht auch die Heterogenität der Barrows in Südengland, die je nach Region aus anderen Materialien errichtet wurden[353].

---

344 Höfer 1906a 14 f.; Wahle 1924, 81 f.; Otto 1955, 57.

345 Earle (1997) sieht in Monumenten ein wichtiges Werkzeug von sozialen Eliten um ihren Status mittels ideologischer Legitimation zu erhalten bzw. auszubauen: „To mold beliefs and guide social action, ideologies must be manifested in a material form that can be manipulated centrally and experienced in common by a targeted group. It is this materialization that embeds ideology in the economic process of production an gives it a central role in the competition for political power." Earle 1997, 10. Krausse (1996, 343) interpretierte das späthallstattzeitliche „Fürstengrab" von Hochdorf in Anlehnung an Müller (1991) dahingehend, dass seine Errichtung der Intention entsprang ein bleibendes Zeichen zu errichten, „das über den Horizont der eigenen Gesellschaft hinauswächst, d. h. u. a. auch für zukünftige Generationen geschaffen wurde." Müller 1991, 215. „Eine gesellschaftliche Gruppe investierte wertvollen Besitz ... , Zeit und Arbeitskraft in das Andenken des Toten, um ‚Geschichtsbewußtsein' zu schaffen. Der Tote wird durch das Monument heroisiert und als Ahne verewigt. Sein Ansehen wird konserviert und dient als Herrschaftslegitimation seiner Nachfolger." Krausse 1996, 343.

346 Ähnliche Mechanismen werden auch in Bezug auf die späthallstattzeitlichen „Fürstengräber" rekonstruiert. Krausse 1996, 352.

347 Ashbee 1960, 41 ff.

348 Bei insgesamt sechs der untersuchten elf Prunkgräber der Phase Wessex I handelt es sich um sog. ‚Bowl Barrows' (Wilsford G.5 [18], Wilsford G.7 [19], Wilsford G.50a [21], Winterborne Stoke G.5 [22], Upton Lovell G.2(e) [23], Preshute G.1(a) [24]), bei einem weiteren (Wilsford G.8 [20]) handelt es sich um einen ‚Bell Barrow'. Bei den restlichen vier sind keine genaueren Angaben zur Hügelform bekannt. Sowohl ‚Bowl Barrows' als auch ‚Bell Barrows' zeichnen sich durch einen umlaufenden Graben aus, der zur Materialentnahme genutzt wurde. Das Wessex II-zeitliche Grab von Hove [26] ist ebenfalls als ‚Bell Barrow' beschrieben. Zu den unterschiedlichen Barrow-Typen siehe: Ashbee 1960, 24 ff., Fig. 1, 2 und 3; Megaw/ Simpson 1979, 210 Fig. 5.12.

349 Ashbee 1960, 44 f.

350 Allein im Umkreis von nicht ganz 3000 m um Stonehenge finden sich fünf der insgesamt elf als Prunkgräber identifizierten Gräber der Wessex I Kultur.

351 Die Prunkgräber Wilsford G.5 [18], Wilsford G.7 [19] und Wilsford G.8 [20] sind von Stonehenge in südlicher Richtung am „nahen Horizont" sichtbar. Wobei das am reichsten ausgestattete Grab Wilsford G.5 [18] (Bush Barrow) auch an prominentester Stelle des südlichen Blickfelds angelegt wurde. Cleal/Walker/Montague 1995, 35 f., 39 Fig. 23.

352 Harding 2000, 85.

353 Ashbee 1960, 41 ff.

## 3.2 Bewusste Bezugnahme auf ältere Gräber

Bereits seit Langem richtete sich das Interesse der Forschung in Bezug auf die Prunkgräber der Aunjetitzer Kultur unter anderem auf ein Merkmal, die anscheinend absichtliche Bezugnahme der frühbronzezeitlichen Prunkgräber auf ältere Gräber[354]. Dieses Merkmal wurde von Fischer als Argument für die These genutzt, dass die Aunjetitzer Kultur auf schnurkeramische Wurzeln zurückzuführen sei[355]. Ohne auf die Frage nach den Ursprüngen der Aunjetitzer Kultur weiter eingehen zu können, erscheint in Bezug auf den Gegenstand der vorliegenden Untersuchung, das Prunkgrabphänomen, eine direkte Kontinuität nicht nachweisbar, da dieses erst in einer entwickelten Phase der Aunjetitz-Kultur ausgebildet worden ist[356]. Folglich können diese nicht als Argument für eine kontinuierliche Entwicklung der Aunjetitz-Kultur, besonders der älteren vorklassischen Phasen, aus der schnurkeramischen Kultur angeführt werden.

Es erscheint daher um so wichtiger, im Zuge der angestrebten Untersuchung nach anderen Erklärungsansätzen für die offensichtliche Bezugnahme der aunjetitzer Prunkgräber auf ältere Bestattungsplätze zu suchen. Auch die Prunkgräber der Wessex-Kultur zeigen offensichtliche Beziehungen zu älteren Monumenten, so ist die deutliche Konzentration von Wessex-Prunkgräbern um das neolithische Monument von Stonehenge nicht zu übersehen. Die Entstehung der ‚Barrow-Nekropolen' um Stonehenge zeigt deutlich, dass neben der Bezugnahme auf Stonehenge, als dem zentralen Bezugpunkt, auch Bezüge zu älteren Grabmonumenten bei der Anlage der Wessex-Prunkgräber eine Rolle spielten[357].

Deshalb soll hier versucht werden, die Bezugnahme auf ältere Bestattungsplätze und Monumente, wie sie sich z. B. bei den Gräbern von Helmsdorf [2], Baalberge [3], und Sömmerda [8] in Mitteldeutschland sowie auch bei den polnischen Befunden von Łęki Małe [11-16] oder den Gräbern der ‚Normanton-Group' südlich von Stonehenge feststellen läßt, als ein Instrument zu Repräsentation von sozialem Status aufzufassen. Dabei müssen aber hinsichtlich einer weiterführenden Deutung dieses Phänomens verschiedene Formen der Bezugnahme unterschieden werden. Die Befunde von Helmsdorf [2], Baalberge [3], Łęki Małe I/A, I/D [11] und Wilsford G.5 [18] sind sicherlich unter dem hier zu behandelnden Aspekt nicht direkt unter-einander vergleichbar, da bei ihnen nicht die gleiche Art von Beziehungsgefüge faßbar wird.

### 3.2.1 Prunkgräber der Aunjetitz-Kultur

Folgende Ausprägungen des Phänomens der Bezugnahme zu älteren Gräbern können innerhalb der Gruppe der aunjetitzer Prunkgräber unterschieden werden:

- Die Bezugnahme eines frühbronzezeitlichen Grabmonumentes auf ältere, meist neolithische Gräber. Dies konnte dadurch geschehen, dass eine frühbronzezeitliche Bestattung in ein neolithisches Grabmonument als Nachbestattung eingebracht wurde, wie es in Baalberge [3][358] und wahrscheinlich in Nienstedt [6][359] der Fall war.
  Eine weitere Möglichkeit bestand darin, dass durch die Wahl des Ortes für ein frühbronzezeitliches Prunkgrab eine Beziehung zu älteren Grabmonumenten hergestellt wurde, indem diese z. B. überbaut wurden, so dass diese gänzlich unter dem jüngeren Grabbau verschwanden, wie es in Helmsdorf [2][360] der Fall gewesen war.
  Als dritte Möglichkeit erscheint die Bezugnahme von frühbronzezeitlichen Grabmonumenten auf ältere, meist neolithische Gräber ohne Monumentcharakter, meist Flachgräber, so dass eine bewußte Bezugnahme nicht sicher nachzuweisen ist. Ein solcher Bezug besteht bei den Gräbern von Sömmerda, Hügel II [8], Österkörner [10] und wahrscheinlich bei Hügel IV der Nekropole von Łęki Małe [14], die alle über neolithischen Flachgrabnekropolen errichtet worden sind[361].

- Als weitere Ausprägung erscheint die Bezugnahme unterschiedlicher frühbronzezeitlicher Grabmonumente auf ältere, aber dennoch frühbronzezeitliche Grabmonumente. Diese Ausprägung der Beziehung zu älteren Monumenten ist im Detail oft schwer zu erschließen, da z. B. im Fall von frühbronzezeitlichen Grabhügelnekropolen eine Vor- bzw. Nachzeitigkeit der verschiedenen Grabmonumente nur selten herauszuarbeiten ist. Das zeitliche Auflösungsvermögen der Datierungsmethoden ist dazu meist nicht ausreichend. Folglich kann oft nicht entschieden werden, welches der Gräber auf welches Bezug nimmt[362]. Lediglich, dass ein Bezug

---

354 Fischer (1956, 186) faßte dies folgendermaßen zusammen: „Bezeichnenderweise hat man diese imposanten Gräber aber nicht grundsätzlich neu angelegt, wie an sich natürlich wäre, sondern oft als Nachbestattungen zu schon vorhandene neolithische Hügel, nämlich der Schnurkeramik, gesetzt." Eine Relativierung erfuhr Fischers Ansicht durch Knapp (1998, 61ff.), die Zwar eine regelhaft auftretende Bezugnahme zu neolithischen Monumenten aufzeigen konnte, aber eine schwerpunktmäßige Fokussierung auf schnurkeramische Bestattungsplätze ablehnte. Fischers Ansicht ist aber insofern zu folgen, dass zwar auch Bestattungsplätze aus dem Neolithikum genutzt wurden, die älter als die Schnurkeramik sind, diese aber in den meisten Fällen auch noch während der schnurkeramischen Kultur genutzt wurden. Vgl. dazu: Knapp 1998, 62 Tab. 2, 3.

355 Fischer 1956, 186 ff.

356 Siehe: Kap. 2.1 Die Chronologie des Aunjetitzer Prunkgrabphänomens.

357 Siehe: Abbildung 6: Nähere Umgebung um Stonehenge.

358 Knapp 1998, 62.

359 Auf Grund der lückenhaften Dokumentation des Befunds läßt sich die kulturelle Abfolge nicht sicher rekonstruieren. Eichhorn (1908, 90) vertritt die Auffassung, dass es sich bei dem allem Anschein nach frühbronzezeitlich zu datierenden Grab, um einen nachträglichen eingebrachten Einbau in einem älteren Hügel handelt. Dieser Meinung folgt auch Knapp (1998, 53f.), die eine Zuweisung des älteren Monuments in die schnurkeramische Kultur für möglich hält.

360 Knapp 1998, 62; Grössler 1907, 41 ff.; Mildenberger 1953, 30 f.; Matthias 1974, 34 ff.

361 Knapp 1998, 51, 57f., 62; Zich 1996, 497, 502f.; Kowiańska-Piaszykowa 1968, 13f.; Mildenberger 1953, 42 f. Beachtenswert in diesem Zusammenhang ist, dass in bisher keinem dieser Fälle eine kontinuierliche Belegung der neolithischen Bestattungsplätze bis in die klassische Aunjetitz-Kultur sicher nachgewiesen werden konnte.

362 Siehe: Kap. 2.1.2 Die Prunkgräber Großpolens.

zu rekonstruieren ist, ist in der Regel sicher. So basiert die Ausbildung der linear aufgebauten Grabhügelnekropole von Łęki Małe sicherlich auf einer Bezugnahme der einzelnen neuerrichteten Hügel – von einer gleichzeitigen Entstehung aller Grabmonumente kann kaum ausgegangen werden – auf ältere bereits vorhandene Grabhügel[363].

Aber nicht nur Bezüge zwischen verschiedenen frühbronzezeitlichen Grabmonumenten sind nachweisbar, sondern auch die Bezugnahme auf ältere Gräber der gleichen Zeitstellung. Durch das Einbringen von Prunkgräbern als Nachbestattungen in bereits existierende Hügel wird eine Beziehung zwischen Primär- und Sekundärgrab geschaffen, wie es im Fall des Prunkgrabs Łęki Małe I/D [11] geschehen ist. Es bezieht sich als Nachbestattung im Hügel I wahrscheinlich auf das primäre Prunkgrab I/A [11].

• Als letzter Punkt in diesem Zusammenhang ist auch der entgegengesetzte Fall zu betrachten, in dem aunjetitzer Prunkgräber offensichtlich ohne jeglichen Bezug zu älteren oder gleichzeitigen Bestattungsplätzen, als Einzelgrabmonumente von Grund auf neu errichtet worden sind. Als Beispiele sind hier die Grabanlagen von Leubingen [1] und Dieskau, Hügel II [5] zu nennen, bei denen ein Bezug im oben beschriebenen Sinn auszuschließen ist.

Wie bereits angesprochen wurde die Bezugnahme auf neolithische Bestattungsplätze, z. B. von Fischer (1956) als Hinweis für eine Kontinuität von der Schnurkeramischen Kultur bis zu den Prunkgräbern der klassischen Aunjetitzer Kultur gedeutet. Zwar muß dies als Argument auf Grund der in allen hier betrachteten Fällen unterbrochenen Belegungskontinuität dieser Bestattungsplätze während der älteren Aunjetitzer Kultur abgelehnt werden, doch ist eine intensionelle Bezugnahme durchaus denkbar. Diese wäre als eine artifizielle Konstruktion einer solchen Traditionslinie zu interpretieren. Die Deutung einer solchen Beziehung von frühbronzezeitlichen Prunkbestattungen insbesondere in Bezug zu neolithischen Grabmonumenten könnte sein, dass es sich um ein privilegiertes Recht der dort bestatteten Person, bzw. der dort bestattenden gesellschaftlichen Gruppe gehandelt hat. Schließlich scheint es sich, von außen betrachtet, zunächst um eine Überschreitung oder einen Bruch mit den sonst gängigen Bestattungskonventionen der Aunjetitzer Kultur gehandelt zu haben[364]. Die Unterschiede zum sonst stark normiert erscheinenden Bestattungsbrauch werden im Vergleich zu den Normgräbern der Aunjetitz-Kultur deutlich. Die Separation von den Bestattungsplätzen der breiten Bevölkerung ist bereits in

Bezug auf die Prunkgrabsitte antiker Randkulturen diskutiert und als ein wichtiges Merkmal derselben herausgestellt worden[365]. Darüber hinaus spielte beim Ausdruck von sozialem Status sicherlich nicht nur die Separation von den Bestattungsplätzen des gemeinen Volkes eine wichtige Rolle, sondern auch die Wahl eines bestimmten, vorher bereits mit besonderen Bedeutungsinhalten belegten Bestattungsplatzes[366].

In diesem Zusammenhang kann davon ausgegangen werden, dass insbesondere neolithische Grabmonumente zur Zeit der Aunjetitzer Nachbestattungen immer noch einen Teil ihrer monumentalen Botschaft vermittelten. Sie könnten durchaus als Wohnstätte der Ahnen gegolten haben, so dass eine Nachbestattung in einem solchen Monument den Bestatteten in den Rang eines Ahnen erhob und seine Nachfolger in ihrer sozialen Position legitimierte[367]. Diese Interpretation kann für die Gräber von Baalberge [3], Nienstedt [6], wie auch für das Grab von Helmsdorf [2] geltend gemacht werden, während eine Übertragung dieser Deutung auf die Befunde von Österkörner [10], Sömmerda, Hügel II [8] und Łęki Małe, Hügel IV [14], die über neolithischen Flachgrabnekropolen errichtet wurden, auf Grund der nicht nachweisbaren Kenntnis dieser Bestattungsplätzen weniger gesichert erscheint.

Es bleibt aber festzustellen, dass in dem Fall, dass frühbronzezeitliche Prunkgräber als Nachbestattungen in neolithische Grabmonumente eingebracht wurden, dadurch die Investition an Arbeitsleistung und damit auch von Organisationsaufwand in die Bestattung erheblich verringert wurde und somit die repräsentative Wirkung des Bestattungsritual kein so großer Stellenwert beigemessen und als notwendig angesehen wurde. Damit einhergehend muß sich auch das durch den Akt der Errichtung gewonnene Prestige im Vergleich zu neu errichteten Grabstätten verringert haben, während die monumentale Wirkung des neolithischen Grabbaus für die eigene gesellschaftliche Gruppe nutzbar gemacht wurde.

Ähnliche Wirkmechanismen sind auch für Prunkgräber anzuführen, die als Nachbestattung in ein bereits beste-

---

363 Anhand der zur Verfügung stehenden absoluten Daten und der auf der Typologie basierenden relativchronologischen Datierung kann keine zeitliche Abfolge der Grabhügel rekonstruiert werden. Denkbar wäre natürlich, dass der Hügel IV [14], welcher, wie oben bereits angesprochen, über einem neolithischen Flachgräberfeld errichtet wurde, den Ursprung des frühbronzezeitlichen Hügelgräberfelds darstellt. Die folgenden Tumuli wären dann an diesem bereits bestehenden Monument, das auch gleichzeitig den größten Tumuli der Nekropole darstellt, ausgerichtet worden.

364 Siehe: Kap. 1.3.1.1 Das klassisch-aunjetitzer Normgrab in Mitteldeutschland.

365 KOSSACK 1974, 16.

366 In eine vergleichbare Richtung weisende Entwicklungstendenzen beobachtete BÖHME (1993, 525) in Bezug auf merowingische Prunkbestattungen und gelangte zu folgendem Schluß: „Betrachtet man alle hier beschriebenen Erscheinungsformen des abgesonderten, exklusiven Begräbnisses unabhängig von dessen reicher Ausstattung, berücksichtigt das deutlich erkennbare, mehr oder weniger rasche Herauslösen der Herrensepultur aus dem allgemeinen Friedhof (...) und bedenkt den Erbcharakter vieler Grablegen, so gewinnt man den Eindruck, dass diesen vielfältigen Separierungstendenzen ein rechtlicher und sozialer Wandel der Oberschicht vorausgegangen sein muß." Dazu auch BÖHME (1993, Anm. 343): „Zumindest wird sich der Wandel gleichzeitig mit der Anlage privilegierter Bestattungsplätze vollzogen haben."

367 Zur Bedeutung der Wahl eines separierten Bestattungsplatzes bemerkte KOSSACK (1974, 20): „Aber ob es zutrifft oder nicht, das Prunkgrab galt nicht mehr in allen Fällen als Statussymbol; statt dessen war es offenbar der Bestattungsplatz selbst, der dem Rang und dem Ansehen der Toten entsprach. Bei Grablegen in oder bei Kirchen ist dies begreiflich, war es doch der Patron oder der Märtyrer, dessen Nähe man suchte. Anderwärts hatte der dort zuerst Bestattete wohl eine derartige Verehrung genossen, dass sich eine Tradition zu bilden vermochte und Gleichrangige, aus welchen Familien sie auch stammen mochten, der Ehrwürdigkeit des Platzes teilhaftig werden wollten, indem sie sich an der Seite des Traditionsträgers beerdigen ließen."

44

hendes frühbronzezeitliches Monument eingebracht wurden, wie z. B. für das Prunkgrab D aus Hügel I der Nekropole von Łęki Małe [11]. Dies gilt im weitesten Sinne auch für die gesamte Anlage der Nekropole von Łęki Małe, die mit ihren ehemals insgesamt 14 Tumuli eine bisher einzigartige Konzentration von aunjetitzzeitlichen Grabmonumenten darstellt. Kossack stellte 1974 in Bezug auf Prunkbestattungen der Spätantike und des frühen Mittelalters fest: „Weiter bestätigt sich die Diskrepanz in der realen Geltungsdauer der Führungsgruppe und der Zeitspanne ihrer Selbstdarstellung durch Anwendung der Prunkgrabsitte. Wir sehen abermals: setzt sie ein, muß sich der Zeitpunkt durchaus nicht mit dem Beginn der Gruppenbildung decken; sie spiegelt vielmehr eine schon bestehende Rangfolge und stilisiert sie nur. Mit der rituellen Überhöhung der Person oder der Gruppe, der sie sich zugehörig fühlte, war eine Trennung von der Gemeinschaft verbunden, die sich durch räumliche Absonderung der Prachtbegräbnisse vom Ortsfriedhof äußerte. Eine solche Ausgliederung aus dem Verband der Nekropole wiederholt sich mehrfach, ist aber selten von Dauer. Wo es der Fall war, wuchs dem Bestattungsplatz selbst allmählich höhere Bedeutung zu als das Mittel hergab, den Rang des Toten durch außergewöhnliche Ausstattung zur Schau zu stellen. Vereinzelt hatte dynastisches Bewußtsein für Stetigkeit der Prunkgrabsitte an einem Ort gesorgt.[368]". Diese Beobachtung scheint durchaus auf die vorliegenden Befunde der Nekropole von Łęki Małe übertragbar und liefert im Analogieschluß eine überzeugende Deutung.

Wenn wie bereits oben angeklungen die Bezugnahme auf neolithische Monumente und Bestattungsplätze als eine künstliche Konstruktion einer Tradition zu den „neolithischen Ahnen" verstanden werden kann, dann kommt den Prunkgrabbefunden, die keinerlei erkennbare Bezugnahme auf ältere Bestattungen zeigen, eine besondere Bedeutung zu. Diese Fälle, Leubingen [1] und Dieskau, Hügel II [5], wären folglich als Gründergräber einer neuen Ahnenfolge zu verstehen und auch angelegt worden. Auffällig ist dabei, dass es sich bei diesen beiden Grabbefunden, sofern man der Interpretation von Schmidt und Nitzschkes (1980) folgt und somit der Goldfund von Dieskau die goldene Beigabenausstattung des Grabs aus Hügel II von Dieskau repräsentiert, um die bei Weitem am reichsten ausgestatteten bekannten Gräber des gesamten Aunjetitzer Kulturbereichs handelt. In ihrem Fall konnte und sollte wahrscheinlich das Prestige nicht genutzt werden, welches aus der Wahl eines bereits mythologisch bedeutsamen Platzes hervorgegangen wäre. Sie zeichnen sich zunächst allein durch die performative Wirkung des Bestattungszeremoniells, die Monumentalität des Grabbaus und die überaus reiche Beigabenausstattung[369] aus. Wie aus dem Zitat Kossacks (1974) zu erschließen ist, darf die Tatsache, dass diese beiden hier als Gründergräber gedeuteten Prunkgräber keine frühbronzezeitlichen Nachbestattungen enthalten, die als Ausdruck eines dynastischen Gepräges angesehen werden könnten, nicht überbewertet werden. Denn, wie Kossack zu Recht bemerkte, ist die Sitte, Prunkbestattungen anzulegen, selbst in den Fällen, in

der Forschung historische Quellen zur Rekonstruktion von dynastischen organisierten Erbfolgen vorliegen, oft nicht mit den archäologischen Quellen in Übereinstimmung zu bringen.

Im Fall des mittelschlesischen Prunkgrabbefunds von Szczepankowice [17] läßt sich, wenn man aus den frühbronzezeitlichen Nachbestattungen der Gräber B und C tatsächlich eine dynastische Machtfolge ableiten kann, ein weiterer Aspekt der Prunkgrabsitte ablesen. Auch wenn es sich bei den Gräbern B und C, auf Grund der Ausstattung nicht um Prunkgräber im Sinne der oben angeführten Definition handelt, so würden sie den Ausführungen Kossacks folgend, evtl. dennoch die Bestattungen zweier Individuen repräsentieren, die eine privilegierte Statusposition innerhalb der aunjetitzer Gesellschaft inne hatten. Dies würde bedeuten, dass sowohl Frauen einer solchen Statusgruppe angehören konnten – sonst fehlen in den Prunkgrabbefunden sichere Hinweise für die sozial gehobene Stellung von Frauen – als auch Kindern[370]. Letztere konnten ihre soziale Statusposition sicherlich nicht durch Fähigkeiten, im Sinne von charismatischer Herrschaft[371] bzw. von sog. „Big-Man Societies[372]" legitimieren. Ihre soziale Position muß durch Abstammung bestimmt worden sein[373]. Diese sehr vage Interpretation kann ihre Bestätigung z. B. in dem reich mit Beigaben ausgestatteten Kindergrab von Apolda[374] aus der älteren Aunjetitz-Kultur zwischen 2050 und 1950 v. Chr. (Stufe 3) finden[375].

### 3.2.2 Prunkgräber der Wessex-Kultur

Die bei der Betrachtung der Aunjetitzer Prunkgräber aufgestellten verschiedenen Beziehungskategorien lassen sich auch auf die Prunkgräber der Wessex-Kultur anwenden. Allerdings kommt in der Wessex-Kultur eine weitere Kategorie hinzu, die in dieser Ausprägung in der Aunjetitz-Kultur nicht beobachtet werden kann:

* Die bewußte Bezugnahme von frühbronzezeitlichen Grabmonumenten auf ein neolithisches Monument ohne direkte funeräre Funktion. Als Beispiel dient hier das neolithische Monument Stonehenge, welches bereits während des Neolithikums einen starken Bezugspunkt für die Anlage monumentaler Grabanlagen darstellte. In der direkten Umgebung um das Monument kann eine Vielzahl von neolithischen Kollektiv- und Einzelgrab-

368 KOSSACK 1974, 31.

369 Im Grab von Leubingen beläuft sich das Gesamtgewicht der Goldbeigaben auf rund 245 g. Die Funde des Goldhortes von Dieskau wiegen ca. 605 g. Vgl.: Anm. 153 und 156.

370 In eine ähnliche Richtung könnte die Kinderbestattung im Zentralgrab von Leubingen [1] hinweisen.

371 WEBER 1976, 122 ff.; 140 ff.

372 Wie sie z. B. von SAHLINS (1972, 132 ff.; 208 f.) für Melanesien beschrieben wurden.

373 „Nachdem einmal der Glaube an die Gebundenheit des Charismas an das Blutsband gegeben ist, kehrt sich dessen ganze Bedeutung um. Wo ursprünglich die eigene Tat nobilitierte, wird nun der Mann nur noch nach den Taten seiner Vorfahren ‚legitimiert' ... Diese Entwicklung ... verläuft überall nach dem gleichen Schema." WEBER 1976, 673 ff. Zitiert nach KRAUSE 1996, 348 f. Hinweise darauf, dass in der Aunjetitz-Kultur sozialer Status auch durch Abstammung war lassen sich anhand von Untersuchung zu Kinderbestattungen der finden. ZIPF 2004b.

374 BEHRENS 1936, 72; GÖTZE/HÖFER/ZSCHIESCHE 1909, 290; LISSAUER 1907, 815.

375 ZIPF 2004a, 154; ZIPF 2004b, 399.

monumenten lokalisiert werden[376]. Diese bildeten z. T. selbst neue Kerne, die zur Konzentration weiterer Grabmonumente in deren direktem Umfeld führten. Dadurch entstanden im Laufe der Zeit sog. ‚Barrow-Groups'. Deren primärer Bezug die Nähe zum zentralen gelegenen Monument Stonehenge darstellt[377]. Des weiteren beziehen sich einige der jüngeren, neolithischen und frühbronzezeitlichen Grabbauten auf eben jene sekundären Bezugspunkte im Umfeld von Stonehenge, nämlich auf diese älteren, zumeist neolithischen Grabanlagen[378].

Im Fall der in der Umgebung von Stonehenge zu lokalisierenden Prunkgräber der Wessex-Kultur (Wilsford G.5 [18], Wilsford G.7 [19], Wilsford G.8 [20], Wilsford G.50a [21] und Winterborne Stoke G.5 [22]) liegt also ein zweistufiges Beziehungsgefüge vor, dass zum einen primär von Stonehenge und sekundär durch die Ausbildung von Grabhügelgruppen bestimmt ist. Die Beziehung zweiter Ebene umfaßt im weitesten Sinne die bereits bei der Untersuchung der Aunjetitzer Prunkgräber aufgestellten Kategorien eins und zwei:

- Die Bezugnahme frühbronzezeitlicher Grabmonumente auf ältere neolithische, aber auch frühbronzezeitliche Grabmonumente. Diese Form der Bezugnahme läßt sich im Gegensatz zur primären Beziehung zu einem neolithischen Monument ohne funerären Funktion auch für Prunkgräber der Wessex-Kultur belegen, die nicht im direkten Umfeld von Stonehenge liegen. So sind die Prunkgräber Hengistbury Head I [25], Clandon Barrow G.31 [27] und Ridgeway Barrow 7 [28] sowie wahrscheinlich Little Cressingham, Barrow I [29] als Bestandteile von Tumulusnekropolen zu betrachten[379].

- Des weiteren können auch in der Wessex-Kultur Beispiele für eine Bezugnahme angeführt werden, bei der ein frühbronzezeitliches Prunkgrab sich auf ein anderes Monument in der Art bezieht, dass es als Nachbestattung in ein älteres Grabmonument

eingebracht wurde. Ähnlich wie bei den aunjetitzer Prunkgräbern von Baalberge [3], Nienstedt [6] und dem Grab D aus Hügel I in Łęki Małe [11] handelt es sich Bei den Prunkgräbern Upton Lovell G.2(e) [23][380], Clandon Barrow G.31 [27][381] und Ridgeway Barrow 7 [28][382] um Nachbestattungen in älteren Hügeln. Deren Primärbestattungen lassen sich nach dem derzeitigem Erkenntnisstand nicht als Prunkgräber der Wessex-Kultur einordnen. An diesen Beispielen läßt sich allerdings ablesen, dass zumindest in den Randzonen der Wessex-Kultur Prunkbestattungen nicht notwendigerweise auch zur Errichtung eines Grabmonuments führten. In diesen Fällen spielte anscheinend vielmehr die Wahl eines älteren Grabmonuments eine Rolle bei der Statusrepräsentation als der kollektiv ausgeführte Akt der Errichtung eines solchen Bauwerks.

- Beispiele für Prunkgräber, die echte Einzelgrabanlagen darstellen, also keinen erkennbaren Bezug zu älteren Bestattungen oder Monumenten aufweisen, können in der Wessex-Kultur nicht sicher nachgewiesen werden. Im Fall der Prunkgräber von Upton Lovell G.2(e) [23], Preshute G.1(a) [24] und dem Wessex II zeitlichen Grab von Hove [26] kann auf Grund der zur Verfügung stehenden Daten eine Einzelgrabanlage nicht mit letzter Sicherheit ausgeschlossen werden. Alle anderen Prunkgräber der Wessex-Kultur sind mit z. T. relativer Sicherheit als Bestandteil einer Grabhügelnekropole zu sehen.

Bei der Beurteilung der Prunkgräber der Wessex-Kultur hinsichtlich ihrer Beziehungen zu bereits bestehenden Monumenten und Bestattungsplätzen erweist sich das wahrscheinlich auch z. T. forschungsgeschichtliche bedingte Fehlen von Bestattungen der „normalen Gesellschaftsschichten" als überaus hinderlich. So erscheinen die Prunkbestattungen, wie auch der Rest der wessex-zeitlichen Grabhügel als von den Bestattungsplätzen der „normalen" Bevölkerung separiert. In wie weit diese Trennung vor allem auf einer unterschiedlichen Grabform, auf evtl. unterschiedlichen Bestattungssitten oder aber auch einer räumlichen Trennung beruht, läßt sich nicht abschätzen[383].

---

376 Siehe: Abbildung 6: Nähere Umgebung um Stonehenge.

377 Hierbei spielt insbesondere die Sichtbarkeit des Grabmonuments von Stonehenge eine wichtige Rolle. So liegt z. B. das bekannte Prunkgrab Wilsford G.5 [18] (Bush Barrow) an einer sehr prominenten Stelle des von Stonehenge aus gesehenen südlichen Blickfelds. Vgl. dazu auch die Ausführungen im Kap. 3.1.2 Prunkgräber der Wessex-Kultur. Auch in den Fällen der beiden Grabhügelnekropolen ‚Lake Group' und ‚Wilsford Group' scheint eine Position angestrebt worden zu sein, die eine mögliche Sichtbarkeit von Stonehenge erlaubte.

378 Diese Beziehung zwischen älteren und jüngeren Grabanlagen um Stonehenge zeigt sich besonders deutlich in den linear aufgebauten Grabhügelnekropolen, wie der ‚Normanton' oder den ‚Winterborne Stoke Group'. Dabei ist aber nicht allein die Ausrichtung auf ein neolithisches Monument die Ursache für den linearen Aufbau dieser Nekropolen. Wahrscheinlich spielt auch die topographische Lage eine wichtige Rolle bei der Ausbildung der linearen Barrow-Nekropolen. Sie sind häufig auf kleinen Geländewellen errichtet worden, um die Sichtlinie zwischen ihnen und Stonehenge zu gewährleisten und zweitens folgen sie auch den Grenzen des sog. „nahen Horizonts". CLEAL/WALKER/MONTAGUE 1995, 35 f., 39 Fig. 23.

379 Aus den zur Verfügung stehenden Informationen lassen sich aber keine genauen chronologischen Aussagen zu Belegungsdauer und -abfolge dieser Gräberfelder machen.

380 Die vorliegenden Daten lassen eine chronologische, wie auch kulturelle Einordnung der Primärbestattung des Hügels nicht zu.

381 Die Primärbestattung wird unter dem nur unvollständig untersuchten Steinkern des Grabhügels vermutet. GRINSELL 1959, 152.

382 Bei der zentralen Primärbestattung handelt es sich um ein Körpergrab unter dem Steinkern. Darüber liegt die erste Nachbestattung, die ebenfalls als Körperbestattung eingebracht wurde. Über dieser liegt das Prunkgrab mit der reichen Beigabenausstattung. GRINSELL 1959, 141.

383 Es könnte sich lediglich um eine Differenzierung durch Bestattungssitten und Grabform handeln, die durch unterschiedliche Erhaltungsmöglichkeiten von z. B. oberflächennahen Brandschüttungsgräbern und Körperbestattungen unter Grabhügeln abhängig ist. In einem solchen Fall wäre eine räumliche Trennung von Bestattungsplätzen der unteren sozialen Schichten und den oberen Schichten der gesellschaftlichen Hierarchie keine notwendige Voraussetzung, um die Befundsituation zu erklären.

## 3.3 Ausstattung mit einer goldenen „Idealtracht"

Bereits bei der Definition der Prunkgräber spielten goldene Beigaben ein wichtige Rolle. Sie sind eines der wichtigsten überlieferten Mittel zur Statusrepräsentation gewesen. Nicht nur in der Wessex- und der Aunjetitz-Kultur, sondern bereits seitdem der Mensch Gold verarbeitete, scheint es als Zeichen besonderen Ranges gegolten zu haben. Es ist also nicht weiter verwunderlich, dass in den beiden zu untersuchenden Kulturen Gold als Beigabe in die Gräber sozial hochstehender Persönlichkeiten gelangte.

Zwar scheinen die goldenen Beigaben in beiden Kulturen etwa die gleiche Botschaft zu vermitteln, doch zeigen sich bei der genaueren Untersuchung der goldenen Trachtbestandteile diverse kulturelle Unterschiede.

### 3.3.1 Prunkgräber der Aunjetitz-Kultur

Drei der hier betrachteten aunjetitzer Prunkgräber, Leubingen [1], Helmsdorf [2] und Dieskau, Hügel II [5], treten durch ihre außerordentlich reich wirkenden Goldbeigaben aus dem Rest der Prunkgräber hervor. Bis auf die goldene Randleistenbeilklinge aus dem Goldhort bzw. dem Hügel II von Dieskau, handelt es sich ausschließlich um Schmuckgegenstände, die aus diesem Material gefertigt worden waren.

Betrachtet man diese Schmuckensembles aus den Prunkgrabbefunden, so fällt die relativ einheitliche Zusammensetzung auf. In Leubingen [1] und Helmsdorf [2] ist je ein Paar goldener Gewandnadeln (Taf. I/5-6; Taf. II/5/6), paarig auftretende Locken-, Spiral- bzw. Noppenringe[384] (Taf. I/8-9; Taf. II/2-3), je ein Spiralröllchen (Taf. I/10; Taf. II/4)und jeweils ein goldener Armreif mit Stempelenden (Taf. I/7; Taf. II/1) gefunden worden. Auf Grund der Übereinstimmung der Zusammensetzung und auf Grund der Tatsache, dass es sich bei diesen Gegenständen um Schmuckstücke handelt, also im weitesten Sinne um Bestandteile der Trachtausstattung, wird diese Kombination von goldenen Schmuckstücken als goldene „Idealtracht" des „aunjetitzer Prunkgrabs" bezeichnet. Sie wird angestrebt, aber selten, wie in den Fällen des Leubinger [1] und Helmsdorfer [2] Grabs, völlig erreicht; z. T. können auch andere Gegenstände ergänzend hinzutreten, wie im Fall von Dieskau [5] (Taf. III/4-5).

Dass es sich bei diesen Stücken wahrscheinlich nicht um eine Totentracht handelt, die speziell für die Schmückung des Toten anläßlich der Bestattung hergestellt worden ist, ist wahrscheinlich daraus zu erschließen, dass diese Gegenstände nicht in Trachtlage, also am Körper des Toten lagen. In Leubingen [1] waren sie neben dem Toten, wahrscheinlich auf Höhe der Brust, arrangiert[385] (Taf. I/19). In Helmsdorf [2] fanden sich die goldenen Trachtbestandteile ebenfalls etwa in Brusthöhe des Toten auf der Totenlade liegend[386].

Der inzwischen als Beigabenausstattung eines Prunkgrab gedeutete Goldhort von Dieskau[387] [5] umfaßt: ein goldenes Randleistenbeil (Taf. III/7), welches aber nicht zur eigentlichen Trachtausstattung gezählt wird und später im Zusammenhang mit sog. goldenen „Überwaffen"[388] diskutiert wird, zwei goldene Armbänder (Taf. III/5), einen goldenen Armreif mit Stempelenden (Taf. III/6) und einen goldenen Armring mit Ösenenden[389] (Taf. III/4). Insbesondere der Armreif mit Stempelenden stellt einen bedeutenden Anknüpfungspunkt zu den goldenen Trachtausstattungen der Gräber von Leubingen [1] und Helmsdorf[2] dar. Ein Exemplar eines massiven bronzenen Halsreifs mit Stempelenden aus dem Grab von Königsaue [9] (Taf. III/9) kann hier nur als sehr allgemeiner Vergleich herangezogen werden, da es sich zum Einen um Bronze und zum Anderen um einen Halsreif handelt[390].

Das Vorkommen und die relativ einheitliche Ausführung der goldenen Armreife mit Stempelenden in drei der am reichsten ausgestatteten Prunkgräber, die auch bereits durch den monumentalen Charakter des Grabbaus ausgezeichnet sind[391] und die darüber hinaus im Fall von Dieskau, Hügel II [5] und Leubingen [1] als wahrscheinliche „Gründergräber" identifiziert wurden[392], zeigen, dass diese Schmuckstücke vielleicht als Rangabzeichen höchsten sozialen Status gedeutet werden können. Deren symbolische Bedeutung ist nicht nur im direkten gesellschaftlichen Kontext dieser Gruppen, sondern von mehreren Gemeinwesen im Kernraum der Leubinger Gruppe geteilt und verstanden worden. Ähnliches läßt sich auf für die goldenen Nadelpaare vermuten, wie sie ebenfalls Leubingen [1] und Helmsdorf [2] bekannt sind.

Mit Einschränkungen sind auch die anderen Bestandteile dieser goldenen „Idealtracht" in dieser Weise zu bewerten. Dabei ist zu beachten, dass z. B. Noppen- bzw. Lockenringe in der nördlichen Aunjetitz-Kultur die häufigste Form der goldenen Grabbeigaben darstellen. Sie sind somit zwar ebenfalls als wahrscheinliche Rangabzeichen zu deuten, doch durch sie wurde allem Anschein nach nicht die Spitze der sozialen Hierarchie, sondern eine größere und damit weniger elitär wirkende soziale Gruppe gekennzeichnet.

Folglich wären auch die Prunkgräber der Nekropole von Łęki Małe, Hügel I, Gräber A und D sowie Hügel III Gräber A und B [11&14] hinsichtlich der Ausstattung mit einer solchermaßen definierten goldenen „Idealtracht" im direkten Vergleich zu den besprochenen Prunkgräbern der Leubinger Gruppe in der sozialen Hierarchie als niedriger einzustufen. Ob jedoch solch ein direkter und wertender Vergleich in diesem Fall statthaft ist, scheint vor dem Hintergrund der Ergebnisse Knapps[393] fraglich. Sie sah in den großpolnischen Prunkgräbern eine von der mitteldeutschen Aunjetitz-Kultur getrennt zu betrachtende Gruppe.

384 Dazu: Zich 1998, 226 f., 429; Neugebauer-Maresch/Neugebauer 1998/89, 123 ff.; Hásek 1959.
385 Höfer 1906a, 24 ff. Den kurzen Mitteilungen Klopfleischs folgend lagen die goldenen Trachtbestandteile „Über der Kreuzungsstelle mit dem kindlichen Skelette". Ungefähr in der „Hüftgegend". Höfer 1906a, 24. Betrachtet man allerdings den von Klopfleisch angefertigten Grundriß der Grabkammer, so ist dort erkennbar, dass die goldenen Trachtbestandteile ungefähr auf Brusthöhe des männlichen Toten lagen. Vgl. Höfer 1906a, Taf. 1, Fig. 3.

386 Grössler 1907, 27 ff.
387 Schmidt/Nitzschke 1980.
388 Siehe: Kap. 3.5.1.1 „Überwaffen".
389 Der Reif besteht eigentlich aus einer Gold-Silberlegierung.
390 Höfer 1906c, 89 f.
391 Siehe: Kap. 3.1 Monumentaler Grabbau.
392 Siehe: Kap. 3.2 Bewußte Bezugnahme auf ältere Gräber.
393 Knapp 1998, 120 f.

So scheint zwar die Beigabe von goldenem Ringschmuck – Noppen- bzw. Lockenringen – ohne weitere Bestandteile der goldenen „Idealtracht" in der mitteldeutschen Aunjetitz-Kultur als ein Hinweis auf gehobenen sozialen Status gewertet werden zu dürfen, ohne dass damit wirklich die Spitze der prähistorischen Gesellschaft erfaßt wäre, doch ist ein Fehlen von paarig auftretenden goldenen Gewandnadeln und/oder von goldenen Armreifen mit Stempelenden in den großpolnischen Prunkgräbern im Umkehrschluß kein hinreichendes Kriterium, um in diesen nicht die Manifestation der Spitze der sozialen Hierarchie zu sehen. Zumal aus Grab D in Hügel I [11] (Taf. VII/4-5) und aus Grab B des Hügels III [13] (Taf. VII/27) der Nekropole jeweils ein Paar bronzener Gewandnadeln[394] vorliegt, welches belegt, dass die Darstellungskonventionen für sozialen Status, wie sie für die Leubinger Gruppe postuliert wurden, auch im relativ weit entfernten und isolierten wirkenden Gemeinwesen, wie sie uns in der Nekropole von Łęki Małe entgegentreten, geteilt wurden.

### 3.3.2 Prunkgräber der Wessex-Kultur

Ein ganz entscheidender Unterschied hinsichtlich der goldenen, idealen Trachtausstattung in der Aunjetitz- und der Wessex-Kultur liegt darin, dass in der Wessex-Kultur eine nach Geschlechtern getrennte Trachtausstattung vorliegt. Anthropologische Geschlechtsbestimmungen fehlen aus Prunkgrabkontexten der Wessex-Kultur. Als einziger Anhaltspunkt zur Geschlechtsbestimmung kann daher die Beigabenausstattung dienen. Dabei zeigen sich zwei grundsätzlich unterschiedliche Beigabenzusammensetzungen. Die eine entspricht weitgehend den Gräbern der sog. ‚Bush Barrow Serie'. Diese zeichnen sich in ihrer Beigabenzusammensetzung vor allem durch die regelmäßige Dolchbeigabe (Dolche der Amoriko-Britischen Dolchserie) aus, mit denen weitere kostbare Beigaben vergesellschaftet sind. Sie werden allgemein als Bestattungen von Männern gedeutet. Als zweite Gruppe tritt uns in den Gräbern der sog. ‚Wilsford Serie' eine Beigabenzusammensetzung entgegen, die keine Waffenbeigaben aufweist und hauptsächlich aus Schmuck bzw. Trachtbestandteilen gebildet ist. Gräber dieser Serie werden als Bestattungen von Frauen interpretiert[395]. Auf Grund dieser Geschlechtertrennung werden auch hier die goldenen „Idealtrachten" von Frauen und Männer gesondert betrachtet.

### 3.3.2.1 *Die goldene Tracht der Männer*

Von den fünf untersuchten Prunkgräbern der ‚Bush Barrow Serie' zeichnen sich drei, Wilsford G.5 [18], Clandon Barrow G.31 [27] und Little Cressingham, Barrow I [29] durch die Beigabe eines Sets von z. T. recht einheitlich gestalteten goldenen Trachtbestandteilen aus. Zwar fanden sich auch in Ridgeway Barrow 7 [28] goldene Beigaben, doch handelt es sich dabei um Reste eines goldene Dolch-

griffknaufs (Taf. XI/13), die nicht direkt als Bestandteil der goldenen Idealtracht gewertet werden.

Die aus dem Grab Wilsford G.5 [18] stammenden goldenen Trachtbestandteile umfassen einen goldenen Gürtelhaken (Taf. IX/8) sowie ein großes und eine kleines rautenförmiges Goldblech mit geometrischem Liniendekor (Taf. IX/5, 7). Der Gürtelhaken bleibt bisher in den Prunkgräbern der Wessex-Kultur ohne direktes Vergleichsstück[396], wie auch genaue Parallelen zu der kleineren Goldblechraute fehlen. Recht gute Vergleiche aus der Wessex-Kultur finden sich für die große Goldblechraute, die eine enge Parallele in dem rautenförmigen Goldblech von Clandon Barrow G.31 [27] findet[397] (Taf. XI/8). Etwas weiter entfernt steht das rechteckige Goldblech aus Little Cressingham, Barrow I [29] (Taf. XI/22), das sich zwar hinsichtlich der Form und auch der Qualität der Ausführung, aber sicherlich nicht so sehr in der Funktion von den beiden anderen Exemplaren unterscheidet.

Zu den Exemplaren aus Wilsford G.5 [18] und Little Cressingham, Barrow I [29] liegen genauere Angaben über die Lage der Objekte im Grab vor. Beide wurden auf dem Brustbereich des in Rückenlage niedergelegten Toten aufgefunden[398]. D. h. wahrscheinlich in Trachtlage. Daraus darf für die goldenen Blechrauten der älteren Wessex-Kultur eine Funktion als Brustschmuck erschlossen werden.

Auf Grund des relativ fragil wirkenden Aufbaus dieser Schmuckstücke, das Exemplar aus Wilsford G.5 [18] besteht aus einem zwischen 0,1 und 0,2 mm starken Goldblech[399], welches über einen aus einem organischen Material bestehenden Kern gelegt war, der heute vollständig zerfallen ist[400], und der Tatsache dass es keinerlei Abnutzungsspuren aufzuweisen scheint[401], kann davon ausgegangen werden, dass dieses wahrscheinlich speziell zum Anlaß der Bestattung angefertigt worden ist. Zwar fehlen genauere Angaben zu evtl. Gebrauchsspuren an den beiden

394 Bei den Nadeln aus dem Grab D, Hügel I [11], handelt es sich um Ösenkopfnadeln. Die beiden nur fragmentarisch erhaltenen Exemplare aus Grab B, Hügel III [3], lassen eine typologische Bestimmung nicht zu. Vgl.: Anm. 235.
395 Gerloff 1975, 197 ff.

396 Von den britischen Inseln sind einige Gürtelhaken bekannt, die nicht aus Goldblech gefertigt wurden. SIMPSON 1968, 202 f. Ein Fragment eines vergleichbaren Gürtelhakens aus Knochen ohne Fundkontext ist aus Wiltshire bekannt. ANNABLE/SIMPSON 1964, 53 Nr. 331, 108. Aus dem frühbronzezeitlichen Grab von Thun-Renzenbühl stammt ein bronzerner Gürtelhaken, der allerdings nur im Sinne seiner Funktion vergleichbar ist. Die Gestaltung der beiden Exemplare ist dagegen kaum vergleichbar. HAFNER 1995, 138 f. Abb. 5; STRAHM 1965/66, Tabelle 1.
397 Auf Grund der engen Parallelen der beiden Stücke aus Wilsford G.5 [18] und Clandon Barrow G.31 [27] vertraten Coles und Taylor die Ansicht, dass diese beiden Stücke, wie auch einige andere sehr qualitätvolle Goldblecharbeiten aus anderen Prunkgräbern der Wessex-Kultur, wahrscheinlich von einem einzigen Handwerksmeister bzw. einer Werkstätte produziert wurden. COLES/TAYLOR 1971, 6–14.
398 ASHBEE 1960, 76 ff. Abb. 24; CLARKE/COWIE/FOXON 1985, 276.
399 KINNES et al. 1988, 25. Der Gürtelhaken aus Wilsford G.5 [18] ist z. T. aus nur 0,025 bis 0,050 starkem Goldblech gefertigt. TAYLOR 1980, 46. Die Dicke des Goldblechs der Raute aus Clandon Barrow G.31 [27] wird mit 0,3 mm angeben. CLARKE/COWIE/FOXON 1985, 274. Die Dicke des Goldblechs allein spricht nicht notwendigerweise gegen eine regelmäßige Verwendung. Vgl. Dazu z. B. MOESTA/FRANKE 1995, 106 ff., bes. 109.
400 Das große Goldblech aus Wilsford G.5 [18] war sicherlich, wie auch der Gürtelhaken auf einem organischen Kern befestigt. TAYLOR 1980, 46. Gleiches gilt auch für die Goldbleche aus Clandon Barrow G.31 [27] und Little Cressingham, Barrow I [29]. CLARKE/COWIE/FOXON 1985, 274 , 276.
401 TAYLOR 1980, 46 f. KINNES et al. (1988, 38) beschreiben hingegen am Gürtelhaken einige Spuren, die evtl. Gebrauchspuren darstellen könnten.

**Abbildung 13:** a) Große Goldblechraute aus Wilsford G.5 [18] (Taylor 1980, Pl. 25c), b) Goldblechraute aus Clandon Barrow G.31 [27] (Taylor 1980, Pl. 25b), c) Rechteckiges Goldblech aus Little Cressingham, Barrow I [29] (Taylor 1980, Pl. 26a).

anderen Goldblechrauten, doch erscheint eine Übertragung dieser Interpretation durchaus statthaft. Es handelt sich bei den goldenen Schmuckstücken aus den Prunkgräbern der ‚Bush Barrow Serie' wahrscheinlich um Totentrachten, die eigens anläßlich der Bestattung einer bestimmten Person angefertigt wurden.

Darin besteht einer der entscheidenden Unterschiede zwischen der goldenen Tracht der Wessex-Kultur und der der Aunjetitzer Kultur. Deren goldene Trachtbestandteile waren aus massiv gegossenem Gold gefertigt und bieten auch sonst keinerlei Anlaß zu der Annahme, dass sie nicht auch schon zu Lebzeiten der Person getragen wurden. Es handelt sich, wie bereits erwähnt um Statussymbole, die den Rang der lebenden, wie auch der verstorbenen Person anzeigten. Dem gegenüber scheinen die goldenen Trachtbestandteile aus den Prunkgräbern der ‚Bush Barrow Serie', zwar auch Statussymbole darzustellen, deren Funktion aber weitestgehend auf die Repräsentation im Bestattungsritus beschränkt gewesen zu sein scheint.

### 3.3.2.2  Die „goldene" Tracht der Frauen

Alle sechs der untersuchten Prunkgräber der ‚Wilsford Serie' enthielten goldene Trachtbestandteile (Wilsford G.7 [19], Wilsford G.8 [20], Wilsford G.50a [21], Upton Lovell G.2(e) [23], Preshute G.1(a) [24] und Hengistbury Head I [25]) .Auf Grund einer Spezialität des goldverarbeitenden Handwerks der älteren Wessex-Kultur muß hier aber der Begriff der „goldenen Idealtracht" etwas erweitert werden.

Zum Einen zeichnet sich das Handwerk der Edelmetallverarbeitung der Wessex-Kultur durch eine Spezialisierung auf die Verarbeitung von Goldblechen aus, zum Anderen zeigt sich eine enge Verflechtung von Goldschmiedekunst und Bernsteinverarbeitung, die in zeitgleichen Kulturen Europas ihre Vergleiche sucht. Diese Technik ist durch Kompositschmuck repräsentiert, bei dem Bernsteinstücke, z. B. Scheiben oder Perlen (Taf. IX/22, 28-30; Taf. X/ 20-

21), in dünne Goldbleche gefaßt wurden (Wilsford G.8 [20], Preshute G.1(a) [24]). Zuweilen wurden auch andere relativ leicht zu bearbeitende Kaustobiolithe[402], z. B. Jett[403] oder Lignitschiefer, mit Goldblechen verkleidet. Die großen konischen Goldknöpfe aus dem Grab von Upton Lovell G.2(e) [23] (Taf. X/9) oder der mit eingelegten Goldscheiben dekorierten Keulenkopf aus Clandon Barrow G.31 [27] (Taf. XI/5) können hier als Beispiele angeführt werden.

Wegen der engen Verflechtung zwischen Gold-, Bernstein- und Jettverbreitung werden im Folgenden auch die reinen Bernstein- und Jettschmuckstücke in die Betrachtung mit einbezogen, so dass nicht mehr von einer rein goldenen, sondern eher von einer idealen Schmuck- bzw. Trachtausstattung gesprochen werden muß. Diese zeichnet sich durch die Verwendung der verschiedenen wertvollen und exotischen Materialien aus.

Ein Merkmal der weiblichen Trachtausstattung ist das häufige Vorkommen von recht aufwendig hergestelltem und umfangreichem Halsschmuck. Dieser setzt sich in den meisten Fällen aus einer Vielzahl von Perlen und Anhängern zusammen, welche aus den verschiedenen oben genannten Materialen bzw. aus Kombinationen dieser Werkstoffe bestehen konnten. Eines der bekanntesten und am aufwendigsten gestalteten Beispiele eines solchen Hals-

---

402 Bernstein besitzt eine Mohssche Härte von 2 bis 3. Ganzelewski 1996, 24. Hier finden sich auch weitere Angaben zu physikalischen Eigenschaften des Bernsteins.

403 Jett, auch Pechkohle, „schwarzer Bernstein" oder Gagat, ist eine bitumenreiche tiefschwarze Braunkohle mit samtartigen Fettglanz, der durch Politur noch gesteigert werden kann. Weitere verwandte Materialien (Kaustobiolithe) sind Lignit bzw. Lignitschiefer (engl.: shale). Vorkommen dieser Rohstoffe sind auf den Britischen Inseln aus Dorset und der Küste von North Yorkshire bekannt. Einzelne Funde könnten auch aus glazialen Ablagerungen Nordostenglands stammen. Auf Grund ihrer elektrostatischen Eigenschaften und ihrer Brennbarkeit, Bernstein gehört auch zu dieser Materialgruppe, müssen diese Materialen insbesondere in prähistorischer Zeit eine besondere Wertschätzung erfahren haben. Vgl. dazu auch: Shepherd 1985, 204.

**Abbildung 14:** Rekonstruktion des Bernsteinhalskragens aus Upton Lovell G.2(e) [23]. (CLARKE/COWIE/FOXON 1985, 120 Abb. 4.51)

**Abbildung 15:** a) Stabdolchanhänger aus Preshute G.1(a) [24] (TAYLOR 1980, Pl. 23f), b) Stabdolchanhänger aus Wilsford G.8 [20] (TAYLOR 1980, Pl. 23e), c) Stabdolchanhänger aus Hengistbury Head I [25] (CLARKE/COWIE/FOXON 1985, 123 Abb. 4.55).

schmucks stammt aus dem Grab Upton Lovell G.2(e) [23] (Taf. XI/6). Es handelt sich um einen Bernsteincollier oder auch Bernsteinhalskragen. Die Reste eines wahrscheinlich vergleichbaren Schmuckstücks stammen aus dem Prunkgrab Wilsford G.50a [21] (Taf. IX/39-40). Charakteristisches Erkennungszeichen für diesen Typus des Halsschmucks sind Bernsteinschieber, große Bernsteinplatten mit komplexen Bohrmustern[404], die als Schnurverteiler und Platzhalter zwischen den einzelnen Perlensträngen dienten. Ein weiteres Merkmal, welches auf die Beigabe ganzer Bernsteincolliers hinweist, ist die zu beobachtende graduell abgestufte Größe der Bernsteinperlen[405]. Anhand dieser Hinweise und den Beobachtungen zur Lage im Grab kann die halbmondförmige Schmuckform rekonstruiert werden[406]. Insgesamt sind sieben Gräber aus der Wessex-Kultur bekannt, in denen Bernsteinschieber gefunden wurden[407]. Dabei handelt es sich nur bei dreien um Gräber der ‚Wilsford Serie' (Upton Lovell G.2(e) [23], Wilsford G.50a [21] und Amesbury G.44[408]). Die Mehrzahl dieser Funde stammt aus Bestattungen der ‚Aldbourne Serie'[409] und zeigt, dass diese Schmuckform bis in die späte Phase der Wessex-Kultur verwendet wurde. In den drei nachgewiesenen Fällen, in denen Bernsteinschieber in Gräbern der ‚Wilsford Serie' gefunden wurden, waren diese mit

Goldschmuck vergesellschaftet, ein Indiz dafür, dass sie als charakteristischer Bestandteil der Schmuckausstattung von sozial hochgestellten Frauen betrachtet werden können.

In allen weiteren Prunkgräbern der ‚Wilsford Serie' (Wilsford G.7 [19], Wilsford G.8 [20], Preshute G.1(a) [24] und Hengistbury Head I [25]) fehlen zwar die charakteristischen Bernsteinschieber, doch wurde in allen Gräbern ein recht umfangreicher Satz von Perlen und Anhängern gefunden, der sicherlich zu einem Halsschmuck zu rekonstruieren ist Taf. IX/13-21, 27-38; Taf. X/20-21, 25-30, 33-38).

Zu den bemerkenswertesten Anhängerformen der ‚Wilsford Serie' gehören die sog. Stabdolchanhänger. Insgesamt sind drei Exemplare bekannt (Wilsford G.8 [20], Preshute G.1(a) [24] und Hengistbury Head I [25]) (Taf. IX/28; Taf. X/20, 38). Es handelt sich um Kompositanhänger, die die Form eines Stabdolches *en miniature* nachahmen. Der Schaft dieser Anhänger war aus Bernstein gefertigt und konnte, wie zwei Exemplare belegen[410], entweder komplett mit Goldblech verkleidet (Abb. 12) oder mit mehreren Goldblechbändern belegt (Abb. 13) sein. Der Anhänger aus Hengistbury Head I [25] weist keine Goldblechverkleidung auf (Abb. 14). Die Klingen waren aus Bronze oder Kupfer gefertigt. Besonderes Interesse erweckten diese Anhänger unter anderem auf Grund der Tatsache, dass bisher kein einziger echter Stabdolch als Waffenbeigabe aus einem Grab der Wessex-Kultur bekannt ist[411]. Daher wurde ein Zusammenhang zwischen diesen Miniaturstabdolchen und den echten Stabdolchen aus anderen Regionen der Britischen Inseln wiederholt von verschiedenen Autoren angezweifelt. So wird der Rillen- und Goldblechbanddekor der Miniaturstabdolchschäfte als Nachahmung der aufgeschobenen Ringe auf den Metallschäften der

---

404 Z. T. auch als „basic pattern" bezeichnet. SANDARS 1959, 293. Die Bernsteinschieber aus Wilsford G.50a [21] zeigen kein sog. „basic pattern" sondern lediglich V-förmig aufeinanderzulaufende Bohrungen. GERLOFF 1975, 199.

405 GERLOFF 1975, 198 f.

406 Die Tradition halbmondförmigen Halsschmuck aus verschiedenen Materialen (Gold, Gagat, Bernstein) herzustellen und mit geometrischen Dekorationen zu schmücken ist während jener Zeit weit über die Britischen Inseln verbreitet (vgl. HACHMANN 1957a/b). Jedoch scheinen die Ausführungen in verschiedenen Materialien sich in ihrer Verbreitung gegenseitig auszuschließen. GERLOFF 1975, 200.

407 Siehe GERLOFF 1975, 260 App. 8.1-7.

408 GERLOFF 1975, 161 Nr. 242, 259 App. 7.19. Auf Grund der schlechten Überlieferung ist dieses Grab nicht zu den in den Katalog der Prunkgräber aufgenommen worden.

409 Während der Phase Wessex II erlebte die Bernsteinverarbeitung der Wessex-Kultur eine Blüte, die ihren Ausdruck in den Bernsteincolliers und den für die ‚Camerton-Snowshill Serie' typischen Bernsteintassen findet.

410 Wilsford G.8 [20] und Preshute G.1(a) [24]. Das Material des komplett mit Goldblech verkleidete Schaft des Anhängers aus Preshute G.1(a) [24] ist nicht bekannt. Wahrscheinlich handelt es sich um Bernstein oder Gagat, wobei auch ein Holzkern nicht ausgeschlossen wird. GERLOFF 1975, 201.

411 LENERZ-DE WILDE 1991, 46, Beilage 1; GERLOFF 1975, 201.

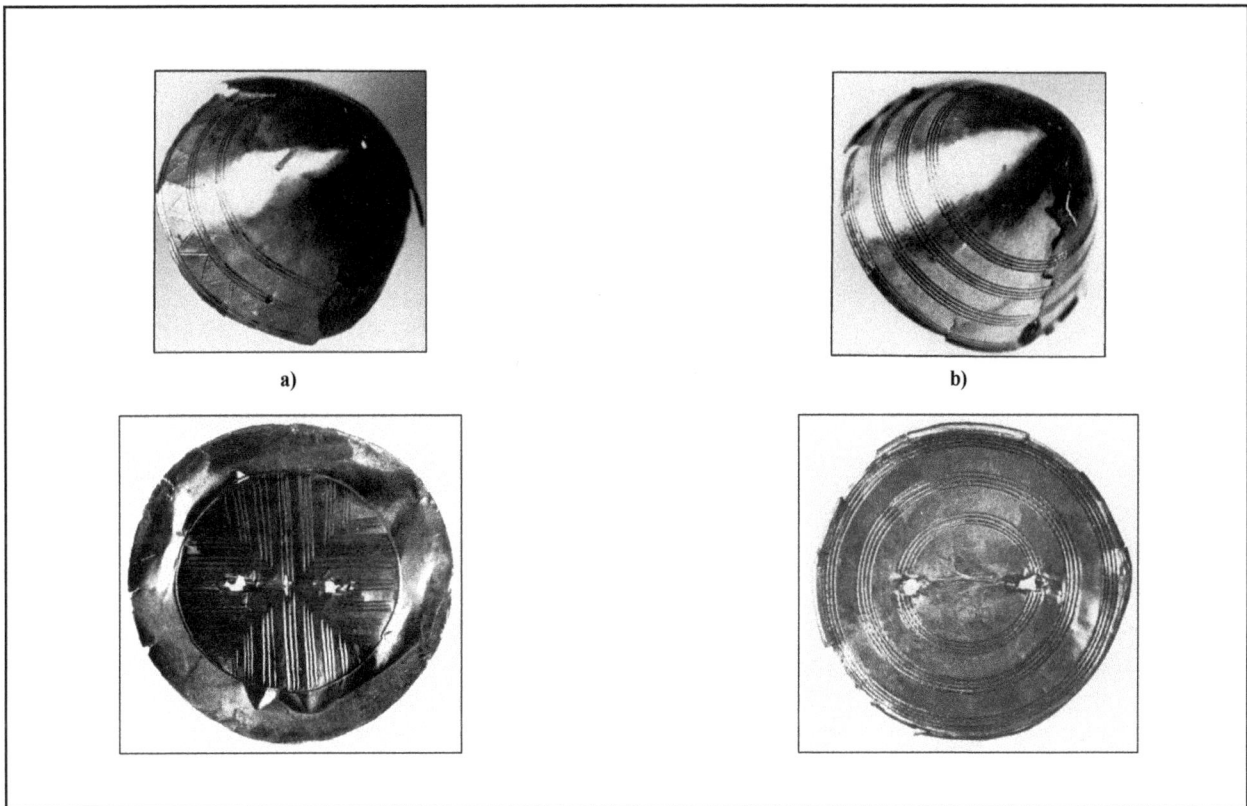

**Abbildung 16:** a) Vorder- und Rückseite des Goldknopfs aus Upton Lovell G.2(e) [23] (TAYLOR 1980, Pl. 24b,d), b) Vorder- und Rückseite des Goldknopfs aus Wilsford G.8 [20] (TAYLOR 1980, Pl. 24a,e).

Stabdolche aus dem Aunjetitzer Kulturkreis angesehen[412]. Dabei ist aber zu bedenken, dass die Stabdolchanhänger ansonsten wenige der charakteristischen und z. T. sehr ausgeprägten Formmerkmale der metallgeschäfteten Stabdolche des sächsischen, polnischen oder auch des norddeutschen Typs[413] wiederzugeben scheinen. So finden sich z. B. keine Anklänge an die auffällige Dreierkegelnietstellung der aunjetitzer Stabdolche. Auch die Gestaltung der Schaftköpfe zeigt keine Beeinflussung durch den recht bizarr wirkenden Duktus der aunjetitzer Stabdolche, insbesondere des norddeutschen Typus. Allein der in der Wessex-Kultur übliche Rillendekor auf den Schäften der Stabdolchanhänger kann daher nicht als sicherer Hinweis für eine Beeinflussung der Wessex-Kultur durch aunjetitzer Formengut geltend gemacht werden.

Eine weitere sehr charakteristische Schmuckform in Bestattungen der ‚Wilsford Serie' sind große, konische Knöpfe. Dabei wurde ein formgebender Lignitschieferkern[414] mit dünnen Goldblechen auf Ober- und Unterseite verkleidet. Diese Verkleidung wurde mit einem feinen Rillendekor versehen, welcher bereits auf dem Kern vorgezeichnet war. Auf der Unterseite waren diese Knöpfe mit einer Bohrung versehen. Jeweils einzelne Exemplare stammen aus den Prunkgräbern Wilsford G.8 [20] (Taf. IX/26) und Upton Lovell G.2(e) [23] (Taf. X/9). Weitere Exemplare sind aus den Gräbern Puddletown, Dorset und Southwick,

Hampshire bekannt[415]. Vorformen dieser Schmuckstücke sind sicherlich die über weite Bereiche Europas verbreiteten konischen Knöpfe mit V-förmiger Bohrung[416], die im Zusammenhang mit der Ausbreitung des Glockenbecher-Phänomens gesehen werden. Deren extravaganteste Ausformung in der Wessex-Kultur mit den goldblechverkleideten, großen, konischen Knöpfen vorliegt.

Die dritte hier zu behandelnde charakteristische Schmuckform der ‚Wilsford Serien' Bestattungen sind die mit Goldblech gefaßten Bernsteinscheiben. Insgesamt sind bisher vier Exemplare gefunden worden. Ein paar gleichartiger Scheiben stammt aus dem Grab Wilsford G.8 [20] (Taf. IX/29-30), jeweils einzelne Exemplare stammen aus den Gräbern Preshute G.1(a) [24] (Taf. X/21) und aus Amesbury G.44, wobei die Scheibe aus Amesbury heute nicht mehr erhalten ist[417]. Die drei noch erhaltenen Bernsteinscheiben gehören auf Grund ihrer weitgehenden Ähnlichkeiten zur Gruppe der Schmuckstücke, die wahrscheinlich vom gleichen Handwerker hergestellt wurden, wie auch die Goldblecharbeiten aus dem Grab von Wilsford G.5 [18] und Clandon Barrow G.31 [27][418]. Sie alle weisen die typische V-förmige Bohrungen auf, deren laterale Position den Schluß nahe legt, dass sie als Anhänger getragen wurden[419].

---

412 GERLOFF 1975, 201; LENERZ-DE WILDE 1991, 43; PIGGOTT 1938, 84 f.
413 WÜSTEMANN 199, 70 ff.
414 SHEPHERD (1985, 206) hält es für möglich, dass diese Kerne zunächst Abfallprodukte der Bernstein- bzw. Gagattassenproduktion waren. Auf Grund chronologischer Überlegungen scheint dies aber eher unwahrscheinlich.

415 GERLOFF 1975, 203. Die Fragmente des wahrscheinlich einzig bekannten Exemplar eines goldblechverkleideten, konischen Knopfes außerhalb der Wessex-Kultur stammt aus einem spanischen Glockenbechergrab. Villar del Campo, Soria, Spanien. HARRISON 1977, 170 f. SN 146; CASTILLO 1954, 625 Fig. 507.
416 GERLOFF 1975, 204.
417 GERLOFF 1975, 201.
418 COLES/TAYLOR 1971, 6–14. Vgl. Anm. 394.
419 GERLOFF 1975, 201.

51

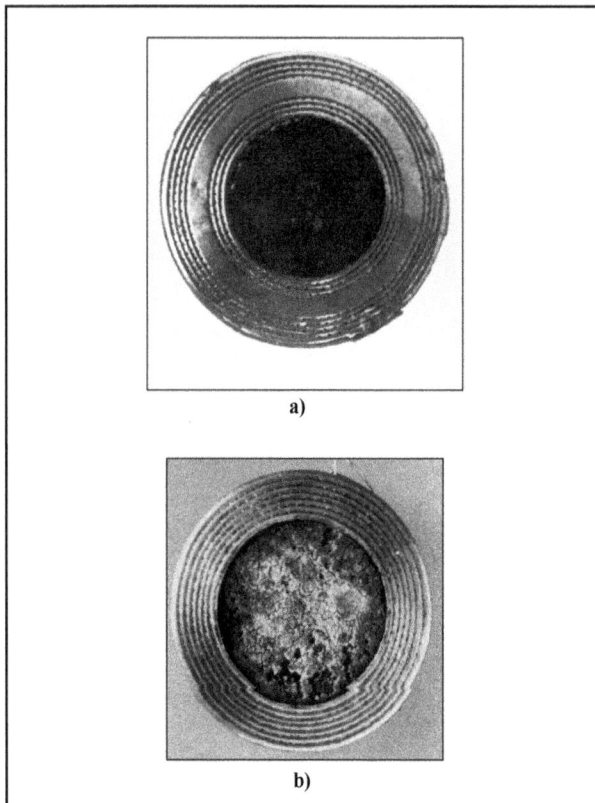

**Abbildung 17:** a) In Goldblech gefaßte Bernsteinscheibe aus Wilsford G.8 [20] (TAYLOR 1980, Pl. 24e), b) In Goldblech gefaßte Bernsteinscheibe aus Preshute G.1(a) [24] (TAYLOR 1980, Pl. 24c).

Neben den in diesem Kapitel besprochenen Schmuckformen sind in den weiblichen Prunkgräbern der Wessex-Kultur weitere Anhänger und Perlen diverser Formen entdeckt worden, auf die hier nicht weiter im Detail eingegangen werden kann. Diese bildeten zusammen mit den hier abgebildeten Schmuckstücken überaus prunkvolle Trachtensembles, die zum Einen durch die Wahl wertvoller Materialien (Gold, Bernstein, Gagat und Lignitschiefer), zum Anderen aber auch durch ihre überaus meisterhafte Verarbeitung sicherlich begehrte Prestigegüter darstellten. Durch die Anzahl der Schmuckstücke und die Kombination verschiedenster Materialien, es kommen auch Perlen aus Fossilien und Fayence vor[420], übertreffen die Schmuck- bzw. Trachtausstattungen einiger der weiblichen Prunkgräber die Ausstattungen der besprochenen Männergräber[421]. Zunächst einmal läßt sich an diesen Beigabenausstattungen ablesen, dass die in den Prunkgräbern der ‚Wilsford Serie‘ bestatteten Personen die Möglichkeiten besaßen, erstens in den Besitz von wertvollen Materialien zu gelangen und zweitens, dass sie über die erforderlichen handwerklichen Fähigkeiten verfügten, um diese zu verarbeiten. Dies bedeutet nicht notwendigerweise, dass sie selbst handwerklich tätig waren, sondern zeigt lediglich, dass sie Zugriff auf die Fähigkeiten von Spezialisten hatten.

Die Fähigkeit zur Akquisition und Akkumulation von seltenen und begehrten Rohmaterialien und damit auch zur Produktion von luxuriösen Schmuckstücken, d. h. Prestigegütern, verweist darauf, dass die in den Prunkgräbern bestatteten Statusgruppen an regionalen und evtl. überregionalen Austauschnetzwerken Teil hatten, innerhalb derer sie wahrscheinlich Schlüsselpositionen besetzten. Insbesondere die Prunkgräber der ‚Wilsford Serie‘ liefern Hinweise darauf, dass die ökonomische Machtbasis des in diesen Gräbern bestatteten Personenkreises im Sinne eines „wealth finance“-Systems[422] zu beschreiben ist. Wie ausgedehnt die Austauchnetzwerke waren, ist indes nicht sicher zu beurteilen[423]. Das Gold aus den Wessex-Gräbern läßt sich keinen bestimmten Vorkommen zuweisen[424].

Im Fall des im Bereich der Wessex-Kultur verarbeiteten Bernsteins[425] wurde immer wieder auf die reichen Lagerstätten des Baltikums als Herkunftsort für das Rohmaterial verwiesen[426]. Aber auch noch bis in heutige Zeit werden an der Ostküste Englands Bernsteinbrocken mit enormen Maßen aufgefunden, deren Qualität und Größe zur Herstellung des Bernsteinschmucks der Wessex-Kultur ausgereicht hätten[427]. Die Frage, ob der baltische Bernstein als Importgut oder durch geologische Ereignisse auf die Britischen Inseln gelangte, ist derzeit nicht sicher zu Gunsten einer der beiden Alternativen zu beantworten. Zieht man die Möglichkeit in Betracht, dass beide Quellen genutzt wurden, so erhält man Indizien für regionale (Norfolk[428], Suffolk) und überregionale (Jütland) Austauschnetzwerke, von denen die in den Prunkgräbern Bestatteten profitieren konnten.

Die Einbindung in eher regionale Austauschbeziehungen lassen sich anhand der Vorkommen von Gagat und Lignitschiefer ablesen. Gagat findet sich auf den Britischen Inseln in vor allem entlang der Küste North Yorkshires. Lignitschiefervorkommen liegen z. B. in Dorset bei Kimmeridge. Des Weiteren kommen Lignitschiefer vereinzelt in glazialen Geschieben vor[429]. Für die Rohstoffversorgung mit Gagat oder ähnlichen Materialien kann keine bestimmte Quelle angeben werden, doch scheint ein ausreichender Nachschub über innerinsulare, regionale Netzwerken bewerkstelligt worden zu sein.

---

420 Fayenceperlen kommen im Grab Wilsford G.50a [21] vor. Im Grab Preshute G.1(a) [24] befand sich eine aus einem fossilen Stammstück eines Encriniten gefertigte Perle, wie auch eine Steatit- und eine Kalksteinperle.

421 Das Grab Upton Lovell G.2(e) enthielt die größte Anzahl von Goldgegenständen die jemals in einem Grab der Wessex-Kultur gefunden wurden. Daher auch der Beiname „Golden Barrow“.

422 EARLE 1997, 70 ff, bes. 73 ff.

423 Eine Vorstellung von der möglichen Reichweite solcher Austauschnetzwerke können z. B. Vergleiche mit Bernsteinschieber- und Bernsteinscheibenfunde aus vom Peloponnes und Kreta liefern. Vgl. dazu: GERLOFF 1975, 215 ff.

424 Einen Hinweis auf die Nutzung verschiedener Quellen für die Versorgung mit Gold erhielt TAYLOR (1980, 46), bei der Untersuchung der beiden Bernsteinscheiben und dem großen, konischen Goldknopf aus Wilsford G.8 [20], deren Färbung sich deutlich im Farbton unterscheiden lassen.

425 Auf Grund des für die Wessex-Kultur charakteristischen Formenspektrums, das kaum Vergleiche aus anderen Regionen aufweist, kann ein Import von Fertigprodukten ausgeschlossen werden. PIGGOTT 1938, 81.

426 PIGGOTT (1938; 80 f.) ging davon aus, dass Bernstein in unbearbeiteter Form aus Skandinavien als Gegenleistung für Metalle, vor allem Zinn, importiert wurde. Er schloß eine ostenglische Herkunft aber nicht aus. Dem folgt auch GERLOFF (1975, 222).

427 TAYLOR 1980, 45.

428 Das in einer eher peripheren Lage zum Kernraum der Wessex-Kultur gelegene Prunkgrab Little Cressingham, Barrow I [29] zeugt von den engen Beziehungen zwischen den ostenglischen Küstengebieten und dem südenglischen Kalkmassiv.

429 SHEPHERD 1985, 204.

Earle wies auch auf die Grenzen und Nachteile eines „wealth finance"-Systems hin[430]. Um diesen Nachteilen z. T. entgegen zu wirken, wurden wertvolle Prestigegüter dem Umlauf dadurch entzogen, dass sie in die Prunkgräber als Teile der Beigabenausstattung gelangten und somit aus dem distributiven System ausschieden. So wurde ein inflationärer Wertverlust und eine Sättigung der Nachfrage mit diesen Prestigegütern verhindert. In Hinsicht auf die von Earle genannten Gefahren dieses Systems erscheint auch die Beigabenausstattung des Grabs Little Cressingham, Barrow I [29] evtl. in einem etwas anderen Licht[431]. Earle verwies auf die Möglichkeit von Nachahmungen aus weniger angesehenen Werkstätten. Eine solche Deutung könnte durchaus auf das rechteckige Goldblech aus Little Cressingham, Barrow I [29] (Taf. XI/22) zutreffen.

Die hier aufgeführten Schmuckformen erlaubten Rückschlüsse auf die ökonomische Machtbasis des in den Prunkgräbern bestatteten Personenkreises. Die soziale Rolle der in den Prunkgräbern bestatteten Frauen indes ist aus der Schmuckausstattung kaum zu erschließen. Anhand der Beigaben in den Bestattungen von Männern lassen sich verschiedene Aspekte des sozialen Selbstverständnisses erschließen. Wie uns z. B. die Waffenbeigaben aus den Aunjetitzer Prunkgräbern deutlich zeigen, spielte die Repräsentation als Krieger eine wichtige Rolle bei der Darstellung von gehobenem sozialem Status von Männern. In dieser Hinsicht zeugen die reichen Schmuckausstattungen von einem allgemeinem Wohlstand und davon, dass dieser auch den weiblichen Mitgliedern der gehobenen Gesellschaftsschichten im Grabbrauch als Bestandteil der Beigabenausstattung zustand. Davon abgesehen sind weiterführende Interpretationen in den Bereich der Spekulation zu verweisen. Denkbar wäre zum Einen, die Prunkgräber der ‚Wilsford Serie' als eine Statusrepräsentationsform anzusehen, die eigentlich der Selbstdarstellung der Männer diente. Diese brachten ihre ökonomische Potenz durch die reiche Schmuckausstattung der Frauengräber zum Ausdruck. Zum Anderen wäre auch eine krasse Gegenposition denkbar, die der entwickelten Wessex I-Kultur matriarchalische Züge konstatiert. Die Frauen wären in wichtige soziale Positionen aufgestiegen, die es ihnen ermöglichten die ökonomischen Austauschnetzwerke zu kontrollieren und so die gefundenen Prestigegüter zu akkumulieren. Anhand der vorliegenden Datenbasis erscheinen aber beide Extrempositionen nicht belegbar und können daher nur das weite Feld der möglichen Deutungen abstecken[432].

## 3.4 BEIGABE EINES WERKZEUG- BZW. WAFFENSETS

Die genaue klassifikatorische Unterscheidung zwischen Waffen und Werkzeugen ist problematisch, da beide Funktionsbereiche oft nicht scharf abzugrenzen sind. Nach der oben angeführten Definition[433] sind einige Geräte, die in den untersuchten Prunkgräbern gefunden wurden, sicher als Waffen zu identifizieren, wie z. B. Dolche. Andere wie z. B. Meißel oder Amboßsteine können danach nicht als Waffen, sondern lediglich als Werkzeug in einem handwerklichen Sinn angesprochen werden. Insbesondere Beile lassen sich jedoch häufig nicht mit Gewißheit nur einer einzigen Funktionssphäre zuweisen. Sie sind nach ihren möglichen Verwendungszwecken in diesem Zusammenhang meist als hybrid zu charakterisieren.

### 3.4.1 Prunkgräber der Aunjetitz-Kultur

Die mitteldeutschen Prunkgrabbefunde von Leubingen [1] und Helmsdorf [2] zeichnen sich durch die Beigabe von Werkzeug- bzw. Waffensets aus, wie es auch in Gräbern A und D aus Hügel I [11] und dem Hügel VI [16] der Nekropole von Łęki Małe der Fall ist. Ein Merkmal, welches bereits hinsichtlich der über die Normgräber herausgehobenen Beigabenausstattung der Prunkgräber Erwähnung fand.

In Leubingen [1] können der Amboßstein (Taf. I/18) und die drei Bronzemeißel (Taf. I/12-14) sicher als Werkzeugbeigaben klassifiziert werden. Als reine Waffenbeigaben sind der Stabdolch (Taf. I/1) und die drei Dolche (Taf. I/15-17) zu nennen. Hybridformen im oben erläuterten Sinn erscheinen in Form der „Felsgesteinaxt" (Taf. I/2) und der beiden Randleistenbeile (Taf. I/3-4). In Helmsdorf [2] liegt eine vergleichbare Beigabenzusammensetzung vor. Es fanden sich: ein Meißel (Taf. II/8), der sicherlich als Werkzeug zu werten ist, ein Bronzedolch (Taf. II/9), der eine Waffe darstellt, eine Felsgesteinaxt (Taf. II/10) und ein Randleistenbeil (Taf. II/7), deren genaue Zuweisung zu einer der beschriebenen Gruppen unsicher bleibt.

Aus dem Grab A des Hügel I in Łęki Małe [11] stammt ein Bronzebeil (Taf. VI/7) und ein Stabdolch mit gegossenem Bronzeschaft (Taf. VI/11), aus dem Grab D des gleichen Hügels ein Vollgriffdolch (Taf. VII/1) und ein Beil (Taf. VII/3). Der Stabdolch und der Vollgriffdolch sind als Waffen anzusprechen; bei den Beilen ist eine genaue Zuweisung nicht möglich. Des Weiteren stammt aus dem Grab D ein bronzener Doppelmeißel (Taf. VII/2), der den Werkzeugbeigaben aus den mitteldeutschen Prunkgräbern zur Seite zu stellen ist. Aus dem nicht untersuchten Hügel VI [16] aus Łęki Małe stammt der Fund eines weiteren Dolches, der jedoch keinem Grabkomplex direkt zu zuweisen ist und zudem verschollen ist. Eine solche Fülle von Waffen- und Werkzeugbeigaben ist in den Normgräbern der Aunjetitz-Kultur unüblich. Wie ist also ihr Auftreten in den Prunkbestattungen der Aunjetitz-Kultur zu deuten?

---

430 „Control over wealth can be highly problematic; as its value increases, a strong pressure builds to smuggle goods outside of the established networks and to produce fakes outside of recognized craft shops. At the same time, the value can be destabilized through inflation or cultural disruption. While the needs of nutrition in staple finance are constant, the desires of wealth can be fickle." EARLE 1997, 74.

431 Vgl. dazu: Kap. 3.3.2.1 Die goldene Tracht der Männer.

432 Wie schwer sich die archäologische Forschung z. T. mit der Deutung von weiblichen Prunkbestattungen tut, ist z. B. am späthallstattzeitlichen Grab von Vix abzulesen. Im Gegensatz dazu werden in Hinsicht auf die männlichen „Fürstengräber" wesentlich deutlicher definierte Deutungen vorgeschlagen, wie „Sakralkönig" (vgl. KRAUSSE 1999).

---

433 Siehe oben: Anm. 159.

### 3.4.1.1 Ausstattung als Kämpfer

Die Waffenbeigaben in den Prunkgräbern der Aunjetitz-Kultur, wie sie in den Prunkgräbern Mitteldeutschlands und Großpolens auftreten, sind sicherlich nicht als
Jagdwaffen zu interpretieren[434]; es handelt sich hier um
„Kampf- bzw. Kriegswaffen"[435]. Am Fehlen von Jagdwaffen in den Prunkgräbern der Aunjetitz-Kultur läßt sich
ablesen, dass offenbar die Darstellung des „erfolgreichen
Jägers", wie sie in vielen anderen Kulturen vorkommt[436],
im Grabbrauch zur Repräsentation von höchstem sozialen
Status keine nennenswerte Rolle spielte. Vielmehr wurde
anscheinend auf die Rolle als „erfolgreicher Krieger bzw.
Kämpfer" Wert gelegt, wie es die umfangreichen und exquisiten Waffenausstattungen der Prunkgräber nahelegen.

### 3.4.1.2 Ausstattung als Handwerker

Mittels der Ausstattung mit Werkzeugen wurde eine weitere Rolle der Bestatteten in den herrschaftlichen Gräbern
Mitteldeutschlands und Großpolens dargestellt, die des
Handwerkers[437]. Im Fall des Werkzeugsets aus dem Grab
von Leubingen [1] (Taf. I/3-4, 12-14, 18) tritt dies besonders deutlich hervor, da hier die umfangreichste Zusammenstellung von Werkzeugen aus einem Prunkgrabzusammenhang vorliegt.

Dieses Set kann exemplarisch für die anderen Werkzeuge
enthaltenden Prunkgräber betrachtet und interpretiert werden. Das vermeintliche Fehlen von Werkzeugtypen, wie
z. B. dem in aunjetitzer Grabzusammenhängen einmalig
auftretenden Amboßstein, in anderen Prunkgräbern, kann
damit erklärt werden, dass es sich auch hierbei um eine Art
idealer Ausstattung gehandelt hat, die in anderen Gräbern
selten erreicht wurde. Einzelne Werkzeugbeigaben, wie
z. B. die häufiger auftretenden Bronzemeißel können hier
evtl. als *pars pro toto* gedeutet werden. Sie stehen stellver-
tretend für den ganzen Werkzeugsatz eines Handwerkers.
Auf Grund der Zusammensetzung des Sets aus Leubingen
[1] können diese als Werkzeuge eines Metallhandwerkers,

am ehesten als die eines Bronze- und/oder Edelmetall-
schmieds gedeutet werden, wofür die Meißel[438] und der
Amboßstein sprechen. Hinweise auf die Repräsentation
des Handwerks des Metallgießers liegen aus den Prunkgräbern der Aunjetitz-Kultur nicht vor[439], wobei eine Trennung der beiden metallverarbeitenden Bereiche, die des
Gießers und die des Schmieds[440], daraus nicht sicher zu
erschließen ist.

Sicher scheint jedoch, dass das Metallhandwerk in der
Aunjetitzer Kultur nicht nur hochentwickelt war, wovon
z. B. die metallgeschäfteten Stabdolche zeugen, sondern,
dass die Verarbeitung dieses Werkstoffs auch eine angese-
hene und repräsentative Tätigkeit war[441]. Die Aunjetitzer
Bronzemetallurgie strahlte zu dieser Zeit in benachbarte
Regionen aus, wo Aunjetitzer Metallformen aufgenommen wurden[442]. Zudem scheinen sich die Eliten ihres Potentials durchaus bewußt gewesen zu sein und ließen sich
noch im Grab als Spezialisten ihres Handwerks darstellen.
Anzunehmen ist auch, dass der Metall- und damit auch der
Technologietransfer in benachbarte Regionen, z. B. Nord-
deutschland und Skandinavien, einen wichtigen Faktor im
wirtschaftlichen Gefüge der Aunjetitz-Kultur, insbesondere im circumharzer Raum darstellte.

### 3.4.2 Prunkgräber der Wessex-Kultur

Das typische Waffenset der Prunkgräber der Wessex-
Kultur ist aus einem bis drei Dolchen der Amorikanisch-
Britischen Dolchserie gebildet. Nachweisbar sind sie in
den Gräbern Wilsford G.5 [18] mit je einem Dolch der
Typen Amoriko-Britisch A und B (Taf. IX/2-3), Winterborne Stoke G.5 [22] mit zwei Dolchen des Typs Amoriko-Britisch A (Taf. X/3-4), Clandon Barrow G. 31 mit

---

434 Jagdwaffen, in Form von Projektilbewährungen, seien es Pfeil- oder
Speerspitzen, kommen vereinzelt in den aunjetitzer Normgräbern
vor. Es handelt sich ausschließlich um Silexspitzen, die vermutlich
mehrheitlich als Pfeilspitzen anzusprechen sind. Fischer 1956, 179.

435 Bei Waffen dieses Typs handelt es sich um Geräte, die speziell zum
Töten von Menschen entwickelt wurden. Zwar mag ein Dolch oder
ein Stabdolch auch als Ritual- oder Symbolwaffe und/oder Opferbesteck gedient haben. Doch es besteht kein Anlaß daran zu zweifeln,
dass diese Waffenformen zum Kampf Mensch gegen Mensch entwickelt wurden und darin auch ihr Ursprung zu suchen ist. Damit sind
nicht unbedingt kriegerische Auseinandersetzungen gemeint. Auch
ritualisierte Kämpfe in diversen Ausprägungen gehören dazu, wobei
diese wahrscheinlich oftmals kriegerische Auseinandersetzungen ka-
nalisierten und diese damit verhinderten, indem sie sie in ritualisierte
Bahnen der Konfliktbewältigung lenkten.

436 So ist die Jagd als Ausdruck herrschaftlicher Repräsentation z. B. in
der späten Hallstattkultur durch das Grab von Hochdorf mit der bei-
gegebenen Jagdausrüstung (Pfeil und Bogen) belegt. Biel 1985, 64 f.
Des weiteren durch Jagdszenen auf Situlendenkmälern. Frey 1980,
130. Auch im vorderen Orient spielte die Darstellung des Herrschers
als erfolgreicher Jäger eine wichtige Rolle, wie es z. B. auf den Pa-
lastreliefs aus dem Nordwest-Palast von Nimrud dargestellt ist. Z.
B.: Budge 1914, Pl. XII.

437 Auf die Besondere Bedeutung des Handwerkers und auch von dessen Werkzeugen geht Helms (1993, 13ff., 21 ff.) ein.

438 Willroth (1985, 406) spricht sich für eine Deutung insbesondere
von Randleistenmeißeln im skandinavischen Raum als Waffe aus.
Sie sollen dort z. T. das Randleistenbeil als Waffenbeigabe in Gräbern ersetzt haben, wobei auch die Waffenfunktion der Randleistenbeile nicht ausschließlich zu belegen ist. Der Deutung Willroths folgt
auch Hansen (2002, 151) und sieht die Meißel aus Leubingen [1] als
Teil des Waffensets an. Die Argumente für diese Deutung im vorliegenden Kontext sind aber zu schwach um eine Interpretation dieser
Geräte als Werkzeug in einem handwerklichen Sinn auszuschließen.

439 Das aunjetitzer Flachgrab eines Bronzegießers ist aus Matúškovo,
Slowakei, G. 50 bekannt. Das Grab enthielt neben anderen Beigaben
folgende Werkzeugbeigaben: drei flache Sandsteine (Schleifsteine)
und vier Tondüsen. Mohen 1991, 137; Točík 1979, 177f. und Abb.
106. In Bezug auf die Repräsentation von Metallhandwerkern in
Gräbern des späten 3. und frühen 2. Jahrtausends v. Chr. ist auffällig,
dass Gräber aus den östlich der Aunjetitz-Kultur gelegenen Gebieten, oft Tondüsen und Gußformen zu den ins Grab mitgegebenen
Werkzeugen gehören. In den westlich und südlich gelegenen Beispielen für Metallurgengräber finden sich dagegen öfters Amboßsteine und z. T. Hämmer. Vgl. die Auflistung der Metallurgengräber
bei: Mohen 1991, 137.

440 Dies würde auf eine tiefgreifende Gliederung und Spezialisierung
des Metallhandwerks hindeuten oder, was wahrscheinlicher wäre,
eine andere Schwerpunktsetzung in der Repräsentation des Metallhandwerks andeuten, wie sie auch in der Unterscheidung des
Blechkreises und des aunjetitzer Metallurgiekreises zum Ausdruck
kommt. Vogt 1948, 67 ff.; Vogt 1952, 39 ff.; Gerloff 1975, 3.

441 Auf vergleichbare gesellschaftliche Stellungen von Metallhandwerkern geht auch Helms (1993, 76) ein. Das ist keineswegs selbstver-
ständlich. Vgl.: Helms 1993, 52 ff.

442 Als Beispiele kann hier z. B. das Auftreten von Ösenkopfnadeln in
Süddeutschland angeführt werden. Ruckdeschel 1978, 127 f.

einem Amoriko-Britisch A Dolch (Taf. XI/9), Ridgeway Barrow 7 [28] mit drei Dolchen des Typs Amoriko-Britisch A (Taf. XI/10-12), Little Cressingham Barrow I [29] (Taf. XI/24) mit einem Dolch des Typs Amoriko-Britisch B. Hinzu treten des Öfteren kleine, sog. ‚knife-daggers‘[443] deren Funktion nicht sicher bestimmbar ist. Auf Grund ihrer geringen Klingenlänge (<10 cm) dienten sie wahrscheinlich eher als Messer, also Schneidwerkzeug, denn als Waffe[444]. Ebenfalls als Waffenbeigabe sind die beiden Keulen aus Wilsford G.5 [18] (Taf. IX/12) und Clandon Barrow G.31 [27] (Taf. XI/5) zu werten. Auf Grund ihres reinen Symbolcharakters, die Keulenköpfe bestehen aus weichen Gesteinen, die eine praktische Verwendung ausschließen, werden sie im Kapitel über die Symbol-/bzw. Ritualwaffen der Wessex-Kultur einer explizieren Untersuchung unterzogen.

Neben den Dolchen und Keulen kommen in zwei Fällen, Wilsford G.5 [18] (Taf. IX/9) und Ridgeway Barrow 7 [28] (Taf. XI/14), Randleistenbeilklingen in Prunkgräbern der Wessex-Kultur vor[445]. Wie bereits erörtert sind Beile meistens nicht eindeutig einer der beiden Funktionsbereich zu zuweisen und müssen hinsichtlich beider Möglichkeiten gedeutet werden.

Alle diese Geräte sind nicht als Jagdwaffen, sondern als Waffen zu deuten, die im weitesten Sinne in zwischenmenschlichen Auseinandersetzungen angewendet wurden. Sie repräsentierten den erfolgreichen Krieger.

Im Gegensatz zu Waffen finden sich Geräte, welche sicher als Werkzeug im handwerkliche Sinne anzusprechen sind, nicht in Prunkgrabkontexten der ‚Bush-Barrow Serie‘. Lediglich die beiden Beilklingen aus den oben genannten Gräbern und die Ahle aus Winterborne Stoke G.5 [22] (Taf. X/2) könnten als Werkzeuge gedient haben.

Aus drei Prunkgräbern der ‚Wilsford Serie‘ sind Funde von Bronzeahlen bekannt, Wilsford G.50a [21], Upton Lovell G.2(e) [23] (Taf. X/7) und Preshute G.1(a) [24] (3 Exemplare) (Taf. X/22-24). Der genaue Verwendungszweck ist nicht sicher bestimmbar. Es scheint sich zwar um Werkzeuge zu handeln, welche aber wie auch die Beile und die ‚knife-daggers‘ eher alltägliche Hilfsmittel darstellen dürften. Hinweise darauf, dass sie als Werkzeuge eines

spezialisierten Handwerkers zu deuten wären, liegen nicht vor[446].

Hierin gibt sich ein recht deutlicher Unterschied zu den Prunkgräbern der Aunjetitz-Kultur zu erkennen. Obwohl aus den Prunkgräbern der Wessex-Kultur eine Fülle von handwerklichen Produkten höchster Qualität vorliegt, scheinen sich die gehobenen sozialen Gruppen, wie sich uns derzeit darstellen, keinen Wert auf die Repräsentation als Handwerker gelegt zu haben. Nicht, dass das Handwerk keine Bedeutung bei der Statusrepräsentation gespielt hätte, das Gegenteil lehren uns dessen Produkte, die in den Gräbern gefunden wurden, sondern vielmehr wurde der soziale Rang durch die Fähigkeit zu Akquisition und Akkumulation der Prestigegüter und weniger durch die Fähigkeit zu deren Herstellung vermittelt. Diese Eliten treten uns in den Prunkgräbern nicht als Handwerker, sondern als deren Patrone entgegen, die es sich leisten konnten Spezialisten zu entlohnen und für sich arbeiten zu lassen.

## 3.5 Symbol-/bzw. Ritualwaffen

Im vorigen Kapitel wurde bereits auf die Werkzeug- und Waffenbeigaben in den Prunkgräbern der Aunjetitz-Kultur und der Wessex-Kultur eingegangen. Zu diesen Gruppen gehören im weitesten Sinne auch die Felsgesteingeräte aus Leubingen [1] (Taf. I/2), Helmsdorf [2] (Taf. II/10), Königsaue [9] (Taf. III/10) und Österkörner [10] (Taf. III/14) sowie die beiden Stabdolche aus Leubingen [1] (Taf. I/1) und Łęki Małe, Hügel I [11], Grab A (Taf. VI/11).

Aus der Wessex-Kultur sind die beiden Keulen aus Wilsford G.5 [18] (Taf. IX/12) und Clandon Barrow G.31 [27] (Taf. XI/5) zu nennen. Auf Grund verschiedener Aspekte, wie Materialbeschaffenheit, Schäftung und Dekoration erscheint eine Deutung dieser Objekte als profanes Werkzeug oder Waffe nicht angemessen.

### 3.5.1 Prunkgräber der Aunjetitz-Kultur

Insbesondere bei den Felsgesteingeräten aus den Prunkgräbern der Aunjetitz-Kultur ist die Bestimmung einer praktischen Funktion schwierig. Die beiden Exemplare aus Leubingen [1] und Königaue [9] sind auf Grund ihrer Form als neolithische Setzkeile angesprochen worden[447] (Taf. I/2; Taf. III/10). Bei dem Exemplar aus Österkörner [10] (Taf. III/14) handelt es sich um eine schnurkeramische E-Axt[448]; das Exemplar aus Helmsdorf [2] (Taf. II/10) ist

443 Sog. ‚knife-daggers‘ fanden sich in den Prunkgräbern der ‚Bush-Barrow Serie‘ Wilsford G.5 [18] und Little Cressingham, Barrow I [29], hier liegt eine etwas größeres Exemplar vor. Kleine ‚flat-riveted knife-dagger‘ kommen auch in Prunkgräbern der ‚Wilsford Serie‘ vor: Upton Lovell G.2(e) [23] und Preshute G.1(a) [24] (2 Exemplare). Gerloff 1975, 161 ff.

444 Gerloff 1975, 159.

445 Ob es sich tatsächlich um die Beigabe ganzer Beile handelte und nicht um die Beigabe von Beilklingen, wie von einigen Autoren immer wieder vermutet ist nicht sicher. Clarke/Cowie/Foxon 1985, 280. An beiden Exemplaren wurden keine Reste der Schäftung beobachtet. An den Klingen hafteten jedoch Reste von Textilien, die als Indiz dafür gewertet werden, dass nur die Beilklingen, wahrscheinlich in Tücher oder Beutel gehüllt ins Grab gelangten. Ein Indiz dafür, dass evtl. dennoch auch ganze Beile in die Gräber gelangten liefern Vergleiche mit der amorikanischen Grabhügelkultur, wo z. B. in den Gräbern von Plonéour-Lanvern, Trémel und Trévérec Beilklingen mit anhaftenden Resten der Holzschäftung gefunden wurden. Gallay 1981, 106 f., Nr. 292, 294 und 296, Taf. 52B, 53A und 56C. Im Grab von Plonéour-Lanvern kam zusammen mit dem Beil auch eine einzelne, in Bronzeblech eingeschlagene Beilklinge vor. Auch Klingen in Lederbeuteln sind belegt. Gallay 1981, 107.

446 Evtl. wurden die Ahlen bei der Lederverarbeitung verwendet. Leder könnte, was die Knopfformen und das Fehlen von Nadeln in der älteren Wessex belegen würden, einen wichtigen Bestandteil der Tracht (Kleidung) ausgemacht haben. Im Gegensatz zur Textilien tragenden Aunjetitz-Kultur, die als bevorzugte Gewandschließe die Nadel kannte.

447 Sie werden von Zich als bandkeramische oder rössenzeitliche Schuhleisten- bzw. Breitkeile identifiziert. Zich 1996, 243. Somit würde ihre praktische Funktion im Bereich der Holzverarbeitung, insbesondere im Spalten von Baumstämmen zu suchen sein. Bedauerlicherweise fehlen zu dem Exemplar aus Leubingen [1] genaue Zeichnungen mit Längs- und Querschnitten. Des weiteren kann eine sekundäre, frühbronzezeitliche Umarbeitung eines neolithischen Altstücks nicht ausgeschlossen werden.

448 Zich 1998, 244 Anm. 954; Struve 1955, 13 ff., Taf. 1.

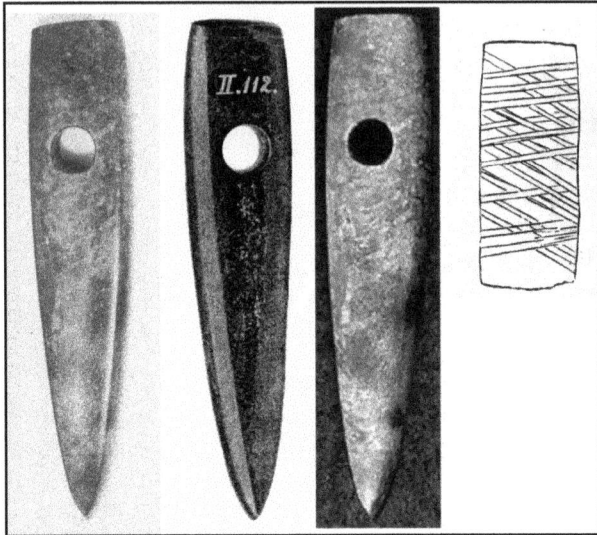

**Abbildung 18:** Felsgesteingerät aus Leubingen [1]. Verschiedene Fotographien und Dokumentation der Reste einer Wicklung. (CLARKE/ COWIE/FOXON 1985, 143 Abb. 4.79; HÖFER 1906a, Taf. III; http://www. archaeologie-online.de/thema/2000/03/b2.php3 [04.11.2005]; HÖFER 1906a, 18 Fig.13)

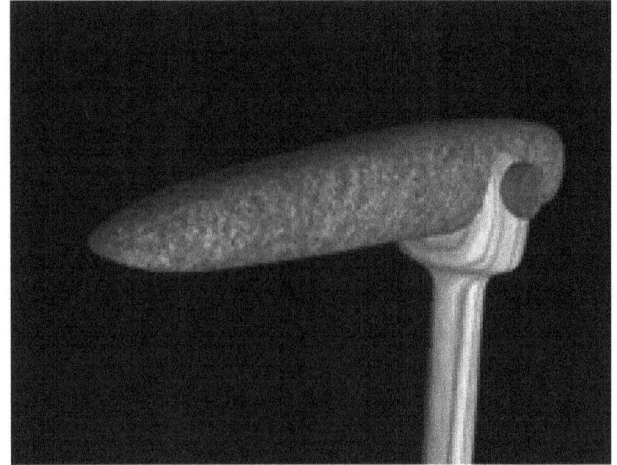

**Abbildung 19:** Rekonstruktionsversuch der Schäftung des Leubinger Felsgesteingeräts [1] (ohne Wicklung).

wahrscheinlich den K-Äxten an die Seite zu stellen[449]. Somit wären aus einem rein funktionalen Blickwinkel die Objekte aus Leubingen [1] und Königsaue [9] ursprünglich als Werkzeuge der Holzverarbeitung zu betrachten, während es sich bei den beiden Exemplaren aus Helmsdorf [2] und Österkörner [10] um Streitäxte, also Waffen handelt.

Das Gerät aus Leubingen [1] weist Spuren einer wahrscheinlich zu rekonstruierenden, ungewöhnlichen Schäftung auf. Bei dieser ist eine Ähnlichkeit mit Stabdolchen nicht zu übersehen[450]. Nicht nur die Seitenansicht würde dann gewisse Ähnlichkeiten mit einem Stabdolch aufweisen, sondern auch das Schäftungsprinzip. Bei diesem wird nicht, wie bei einer Axt eine Befestigung von Axtkopf und Handhabe mittels eines parallelen Schaftlochs hergestellt, sondern die Verbindung wird hier durch eine quer zur Schäftungsachse verlaufende Bohrung und einem ebenfalls quer zur Schäftungsachse verlaufenden Befestigungsbolzens hergestellt. Beides, sowohl das Loch als auch der Bolzen, entsprechen den Nietlöchern und den Nieten eines Stabdolches[451].

Bereits Fischer wies zu recht darauf hin, dass die urtümlichen, aller Wahrscheinlichkeit nach aus dem Neolithikum stammenden Geräte in den Prunkgrabkontexten der frühbronzezeitlichen Aunjetitzer Kultur ihre eigentlichen Funktionen eingebüßt hatten und statt dessen rituelle Bedeutung erlangten[452]. Hinsichtlich der bereits erörterten Bezugnahme eines Teils der aunjetitzer Prunkgräber auf ältere, neolithische Bestattungsplätze[453] fügen sich die Felsgesteingeräte von Leubingen [1], Helmsdorf [2], Königsaue [9] und Österkörner [10] stimmig in das bereits entworfene Bild ein. Sie können, da es sich z. T. um aus dem Neolithikum stammende Altstücke handelt[454], ebenfalls als eine bewußte Bezugnahme auf die mythische Vergangenheit der damaligen Gesellschaft gedeutet werden[455]. Dadurch, dass sie in Prunkgräbern als Beigaben einzelner hochgestellter Persönlichkeiten vorkommen, werden sie zu einem wichtigen Statussymbol, einer Art Szepter, welches einen auf den Ahnen beruhenden, von alters her stammenden Machtanspruch versinnbildlicht.

Ein wahrscheinlich ähnliche Funktion erfüllten die Stabdolche. Die enge funktionale und symbolische Verbindung zwischen Axtformen und Stabdolchen in der Aunjetitz-Kultur wird besonders durch die Exemplare aus dem Grab von Leubingen [1] (Taf. I/1) untermauert. Diese sicherlich als Waffen praktisch verwendbaren Stabdolche, sofern sie in einem Holzschaft geschäftet waren, wie z. B. der Stab-

---

449 STRUVE 1955, 24 ff., Taf. 1.

450 Auf Grund der Ausführungen HÖFERS (1906, 18) ist von einer Schäftung mit einem vermutlich langen Holzstiel von ca. 100-120 cm Länge auszugehen (vgl. dazu die Streitaxt der Cortaillod oder Egolzwiler Kultur aus Cham am Zugersee: AUF DER MAUER 2000, 199). Der Grabgrundriß Klopfleischs (HÖFER 1906a, Taf. I) bildet das Felsgesteingerät in einer Lage ab, die eine herkömmliche Axtschäftung unwahrscheinlich erscheinen läßt. Vgl. dazu die Ausführungen HÖFERS(1906a, 18). Nach diesen hat die Schäftung mehr Ähnlichkeit mit der Schäftung eines Rillenschlägels oder vielmehr mit dem Schäftungsprinzip eines Stabdolches.

451 Dies ist insbesondere in Zusammenhang mit der sonst eher „axtablehnenden" Aunjetitz-Kultur von Bedeutung. Es könnte sich also bei dem Objekt durchaus um das in Felsgestein ausgeführte Prinzip eines Stabdolches handeln. Wie sehr Axtformen in der Aunjetitzer Kultur mit Stabdolchen in Verbindung gebracht wurden zeigt z. B. auch der Fund metallgeschäfteten Nackenkammaxt zusammen mit metallgeschäfteten Stabdolchen im Depot 2 von Melz, Mecklenburg-

Vorpommern. WÜSTEMANN 1995, 79 Nr. 133, Taf. 22; SCHOKNECHT 1972.

452 FISCHER 1956, 189. Diese Aussage ist für die Geräte aus Leubingen [1] und Königsaue [9] sicherlich zutreffend, aber für die Geräte aus Helmsdorf [2] und Österkörner [10] natürlich dahingehend zu relativieren, dass die Streitäxte der schnurkeramischen Kultur bereits zu großen Teilen symbolische Funktionen erfüllten. Somit wurden diesen Geräten im frühbronzezeitlichen Kontext nicht unbedingt neue Funktionen zugewiesen, sondern sie wurden in ihren ursprünglichen Funktionen wieder mit Bedeutung gefüllt..

453 Siehe: Kap. 3.2 Bewußte Bezugnahme auf ältere Gräber.

454 Ob es sich dabei um einfach Lesefunde oder um entnommene Grabbeigaben handelt, ist nicht sicher zu klären. Auf Grund der Tatsache, dass aunjetitzzeitliche Nachbestattungen in neolithischen Monumenten angelegt wurden, erscheint die letztgenannte Alternative durchaus naheliegend. Erbstücke sind aber im Fall der schnurkeramischen Äxte ebenfalls nicht vollkommen auszuschließen.

455 Siehe: Kap. 3.2 Bewußte Bezugnahme auf ältere Gräber.

dolch aus Leubingen [1][456], kommen normalerweise in den Depotfunden der klassischen Aunjetitz-Kultur vor[457]. In Grabzusammenhängen stellen sie fast im gesamten Verbreitungsgebiet eine Ausnahmeerscheinung dar[458].

Neben den als Waffen sicherlich verwendbaren Stabdolchen kommen aber auch Formen mit einem hohlgegossenen Bronzeschaft vor[459], wie z. B. in Łęki Małe, Hügel I [11], Grab A[460](Taf. VI/11). Sie sind gußtechnische Meisterwerke des aunjetitzer Metallhandwerks; ihre praktische Verwendbarkeit im Kampf ist aber zweifelhaft[461], so dass diese ebenfalls als Symbolwaffen zu deuten sind.

Der Ursprung dieser Waffenform wird oft im Bereich der nördlichen Aunjetitz-Kultur insbesondere im Bereich der Circumharzer Gruppe vermutet, indes fehlen dafür aber sichere Belege[462]. Auf Grund der fast im gesamten Verbreitungsgebiet faßbaren Deponierungssitte von Stabdolchen[463], wird ihnen oft eine besondere symbolisch/rituelle Bedeutung zu geschrieben: Mit Ausnahme der Stabdolche, die in Gräbern gefunden wurden und somit wahrscheinlich den Besitz einzelner Personen darstellen, scheinen die übrigen Exemplare meist numinosen Mächten als Opfer dargebracht worden zu sein. Diese Opfergaben repräsentieren damit den Einfluß und das Ansehen der Opfernden gegenüber einer Gemeinschaft. Auch die bildlichen Darstellungen von Stabdolchen, z. B. auf dem Statuenmenhir von Tübingen-Weilheim oder auf Felsbildern vom Mont Bego, unterstreichen den Charakter der Stabdolche als wichtiges Prestigeobjekt in diesen Regionen[464]. Kommen diese Objekte aber wie in Leubingen [1] und Łęki Małe, Hügel I [11], Grab A als Grabbeigaben einzelner herausragender Persönlichkeiten vor, so müssen sie über die Funktion als reines Prestigeobjekt hinaus als Statussymbole angesehen werden.

Darüber hinaus kann die Verbreitung dieser Waffenform über weite Teile Europas dahingehend gedeutet werden, dass ihr symbolischer Bedeutungsgehalt, sei es als Prestigeobjekt oder als Statussymbol durch weit gespannte Netzwerke des Austauschs Verbreitung fand. In diesen Austauschsystemen dürften die in den Prunkgräbern mit Stabdolchen bestatteten Personen sicherlich eine zentrale Schlüsselstellung eingenommen haben, da deren Konventionen zur Repräsentation von sozialem Status einen weitreichenden Einfluß auf verschiedene Regionen Europas ausübten[465].

### 3.5.1.1 „Überwaffen"

Eine ebenfalls praktisch nicht verwendbare Waffenbeigabe liegt mit der goldenen Randleistenbeilklinge aus dem Prunkgrab II bzw. dem Goldhort von Dieskau [5] vor (Taf. III/7). Auf Grund des außergewöhnlichen Materials läßt sich dieses Objekt in einen Horizont der Edelmetallwaffen einordnen, der sich von Dieskau als westlichstem Fundpunkt über Südosteuropa bis in den vorderen Orient, Mesopotamien und Ägypten erstreckt und zeitlich das 3. und frühe 2. Jahrtausend umfaßt[466].

Im aunjetitzer Kulturbereich ist diese Waffe bisher ohne direkte Parallelen. Aus dem Bereich der polnischen Aunjetitz-Kultur ist eine goldene Dolchklinge bekannt[467] und aus Schweden stammt ein metallgeschäfteter Stabdolch mit teilweise vergoldeter Klinge[468]. Diese Waffen können im Sinne Hansens als „Überwaffen" bezeichnet werden[469]. Die Funktion von solchen im Kampf praktisch nicht verwendbaren Waffen liegt sicherlich z. T. in ihrer symbolischen Bedeutung[470]. Die Herstellung von Dingen ohne praktische Funktion, wie z. B. Edelmetallwaffen ist von ästhetischen Qualitätsvorstellungen geprägt und steht wahrscheinlich in einer engen Verbindung mit einer politischen Ideologie[471]. Diese ästhetisch ansprechenden, gleichzeitig aus einem seltenen Material hergestellten und z. T. technologisch aufwendig gefertigten Waffen können als Produkte des sog. „skilled crafting" verstanden werden[472].

Die Beigabe von massiven Edelmetallwaffen läßt sich, insbesondere im vorliegenden Fall, als Teil eines Monuments (Prunkgrab) auffassen, d. h. das Objekt enthält einen Teil einer Botschaft. Diese betont bestimmte Merkmale der mit solchen Objekten bestatteten Individuen und ist somit als ein formaler Darstellungsmodus zu werten. Dessen genaue Bedeutung bleibt uns verborgen, doch liegt eine Betonung des besonderen Ranges des Verstorbenen vor, wie es auch im Allgemeinen für die Prunkgräber zutreffend sein dürfte. Hansen deutet die „Überausstattung[473]", dazu gehört auch die Ausstattung mit „Überwaffen", als Ausdruck eines „besonders befähigten - mythisch überhöhten – Kriegers bzw. Königs[474]". Wir können Beigaben dieser Art durchaus als Zeichen einer Heroisierung in Form einer Ahnenverehrung ansehen, deren „magische Waffen" oft

---

456 HÖFER 1906a, 19 f. Auch SCHICKLER (1971, 406) betonte die Verwendbarkeit der holzgeschäfteten irischen Stabdolche als Waffen.

457 LENERZ-DE WILDE 1991, 26 ff.

458 LENERZ-DE WILDE 1991, Beilage 1. Zu Gräbern der Aunjetitz-Kultur mit Stabdolchbeigaben siehe Anm. 162.

459 Beispiele bei: WÜSTEMANN 1995, 70 ff. Nr. 97–132; GEDL 1980, 33 ff. Nr. 51–62.

460 Das Exemplar aus Łęki Małe wird dem mecklenburgischen Typ zugewiesen. GEDL 1980, 35 Nr. 57, Taf. 9.

461 HÖFER 1906a, 20; WÜSTEMANN 1995,18 f.

462 LENERZ-DE WILDE 1991, 25 ff.; SCHICKLER 1971, 412.

463 Vgl. dazu: Anm. 458.

464 LENERZ-DE WILDE 1991, 45f.

465 Insbesondere die Stabdolchfunde aus Skandinavien, den nördlichen Bereichen Ostdeutschlands, Polens und des Baltikums sind Auf Grund der dort fehlenden Metallvorkommen nicht ohne Austauschbeziehungen zur nördlichen Aunjetitz-Kultur zu erklären.

466 HANSEN 2002.

467 Der Fund stammt aus Inowrocław, Polen. Der genaue Fundkontext ist unbekannt; die Klinge ist heute verschollen. GEDL 1980, 41 f. Nr. 74, Taf. 11. Die Klinge wird dem Typ der flachen triangulären Dolchklingen mit halbkreisförmiger Griffplatte, Variante Pawłowiczki zugeordnet, die den triangulären Dolchenklingen des Typs Burgstaden-Leubingen sehr nahestehen. Vgl. dazu: Anm. 201.

468 Årup, Schonen, Schweden. LENERZ-DE WILDE 1991, 37 Abb. 13.

469 HANSEN 2002, 152.

470 Siehe: Kap. 3.5 Symbol-/bzw. Ritualwaffen.

471 HELMS 1993, 6. „More specifically, production of quality, of beauty, expresses the morality and orderliness of the properly functioning cosmos. Which is to say, in traditional societies aesthetics signifies beauty and moral goodness. Aesthetics expresses truth in terms of what is proper in thought (philosophy), action (ethics), and design (art);..." HELMS 1993, 61. Vgl. dazu auch: HAFNER 1995, 138.

472 HELMS 1993, 13 f.

473 Siehe: Kap. 3.6 Überausstattung.

474 HANSEN 2002, 167.

einen wichtigen Bestandteil der mythischen Überlieferung darstellen[475].

### 3.5.2 Prunkgräber der Wessex-Kultur

Die beiden aus den Prunkgräbern der Wessex-Kultur bekannten Keulen, Wilsford G.5 [18] (Taf. IX/12) und Clandon Barrow G.31 [27] (Taf. XI/5), bestehen aus recht weichen, damit leicht zu bearbeitenden und ästhetisch ansprechenden Steinen. Der Keulenkopf aus Wilsford G.5 [18] ist aus einem fossilen Stromatoporoiden gefertigt. Der Keulenkopf aus Clandon Barrow G.31 [27] besteht aus Jett bzw. Gagat. Er ist auf einer Seite mit zwei eingelassenen goldenen Blechscheiben dekoriert. Die Materialeigenschaften lassen einen Einsatz als Waffe nicht zu[476]. Auf Grund ihres Fundkontextes in reich ausgestatteten Gräbern einzelner Personen können sie als szepterartige Rangabzeichen angesprochen werden. Die Herleitung dieses Statussymbols von funktionstüchtigen Keulen zeigt, dass sie in den Bereich der kriegerischen Repräsentation gehören, auf deren Bedeutung bereits in Bezug auf die Waffenausstattung der Prunkgräber der Wessex-Kultur eingegangen wurde.

Die Keule erscheint in den mittel- und westeuropäischen Kulturen der Bronzezeit selten als Ausdruckmittel der kriegerischen Repräsentation. In andern Kulturräumen, wie z. B. dem vorderen Orient ist die Keule aber über lange Zeitabschnitte eines der wichtigen Insignien der vorderorientalischen Herrscher und auch als Waffe von Göttern und Heroen ist sie dort vielfach nachweisbar[477].

Die Keulen aus den Gräbern der Wessex-Kultur und das goldene Randleistenbeil aus Dieskau II [5] scheinen also ganz ähnliche Funktionen erfüllt zu haben. Somit können auch die Keulen als „Überwaffen" im Hansen'schen Sinne gedeutet werden, wenn auch das Randleistenbeil aus Dieskau II [5], da es sich um eine Edelmetallwaffe handelt, nochmals andere kulturelle Implikationen auslöst.

## 3.6 Überausstattung

Ein weiterer Darstellungsmodus mittels dem hoher sozialer Rang in Prunkgräbern ausgedrückt wurde, ist die von Hansen als „Überausstattung" bezeichnete Beigabensitte. Sie kann zum Einen durch sog. „Überwaffen", z. B. Waffen aus massivem Edelmetall, zum Ausdruck kommen[478], zum Anderen dadurch, dass dem Toten Beigabenausstattungen mit ins Grab gegeben wurden, deren Stückzahlen

aus rein funktionalen Gesichtspunkten nicht mehr erklärt werden können.

### 3.6.1 Prunkgräber der Aunjetitz-Kultur

In den Prunkgräbern der Aunjetitz-Kultur finden wir das Phänomen der Überausstattung in der oben genannten Form nur im Leubinger Grab [1] voll ausgeprägt[479]. Dort wurde eine Waffenausstattung gefunden, die auf Grund der Stückzahlen sicherlich nicht als eine Standardbewaffnung[480] eines frühbronzezeitlichen Kriegers angesehen werden kann. Dennoch muß der Bergriff der Überausstattung in Hinsicht auf die Bewaffnung des Leubinger Toten stärker relativiert werden, als es von Hansen getan wurde. Nach seiner Auffassung umfaßt die Bewaffnung des Mannes sicher einen Stabdolch und drei Dolche, sehr wahrscheinlich zwei Randleistenbeile und eine Steinaxt sowie mit einiger Wahrscheinlichkeit drei Meißel[481]. Im Falle der Meißel, insbesondere der beiden kleineren Exemplare ohne Randleisten bzw. mit Knickrand, scheint eine Deutung als Waffen allzu vage[482]. Die Deutung der Randleistenbeile als Waffen indes erscheint auf Grund ihres Hybridcharakters durchaus zulässig, wenn auch nicht zwingend[483]. Ähnlich verhält es sich mit dem von Zich als Breitkeil angesprochenen Felsgesteingerät[484], das durchaus als Prunkwaffe zu deuten ist[485].

Hier soll nochmals betont werden, dass das mehrmalige Vorkommen einzelner Beigabentypen, wie z. B. paarig auftretende Nadeln oder auch von einem, wie in z. B. in Leubingen [1], drei verschiedene Meißel umfassenden Werkzeugset nicht als „Überausstattung" verstanden werden darf. Denn ein Nadelpaar mag durchaus einen funktionalen Trachtbestandteil gebildet haben. Ebenso können drei verschiedene Meißelformen durchaus ein funktionales Werkzeugset eines Handwerkers darstellen[486].

---

475 Hansen (2002, 167) verwies bereits auf eine Stelle im Gilgamesh-Epos, wo die außerordentliche Bewaffnung der beiden Helden beschrieben wird. Schrott 2001, 194.

476 Beispiele für ästhetisch ansprechende, aber Auf Grund ihres harten Materials wahrscheinlich doch funktionstüchtige Keulen liegen in größerer Zahl von den britischen Inseln vor. Vgl. Clarke/Cowie/Foxon 1985, 255 ff.

477 Anhand bildlicher Darstellungen erschließt sich, dass ab etwa dem Frühdynastikum die Keule als Gebrauchswaffe weitgehend ausgedient hatte. Sie war dann vor allem Göttern und kultischen Zwecken vorbehalten. Ab akkadischer Zeit kommt die Keule auch in Zusammenhang mit heroischen Darstellungen vor. Rehm 2003, 21 ff. Auch die Fundkontexte zeigen, dass der Keule vor allem eine kultisch/sakrale Funktion beigemessen wurde. Selten treten sie auch als Grabbeigaben auf. Rehm 2003, 39 f., 108.

478 Siehe: Kap. 3.5 Symbol-/bzw. Ritualwaffen.

479 Zwar bestehen insbesondere zwischen den Beigabenausstattungen aus Leubingen [1] und Helmsdorf [2] enge Beziehungen, doch kann in Bezug auf das Grab von Helmsdorf [2] nicht von einer Überausstattung im eigentlichen Sinn gesprochen werden.

480 Vgl. z. B. das Grab von Thun-Renzenbühl, Schweiz. Es enthielt neben Trachtbestandteilen einen Vollgriffdolch des alpinen Typs und ein verziertes Löffelbeil vom Typ Rümlang als Waffenbeigaben. Strahm 1965/66, 321-371. Hafner spricht hier von einer „Idealausstattung", die sowohl die Waffen- als auch die Trachtausstattung umfaßt. Hafner 1995, 138.

481 Hansen 2002, 151.

482 Diese Meißelformen scheinen sich aus älteren Pfriemformen mit Mittelverdickung entwickelt zu haben, die sicherlich keine Waffen, sondern Werkzeuge waren. Willroth 1985, 405.

483 Siehe: Kap. 3.4 Beigabe eines Werkzeug- bzw. Waffensets und Anm. 159. Hierzu ist auch das mit einem Kupferband und Goldstiften dekorierte Beil aus dem Grab von Thun-Renzenbühl zu beachten, das Auf Grund seiner Form und der aufwendigen Dekoration sicherlich als Prunkwaffe und nicht als Werkzeug zu bezeichnen ist. Hafner 1995, 139 Abb. 5.

484 Zich 1996, 243.

485 Vgl.: Kap. 3.5.1 und Anm. 447.

486 In den beiden Prunkgräbern von Helmsdorf [2] und Łęki Małe I/D [11] wurden jeweils einzelne Meißel in die Gräber beigegeben. Man kann dies natürlich als eine Form der „Idealausstattung" des Toten mit einem Werkzeug ansehen und drei Meißel daraufhin als „Überausstattung". Dabei darf aber nicht mißachtet werden, dass eine einzelne Werkzeugbeigabe evtl. als *pars pro toto* angesehen werden muß, welches ein Ganzes Werkzeugset repräsentiert, wie es ein Handwerker sicherlich verwendete, so dass eher in der Beigabe

Anders verhält es sich aber z. B. mit Dolchen, von denen allein drei im Leubinger [1] Grab vorkamen (Taf. I/15-17). In diesem Fall kann davon ausgegangen werden, dass Dolche des gleichen Typs[487] auch die gleiche Funktion, nämlich die einer Waffe bzw. eines Statussymbols innehatten. Somit erscheint ein zweites und erst recht ein drittes Stück der gleichen Art funktional zunächst überflüssig. Ebenso sind die beiden Beile aus Leubingen [1] (Taf. I/3-4) auf Grund ihrer formalen Merkmale keinen unterschiedlichen Funktionen sicher zuzuweisen[488].

Auf Grund dessen ist der Darstellungsmodus „Überausstattung" in Leubingen [1] eigentlich nur mit den drei Dolchen und den beiden Randleistenbeilen zu fassen. Alle anderen Beigaben können im engeren Sinne nicht dazu gezählt werden.

Wie auch bei den bereits besprochenen Statusrepräsentationsformen kommt der „Sitte der Überausstattung" eine wichtige kommunikative Funktion zu, da durch die verschiedenen Darstellungsmodi die Botschaft des Monuments – nämlich der Prunkbestattung – erst vermittelt wurde. Welche Botschaften wurden also mittels der „Überausstattung" mitgeteilt? Zunächst vermittelt die Überausstattung, wie sie in Leubingen [1] vorliegt, eine aus anderen frühbronzezeitlichen Gräbern bisher nicht bekannte Anhäufung von Prestigegütern[489], deren Wertschätzung in weiten Teilen Europas geteilt wurde. Die vorliegende Akkumulation von Reichtum einzelner Personen zeigt uns, dass zur Zeit der aunjetitzer Prunkgräber eine Anhäufung von anscheinend an Einzelpersonen gebundenem, persönlichem Besitz möglich war, welche die vormaligen Möglichkeiten übersteigt.

## 3.6.2 Prunkgräber der Wessex-Kultur

In den untersuchten Gräbern der Wessex-Kultur tritt die Überausstattung in der oben definierten Form regelmäßig nur in den Gräbern der ‚Bush Barrow Serie' auf. Die Sitte der Überausstattung betrifft hier wie auch im Bereich der Aunjetitz-Kultur vor allem Waffenbeigaben. Während im Grab von Leubingen [1] evtl. auch die Beigabe von zwei geschäfteten Randleistenbeilen neben der Beigabe von drei typgleichen Dolchen zur Überausstattung gezählt werden kann, liegen aus der Wessex-Kultur Überausstattungen nur in Form von Dolchbeigaben vor. Im Grab Wilsford G.5 [18] wurde neben zwei Dolchen (Taf. IX/2-3) der Amorikanisch-Britischen Dolchserie ein sog. ‚knife-dagger' gefunden, welcher im engeren Sinn nicht als Bestandteil der

Überausstattung zu werten ist[490]. Aus den Gräbern Winterborne Stoke G.5 [22] (Taf. X/3-4) und Little Cressingham, Barrow I [29] (Taf. XI/23-24) stammt ebenfalls jeweils ein Dolchpaar der Amorikanisch-Britischen Dolchserie. Im Grab Ridgeway Barrow 7 [28] wurden insgesamt drei Dolche dieser Serie gefunden (Taf. XI/10-12). Bisher singulär ist der Nachweis von Überausstattung in einem Grab der ‚Wilsford Serie'. In Preshute G.1(a) [24] wurden zwei sog. ‚knife-dagger' gefunden (Taf. X/18), die auf Grund funktionaler Aspekte durchaus den beschriebenen Kriterien der Überausstattung entsprechen.

Die Vorstellungen, welche sich hinter der Beigabe von Dolchpaaren verbargen, sind bislang unbekannt. Zum Einen könnte es sich – wie bereits in bezug auf das Grab von Leubingen [1] geäußert – lediglich um einen Ausdruck ökonomischen Erfolgs handeln. Der Bestattete zeichnete sich durch die Fähigkeit zur Akkumulation von Prestigegütern – in diesem Fall von Dolchen – aus.

Eine andere Möglichkeit, die mehrfache Beigabe von funktionsgleichen Geräten zu erklären, liegt in der Funktion selbst. So wird z. B. das paarige Auftreten der Dolche bei Dämonen, Genien und dem neuassyrischen König dadurch erklärt, dass es sich angeblich nicht primär um Stichwaffen gehandelt habe, sondern vielmehr um Wurfwaffen[491]. Das ließe sich vielleicht mit der Form der assyrischen Dolche in Einklang bringen, ist aber kaum in ähnlicherweise für die triangulären und z. T. über 25 cm langen Dolchklingen der Amorikanisch-Britischen Dolchserie anzunehmen.

Eine andere Möglichkeit wäre, paarig auftretende Dolche als ein rituelles Set zu betrachten, ähnlich einem Schlacht- oder Opferbesteck, wie es von Krauße (1999) in einigen Beigaben des Hochdorfer Fürstengrabes erkannt wurde. Fraglich erscheint in den betrachteten Fällen nur, warum ein solches Set aus zwei Geräten anscheinend gleicher Funktion besteht. Natürlich wäre z. B. eine Trennung zwischen zwei kultischen Sphären, wie rein/unrein o. ä denkbar. Scheitern muß dieser Ansatz daran, dass Gräber mit einzelner, paarig und auch dreifacher Dolchbeigabe in den hier untersuchten Gräbern vorkommen.

In einigen Gräbern der amorikanischen Grabhügelkultur fanden sich Beigabenausstattungen, die in Extremfällen bis zu 12 Dolche umfaßten. Häufiger kommen zwischen sieben und zehn Exemplare in einem Grab vor[492]. Angesichts solcher Anhäufungen und auch auf Grund der Tatsache, dass bisher keine Regelhaftigkeiten hinsichtlich der Anzahl zu erkennen sind, drängt sich die bereits in bezug auf das Leubinger Grab [1] angeführte Deutung der Überausstattung als Zeichen wirtschaftlicher Potenz auf.

Die frühbronzezeitlichen Dolche waren sicherlich Symbole der männlichen Statusrepräsentation und vermittelten kämpferische Aspekte. Darüber hinaus konnten sie als begehrte Prestigeobjekte dazu genutzt werden, Werte anzuhäufen und auch in einer dauerhaften Form zu lagern. Sie könnten als eine Art politischer Währung gedient haben,

---

eines ganzen Sets die „Idealausstattung" zu sehen wäre und in einer einzelnen Werkzeugbeigabe eher eine „Minimalausstattung".

487 Siehe: Kap. 2.1.1.2 Absatz: Trianguläre Dolchklingen, Variante Burgstaden-Leubingen.

488 Bei verschieden großen Beilen oder typologisch weiter von einander entfernten Stücken, könnte man verschieden Funktionen erwägen, wie z. B. das Beil aus Thun-Renzenbühl (HAFNER 1995, 139 Abb. 5) weit weniger als Werkzeug geeignet gewesen wäre als die beiden Beile aus Leubingen [1].

489 Es liegen zwar Depotfunde vor, deren Umfang an Beilen, Dolchen und Stabdolchen, den der Grabausstattung von Leubingen [1] übertrifft, aber in diesem Zusammenhang ist nicht auszuschließen, dass es sich um den kollektiven Besitz einer ganzen Opfergemeinschaft gehandelt hat. Das Grab von Leubingen [1] und damit die gesamte Grabausstattung steht jedoch in einer offensichtlichen Verbindung zu einem einzelnen Individuum.

490 Vgl. dazu die Ausführungen in: Kap. 3.6.1 Prunkgräber der Aunjetitz-Kultur.

491 HROUDA 1965, 148.

492 Vgl. HANSEN 2002, 153 f., Abb. 4. Grab von Saint Fiacre, Melrand, Dép. Morbihan. GALLAY 1981, 91 Nr. 228, 331–336, 351, 372, 423–425. Allerdings finden sich bei GALLAY (1981) und BRIARD (1978, 17 f.) nur Hinweise auf insgesamt elf Dolche.

die zum Einen aufgrund ihres Materialwertes, ihrer Funktion als Statussymbol und ihres Prestigecharakters begehrt waren. Sie konnten von demjenigen, der sie besaß, in einer politischen Ökonomie distribuiert werden, um somit die sozialen Netzwerke zu manipulieren.

## 3.7 Kreuzförmige Niederlegung

Es war ebenfalls Hansen, der 2002 in Zusammenhang mit dem Grab von Leubingen [1] auf ein besonderes Merkmal der Grabausstattung hinwies[493]. Wie auf dem von Klopfleisch gezeichneten Grundriß zu erkennen ist (Taf. I/19), wurden die Dolche, der Stabdolch und die beiden Randleistenbeile in drei kreuzförmig übereinander gelegten Paaren im Grab zur Rechten des Toten niedergelegt[494]. Es handelte sich um ein Paar gebildet aus dem Stabdolch und einem Dolch, ein Paar, welches aus den beiden Randleistenbeilen gebildet worden war, und eines bestehend aus zwei weiteren Dolchen[495]. Dieses auffällige Niederlegungsschema wiederholt sich auch bei den goldenen Ösenkopfnadeln und selbst bei den beiden im Grab bestatteten Individuen ist dieses Muster umgesetzt worden, so dass insgesamt fünf Paare kreuzförmig niedergelegter Objekte bzw. Personen im Grab vorhanden waren.

Dieses besondere Beigabenarrangement konnte bislang noch in keinen weiteren Prunkgrab der aunjetitzer Kultur oder der Wessex-Kultur sicher nachgewiesen bzw. beobachtet werden, was z. T. auch an den mangelhaften Ausgrabungs- und Dokumentationsmethoden sowie dem schlechten Erhaltungszustand, verursacht durch Beraubung und Zerstörungen, liegen könnte. Ein mögliches Beispiel für ein weiteres kreuzförmig niedergelegtes Dolchpaar in einem Prunkgrab der Aunjetitz-Kultur könnte im Grabbefund von Baalberge [3] vorliegen. In dem einzigen Prunkgrab der Aunjetitz-Kultur, neben dem Grab von Leubingen [1], in dem mehr als ein Dolch angetroffen wurde, findet sich in der Publikation der Ausgrabungsergebnisse der Hinweis, dass beide übereinander auf einem Stein niedergelegt aufgefunden wurden[496]. Es fehlen leider Pläne oder Skizzen, die die genaue Lage der beiden Dolche genauer dokumentieren würden. Somit muß die Frage, ob auch in Baalberge das Phänomen des kreuzförmigen Beigabenarrangements vorkam, weiterhin offenbleiben.

Im gesamten Untersuchungsgebiet ist sonst kein weiterer Fall dieser Niederlegungssitte bekannt[497]. Der nächste sicher vergleichbare Befund stammt aus der Bretagne. Im Prunkgrab der amorikanischen Grabhügelkultur von Kernonen-Plouvorn, Dep. Finistère fanden sich als Teil einer sehr reichen Beigabenausstattung unter anderem

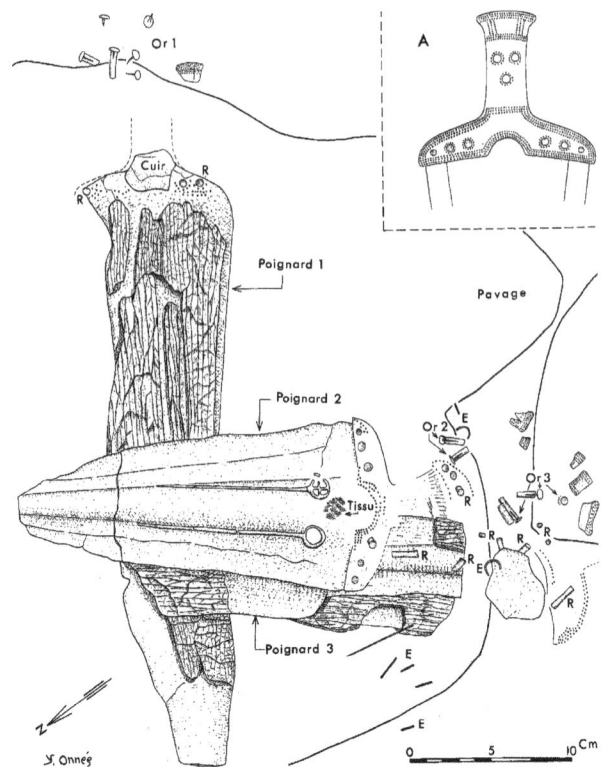

**Abbildung 20:** Mittlere Beigabengruppe aus dem Grab von Kernonen-Plouvorn, Dep. Finistère mit kreuzförmiger Niederlegung der drei Dolche. (Briard 1984, 91 Abb. 56)

drei für diese Kultur charakteristische Dolche[498] in einem „Holzkästchen"[499] zusammen mit den dazugehörigen Scheiden aus Holz und Rinde[500]. Sie waren wie in Leubingen [1] kreuzförmig niedergelegt worden.

Neben diesem Vergleich aus der in etwa mit Leubingen [1] synchronen, älteren bretonischen Grabhügelkultur stellt Hansen die Sitte kreuzförmiger Niederlegungen in einen weiteren kulturellen und zeitlichen Kontext[501], den er in Zusammenhang mit dem bereits angesprochenen Horizont der „Überausstattung" und Edelmetallwaffen sieht[502].

---

493 Hansen 2002, 151.
494 Höfer 1906a, Taf. I.
495 Ein Dolch dieses Dolchpaars, welches nahe dem rechten Knie des Verstorbenen gefunden wurde, ist auf dem Grabplan Klopfleischs leicht mit einer Beilklinge zu verwechseln. Höfer 1906a, 20 f., Taf. I.
496 Höfer 1902, 22.
497 Jedenfalls nicht aus Grabzusammenhängen. Im Depotfund von Malchin, Mecklenburg-Vorpommern haben zwei von drei Dolchen kreuzförmig übereinander gelegen. Ähnliche Niederlegungssitten ließen sich auch beim Hortfund von Parpansese, Prov. Pavia, Italien nachweisen. Schwenzer 2004, 19.

498 Zwei Dolche des Typs Trévérec (Gallay 1981, 97 Nr. 383. 385, Taf. 27) mit goldstiftdekoriertem Griff (vgl. Dolch aus Wilsford G. 5 [18]). Die beiden Exemplare entsprechen „Poignard" 2 und 3 nach Briard (1970, 26 Abb. 9). Dolche dieses Typs entsprechen ungefähr den Dolchen des Typs Amoriko-Britisch B oder Cressingham nach Gerloff (1979, 73 ff.). Der dritte Dolch dieser Gruppe gehört zum Typ Rumedon (Gallay 1981, 86 ff. Nr. 352, Taf. 22). Dieser Dolchtyp entspricht etwa den Dolchen des Typs Amoriko-Britisch A oder Winterbourne Stoke nach Gerloff (1979, 70 ff.).
499 Die Deutung des Befundes als Reste eines hölzernen Behältnisses werden u. a. von Gallay (1981, 106) angezweifelt. Sie interpretiert die über und unter den Metallobjekten beobachteten Holzspuren als die Überreste der ehemaligen Holzverkleidung von Decke und Boden der Grabkammer. Auf Grund des durch das Metall verursachten Bodenmilieus haben sich diese Holzreste vor allem um die Metallfunde herum erhalten können, so dass der Eindruck von in Holzkästchen deponierten Gegenständen entstehen konnte. Unterstützt wird diese Deutung dadurch, dass in Plouvorn-Kernonen die Holzfasern des vermeintlichen zentralen „Holzkästchen" parallel zur Hauptachse des Grabes verlaufen. Briard 1970, 24.
500 Hansen 2002, 153 ff.; Briard 1984, 91 Abb. 56, 262 f.; Briard 1970, 5 ff., 14 Abb. 5, 26 Abb. 9.
501 Hansen/Born 2001, 48 ff.
502 Hansen/Born 2001; Hansen 2002.

Schlüssige Ansätze zur Deutung diese Niederlegungssitte und deren Verbreitung liegen aber bislang nicht vor. Sicher scheint derzeit nur, dass die Beispiele, die Hinweise auf ein solches Beigabenarrangement erbrachten, allgemein reich ausgestattete Gräber sozial hochstehender Persönlichkeiten sind.

## 3.8 GESCHIRRSÄTZE ALS GRABBEIGABE

Eine recht weit verbreitete Form der Statusrepräsentation im Grab ist die Beigabe eines Trink- bzw. eines Räuchergeschirrs. So werden insbesondere Glockenbecher und auch schnurverzierte Becher in ihrem jeweiligen kulturellen Umfeld oft als Ausdruck ausgefeilter Trinksitten gedeutet[503] und in Zusammenhang mit dem sozialen Rang der mit solchem Geschirr beigesetzten Personen gesehen[504].
Welche herausragende Rolle Trink- und auch Speisesitten und die damit untrennbar verbundenen, speziellen Geschirrsätze bei repräsentativen Anlässen spielten, läßt sich z. B. anhand der späthallstattzeitlichen Fürstengräber wie Hochdorf oder Vix deutlich ablesen[505].
Sicherlich sind die oft gesellschaftlich reglementierten Trinksitten des Alkoholkonsums eng mit der Schaffung meist männerdominierter Statusgruppen verbunden. Wie es z. B. im Fall des griechische Symposions[506] oder auch des späthallstattzeitlichen, wahrscheinlich durch mediterrane Sitten inspirierten Gelages zum Ausdruck kommt, dessen z. T. ritueller Kontext z. B. in der Situlendenkmälern deutlich erkennbar ist[507].
Ähnliches wie für den Konsum berauschenden Flüssigkeiten gilt auch für den Konsum berauschender Substanzen über die Atemwege durch Rauchen bzw. Räuchern. Auch die Gestaltung der praktischen Hilfsmittel für diese Form des Konsums erfuhren in vielen Kulturen besondere Aufmerksamkeit[508].

### 3.8.1 Aunjetitz-Kultur

Eine Besonderheit der aus Polen bekannten aunjetitzer Prunkgräber der Nekropole von Łęki Małe [11-17] ist die Beigabe von Trinkgeschirr[509]. In Mitteldeutschland kommen Keramikgefäße zwar in Prunkgrabkontexten vor, doch handelt es sich meist um einzelne größere Vorratsgefäße[510]. Das einzige bekannte Beispiel für die Beigabe eines ganzen Geschirrsatzes in einem Prunkgrab der Leubinger

| KLASSIFIKATION / GRABBEZEICHNUNG | Becherformen | Vorratsgefäße | Schüsseln | Unbestimmte Gefäßformen |
|---|---|---|---|---|
| Grab A, Hügel I [11] | 3 | 1 | — | 2 |
| Grab B, Hügel I [11] | 2 | — | — | — |
| Grab C, Hügel I [11] | — | 1 | — | — |
| Grab D, Hügel I [11] | 1(2) | — | 2(1) | — |
| Grab A, Hügel II [12] | 2 | 1 | — | — |
| Grab A, Hügel III [13] | — | 1 | — | — |
| Grab B, Hügel III [13] | 2 | — | — | — |
| Grab A, Hügel IV [14] | — | — | — | 1 |
| Grab B, Hügel IV [14] | 1 | 1 | — | — |

**Tabelle 2:** Zusammensetzung der Geschirrsätze aus den Gräbern der Nekropole von Łęki Małe.

Gruppe ist das Grab von Nienstedt [6][511]. Der Geschirrsatz bestand lediglich aus zwei Gefäßen, einem Zapfenbecher (Taf. IV/3) und einem größeren, schlickgerauhten Vorratsgefäß. Auf Grund der Zusammenstellung dieses Sets aus einer Becherform und einem Vorratsgefäß erscheint die Deutung als Trinkgeschirrsatz zunächst durchaus plausibel.
Die aus der polnischen Nekropole von Łęki Małe bekannten Geschirrsätze sind z. T. wesentlich umfangreicher[512]. Dennoch besteht die am häufigsten angetroffene Kombination verschiedener Gefäßklassen wie im Grab von Nienstedt [6] mindestens aus einem oder mehreren becherartigen Trinkgefäßen wie Zapfenbechern oder klassischen Aunjetitzer Tassen und einem Vorratsgefäß (Taf. VI/1-6; Taf. VII/12-15, 17-19).
In den Normgräbern der klassischen Aunjetitz-Kultur im Circumharzer Raum ist eine solche Kombination eher untypisch. Charakterstisch sind eher ein bis zwei Becher- oder Tassenformen, aber keine Vorratsgefäße, welche hauptsächlich aus Siedlungskontexten stammen[513]. Vergleichbare Verhältnisse liegen wahrscheinlich auch im Bereich Großpolens vor[514].
Was also die Repräsentation von hohem sozialen Rang angeht, so können die Beigaben von einem oder mehreren Trinkgefäßen (Tassen- und Becherformen) nicht als solche gewertet werden. Lediglich die relativ große Anzahl solcher Gefäße in Grab A des Hügels I in Łęki Małe [11] verweist auf einen gewissen Zusammenhang zwischen sozialem Status und dem keramischen Beigabenrepertoire. Im Gegensatz dazu scheinen insbesondere Vorratsgefäße in den üblichen aunjetitzer Grabzusammenhängen eher die Ausnahme darzustellen. In wie weit sie tatsächlich in

---

503 Bereits CHILDE (1957, 223) sah die Glockenbecher in Zusammenhang mit dem Konsum von berauschenden Getränken, z. B. Bier. Dazu ausführlicher: SHERRATT 1987, 93 ff. Zur Deutung der schnurverzierten Becher ebenfalls: SHERRATT 1995b, 27, 31; SHERRATT 1987, 87, 97.
504 Z. B.: SHERRATT 1991, 60.
505 KRAUSSE 1996; ADAM 2003, 157 ff.
506 Zur Entwicklung des griechischen Symposion siehe: MURRAY 1983.
507 KRAUSSE 1996, 321 ff.
508 SHERRATT 1991, 53 f.
509 Auf diesen Punkt machte bereits KNAPP (1998, 67 f., 72) aufmerksam.
510 Leubingen [1]; Helmsdorf [2]; Österkörner [10]. Siehe: Kap. 2.1.1.2, Absatz: „Vorratsgefäße" verschiedener Formen. Mit der spärlichen Keramikausstattung zeigen die mitteldeutschen Prunkgräber typische Merkmale der Metallgruppe, wo in etwa der Hälfte der Gräber keramische Beigaben ganz fehlen und sonst meist nur einzelne Gefäße vorkommen. FISCHER 1956, 176 ff.

511 Vgl. dazu: Kap. 2.1.1.2, Absatz: Keramik.
512 Aus den Prunkgräbern A und D des Hügels I [11] und dem Zentralgrab des Hügels II [12] sind Geschirrsätze bekannt, die mind. drei und bis zu sechs Gefäße umfassen. Kleinere Geschirrsätze oder einzelne Gefäße stammen aus den Gräbern B und C Hügel I [11], Grab B Hügel III [13], Grab A und B Hügel IV [14].
513 Vgl. dazu: ZICH 1996, 275 ff., Beilage 5; FISCHER 1956, 176 f.
514 Vgl. MACHNIK 1977, 127.

einem funktionalen Gefüge mit den Trinkgefäßen (Becher und Tassen) als Bestandteil eines Trinkgeschirrsatzes zu werten sind, erscheint vor dem Hintergrund, dass sie ansonsten meist aus Siedlungskontexten bekannt sind, fraglich. Vielleicht könnten zukünftige naturwissenschaftliche Analysen zunehmende Klarheit über ihren Verwendungszweck schaffen, wenn z. B. Spuren des ehemaligen Inhalts bestimmt werden könnten.

Da diese Ergebnisse aber bislang noch ausstehen, scheint eine repräsentative Funktion eines besonderen, „elitären" Trinkgeschirrs weder für die Prunkgräber Großpolens und noch weniger für die Mitteldeutschen Beispiele zu rekonstruieren zu sein.

### 3.8.2 Wessex-Kultur

In den herrschaftlichen Sepulturen der Wessex-Kultur spielt die Darstellung von sozialem Rang mittels verfeinertem Trinkgeschirr und damit besonderer Trinksitten im Gegensatz zur Aunjetitz-Kultur eine ungleich größere Rolle. Dies kommt vor Allem in den bekannten Bernstein- und Gagattassen aus den Gräbern der ‚Camerton-Snowshill Gruppe' (Taf. XI/2) zum Ausdruck[515]. Diesen Gefäßen ist auch die Goldtasse von Rillaton, Cornwall, sowohl in Hinsicht auf ihre Funktion, wie auch in Bezug auf ihre zeitliche Stellung an die Seite zu stellen[516].

Das einzige bisher bekannte Exemplar einer Bernsteintasse, welches mit einer gewissen Wahrscheinlichkeit noch in die späte Phase Wessex I zu datieren ist, stammt aus dem Grab Clandon Barrow G.31 [27][517] (Taf. XI/6) und zeigt, dass diese Form des repräsentativen Trinkgeschirrs schon am Ende der älteren Wessex-Kultur bekannt gewesen ist.

Diese Tassen sind zum Einen der Ausdruck der außerordentlich hoch entwickelten Bernstein- und Gagatverarbeitungstechnologie in der Wessex-Kultur, deren Glanzpunkt sicherlich mit den Tassen, den Bernsteinschiebern und einigen anderen Stücken, wie Dolchgriffknäufen, ab der späten Phase Wessex I und dem Übergang Wessex I/II zu fassen ist. Zum Anderen stellen sie überaus wertvolle Prestigegüter dar, die wie schon in an anderer Stelle erwähnt[518] eine bedeutende Rolle im System der politischen Ökonomie der damaligen Gesellschaft spielten. Die Tassen kommen bisher, sofern der Fundkontext bekannt ist, ausschließlich aus Männergräbern[519].

In wie weit diese Gegenstände tatsächlich als Trinkgeschirr bei Festen, Ritualen oder Gelagen genutzt wurden, ist nicht sicher nachweisbar[520]. Gleichgültig, ob die Tassen

---

tatsächlich verwendet wurden oder nur begehrenswerte Schaustücke waren, zeugen sie dennoch von der Wertschätzung besonderer Trinkgefäße[521], die sicherlich ohne tatsächlich praktisch vollzogene Handlungen nicht denkbar sind. Welche Getränke in aus ihnen getrunken wurden, ist ebenfalls nicht mit letzter Sicherheit nachweisbar, doch scheint Alkohol als einer der wichtigsten, weil wirksamsten Inhaltsstoffe, sehr wahrscheinlich[522].

Der Konsum berauschender Getränke, sei er in einem kultisch/rituellen Kontext, einem ideologisch/repräsentativen oder einem profanen[523] Kontext zu sehen, ist sicherlich als Zeugnis des besonderen Selbstverständnisses der Konsumenten zu verstehen. Durch den Besitz, die Zurschaustellung und Durchführung bestimmter Handlungen mit diesen als adäquat angesehenen Gegenständen grenzte sich diese gesellschaftliche Gruppe vom Rest der Bevölkerung ab und schuf sich dadurch eine gewissen elitäre Identität und Legitimation[524].

Der Besitz, die Verwendung und die Zurschaustellung bestimmter prestigeträchtiger Gegenstände, deren Distribution auch durch wahrscheinlich eben diese Leute reglementiert war, führte dem Rest der Gesellschaft die herrschende Ideologie vor Augen und legitimierte somit den Herrschaftsanspruch dieser Eliten als legal.

Und auch die konsumierten Substanzen waren sicherlich nicht allgemein verfügbar, sondern unterlagen einer gewissen Reglementierung durch soziale Normen und Vorschriften. Zumal in den prähistorischen Gesellschaften des nördlichen West- und Mitteleuropas, die zur Herstellung von alkoholischen Getränken notwendigen konzentrierten Zuckerquellen nur in einem recht begrenzten Umfang zur Verfügung standen[525].

Neben dem Genuß wahrscheinlich berauschender Getränke scheinen in der Wessex-Kultur auch Räucherungen eine Rolle gespielt zu haben. Im Gegensatz zum Konsum von Getränken, wie er in den Männergräbern, wie Clandon Barrow G.31 [27] und Hove [26], der Bush-Barrow Gruppe und der Camerton-Snowshill Gruppe durch die Tassen belegt ist, finden sich in den Frauengräbern keramische Beigaben, die durchaus als Räuchergefäß (*thymiateria*) gedeutet werden können[526]. So finden sich in den ansonsten recht spärlich mit keramischen Gefäßbeigaben ausgestatteten Gräbern der ‚Wilsford-Serie' als einzige regelmäßig auftretende keramische Beigaben, sog. ‚incense cups'. Wie auch bei den Bernstein- und Gagattassen der Wessex-Kultur stehen naturwissenschaftliche Ergebnisse zur Bestimmung der in ihnen verwendeten Substanzen noch aus. In den Gräbern der Wessex-Kultur finden sich verschiedene Typen von Räuchergefäßen. Charakteristische Formen der Wilsford-Serie sind die auf Grund ihrer auffälligen Oberflächengestaltung mit flächig und dicht gesetzten Knubben sogenannten ‚grape-cups'[527]. Sie wurden in den Prunkgräbern Wilsford G.7 [19] (Taf. IX/23), Upton Lovell G.2(e) [23] (Taf. X/8) und Preshute G.1(a) [24]

---

515 Beispiele stammen z. B. aus dem Grab von Hove [26], Sussex, aus Farway, Devon, Barrow 53 und 61, Stowborough, Dorset und zwei weitere Exemplare stammen aus dem ‚Amesbury district', Wiltshire. GERLOFF 1975, 257 f. App. 6; NEWALL 1927.

516 GERLOFF 1975, 107.

517 Zur Problematik der genauen zeitlichen Einordnung dieses Komplexes siehe: Kap. 2.2 Die Chronologie des Prunkgrabphänomens in der Wessex-Kultur und Kat.-Nr. 27.

518 Vgl.: Kap. 3.3.2.2 Die „goldene" Tracht der Frauen.

519 GERLOFF 1975, 196.

520 CLARKE/COWIE/FOXON (1985, 115 f.) bezweifeln ihre praktische Verwendung aufgrund der relativ geringen Größe. Die Bernsteintasse aus dem Grab von Hove [26] mißt 90 mm im Durchmesser und die Tasse von Clandon Barrow G.31 [27] ist 99 mm hoch. Maße, die, wenn man sie mit einem rezenten Weinglas vergleicht, nicht unbedingt eine praktische Verwendung auszuschließen scheinen.

521 SHERRATT 1995b, 14.

522 SHERRATT 1995b, 26 ff.; SHERRATT 1987, 83 ff., 93 ff.

523 Vgl. dazu auch SHERRATT 1991, 50 ff.

524 SHERRATT 1995b, 15.

525 SHERRATT 1995a, 6; SHERRATT 1987, 95 ff.

526 SHERRATT 1991, 53 f.

527 Diese Bezeichnung geht auf Colt Hoare zurück. Thurnam 1871, 364.

(Taf. X/15) gefunden. Aus Preshute G.1(a) [24] stammt ein zweites Räuchergefäß (Taf. X/16).

Zur großen Gruppe ‚Perforated Wall Cups' zählen die Exemplare aus Hengistbury Head I [25][528] (Taf. X/32) und aus Wilsford G.8 [20][529] (Taf. IX/25). Die Gefäße dieser Gruppe sind auch unter der Bezeichnung ‚cups with slashed' oder auch ‚stonehenge cups[530]' bekannt. Ein weiteres Räuchergefäß unbekannten Typs stammt aus dem Grab Wilsford G.50a [21].

In wie weit diese Gefäße für den Konsum berauschender Substanzen, wie Hanf oder Opium verwendet wurde ist nicht sicher nachweisbar. Sherratt interpretierte diese Gefäße als Räuchergeschirr für den Opiumkonsum[531]. Die im Verhältnis zum Konsum alkoholischer Getränke ältere Sitte, berauschende Substanzen zu inhalieren, sieht Sherratt z. B. in den Schnurverzierungen von Räuchergefäßen aus den eurasischen Steppengebieten angedeutet[532], dem Ursprungsgebiet des Hanfs. Auf dem Weg ihrer Verbreitung machte diese Sitte verschiedene Stufen der Transformation durch, bis sich dann ein östlicher Kreis (Schnurverzierung, Hanfkonsum) mit einem westlichen Kreis (Opium) in Europa traf. Gegen Ende des 3. Jahrtausends kam, dann wahrscheinlich die Kenntnis der alkoholischen Gärung in diese Gebiete und führte wahrscheinlich zu einem weiter fortschreitenden Wandel der Konsumgewohnheiten. Man kam offensichtlich vermehrt vom Inhalieren ab und trank nun lieber die gleichen Substanzen, die schon vorher konsumiert wurden.

In der Wessex-Kultur liegen uns mit den Räuchergefäßen aus den Prunkgräbern von Frauen und mit den Bernstein- und Gagattassen in den Prunkgräbern von Männern Hinweise dafür vor, dass in der Wessex-Kultur beide Formen des Konsums, wahrscheinlich damit auch verschiedener psychoaktiver Substanzen nach Geschlechtern getrennt praktiziert wurden[533]. Darüber hinaus stammen diese Indizien meist aus reichen Bestattungskontexten, so dass Sherratt folgend vermutet werden darf, dass der Konsum solcher das Bewußtsein beeinflussenden Substanzen nur bestimmten sozialen Gruppen vorbehalten war. Diese konnten nach Geschlecht, Alter und sozialem Ansehen gestaffelt gewesen sein.

---

528 LONGWORTH 1983, 76 f., Fig. 22.

529 LONGWORTH 1983, 84 f., Fig. 24 E9.

530 Die Bezeichnung bezieht sich auf die geschlitzte Wandung dieser Gefäße, welche mit der Außenansicht von Stonehenge assoziiert wird.

531 SHERRATT 1995, 27 ff.

532 Schnurverzierungen finden sich auch auf einigen Typen der Räuchergefäße von den britischen Inseln. Auf 7 der 11 untersuchten Rächergefäßen der Kategorie E, zu denen auch das Exemplar aus Wilsford G.8 [20] zählt, wurde Schnurverzierung beobachtet. LONGWORTH 1983, 66.

533 Eine mögliche Ausnahme bildet das Räuchergefäß aus Clandon Barrow G.31 [27]. Hierin könnte aber auch ein Hinweis dafür gesehen werden, dass die Funde nicht zu einem einzelnen Grabkomplex zu zuordnen sind.

# 4 SYNTHESE

Gemäß der allgemeinen Zielsetzung der Untersuchung wurde anhand von Definitionsvorschlägen für Fürsten-, Adels-, oder Prunkgräber, welche bereits für verschiedene Kulturen erarbeitet worden waren, ein Merkmalskatalog für Prunkgräber erstellt. Dieser ermöglichte es, erstens den Terminus Prunkgrab auf eine breit angelegte theoretische Grundlage zu stellen. Zweitens konnten anhand dieser Definition aus beiden Kulturen des Untersuchungsgebiets Grabbefunde ausgewählt werden, die sich auf Grund ihres kulturellen Kontexts zwar in vielen Eigenschaften unterscheiden, die aber dennoch der gegebenen Definition von Prunkgräbern entsprechen. Sie zeichnen sich u. a. durch die Größe des Grabbaus, die Qualität und Quantität der Beigabenausstattung, die besondere topographische Lage und den Bezug zu einem Platz mit zentralörtlichen Charakter aus.

Insgesamt konnten in der Aunjetitz-Kultur sieben Grabbefunde, Leubingen [1], Helmsdorf [2], Dieskau Hügel II [5], Łęki Małe Hügel I/A und B [11], Hügel II/B [13] und Szczepankowice [17] als sicher zu identifizierende Prunkgräber angesprochen werden. Weitere sieben Grabbefunde, Baalberge [3], Dieskau Hügel I [4], Königsaue [9], Nienstedt [6], Sömmerda [7 und 8] und Österkörner [10], wurden als wahrscheinliche Prunkgräber identifiziert. Sie repräsentieren den Prunkgrabbestand der Aunjetitz-Kultur, auf dem die Untersuchung basiert.

Mittels der gleichen Definition wurden aus der Wessex-Kultur die Grabbefunde Wilsford G.5 [18], Wilsford G.7 [19], Wilsford G.8 [20], Wilsford G.50a [21], Winterborne Stoke G.5 [22], Upton Lovell G.2(e) [23], Preshute G.1(a) [24], Hengistbury Head I [25], Clandon Barrow G.31 [27], Ridgeway Barrow 7 [28] und Little Cressingham [29] als Datenbasis ausgewählt.

Die Auswertung der relativen und absoluten Chronologie zeigte, dass das Prunkgrabphänomen in beiden Kulturen nach dem derzeitigen Erkenntnisstand ungefähr gleichzeitig auftrat. Auf Grund des weitgehenden Fehlens absoluter Daten und des z. T. recht groben Auflösungsvermögens konnten aber etwaige kleinere chronologische Differenzen nicht erkannt werden. Genauso konnte die Dauer des Prunkgrabphänomens in beiden Kulturen nur relativ grob eingegrenzt werden. Das älteste sicher absolutdatierte Prunkgrab der Aunjetitz-Kultur ist Leubingen [1]. Die dendrochronologische Datierung ergibt ein Datum von 1942 ±10 Jahre v. Chr. für die Errichtung des Grabs. Das jüngste sicher datierte Prunkgrab ist Helmsdorf [2], dessen Errichtung mittels Dendrochronologie in die Zeit um 1840 ±10 Jahre datiert werden konnte. Diese beiden Daten liefern die beiden Fixpunkte zwischen denen mit Sicherheit von einem Bestehen der Prunkgrabsitte in der Aunjetitz-Kultur ausgegangen werden kann. Ob es bereits, z. B. in Polen, vor dem 20. vorchristlichen Jahrhundert Prunkgräber im Untersuchungsgebiet gab, ist anhand der vorliegenden Daten nicht sicher nachweisbar. So erwecken die recht hohe Alter suggerierenden [14]C-Daten aus dem Grab Łęki Małe I/A [11] und einige altertümlich wirkende Keramikbeigaben aus verschiedenen Gräbern der Nekropole den Eindruck, dass diese zeitlich noch vor Leubingen [1] einzuordnen wären. Beide Indizien konnten jedoch einer genaueren Prüfung nicht uneingeschränkt standhalten. Zum Einen ist ein Altholzeffekt bei den Radiokarbonda-

tierungen von Balkenresten der Grabkammerkonstruktion nicht auszuschließen. Zum Anderen können die relativchronologischen Hinweise auf das etwas höhere Alter auch durch einen retadierenden Randzoneneffekt erklärt werden, der in der relativ weit von den innovativen Aunjetitzer Kernzonen entfernten Nekropole von Łęki Małe zum Tragen kam. Das genaue Abbrechen der Prunkgrabsitte in der Aunjetitz-Kultur konnte zeitlich nicht genau fixiert werden. Lediglich anhand typologischer Hinweise konnte erschlossen werden, dass das Grab von Österkörner [10] einem relativchronologisch jüngeren Zeitabschnitt der Aunjetitz-Kultur angehört als das Grab von Helmsdorf [2]. Das Prunkgrabphänomen reichte in der Aunjetitz-Kultur in seiner späten Phase bis maximal an den Übergang zu Mittelbronzezeit um 1550/1500 v. Chr. heran. Seinen Höhepunkt hatte diese Sitte wahrscheinlich im 20. und 19. Jahrhundert v. Chr.

Die zeitliche Ausdehnung des Prunkgrabphänomens der Wessex-Kultur zeichnet sich noch unschärfer ab. Der Beginn der Prunkgrabsitte konnte auf Grund des vollständigen Fehlens von absoluten Daten aus Prunkgrabkontexten der Phase Wessex I nur anhand von kontinentalen Vergleichen näher eingegrenzt werden. Vergleiche mit den sogenannten atlantischen Dolchen aus dem Gräberfeld von Singen liefern die bisher ältesten Daten (um 2000 v. Chr.) für den Beginn der Laufzeit dieser Dolche. Nach unten wird die Dauer des Prunkgrabphänomens in der Wessex-Kultur durch den Übergang von Phase Wessex I zu II abgegrenzt. Die ältesten [14]C-Daten aus Wessex II Kontexten belegen, dass diese Phase bereits ab etwa dem 16. Jahrhundert v. Chr. voll ausgebildet war, so dass in beiden Kulturen etwa ab der Wende vom 21. zum 20. Jahrhundert mit dem Aufkommen von Prunkgräbern zu rechnen ist und dass die Sitte bis maximal etwa ins 16. Jahrhundert in der beschriebenen Form bestand.

Im Hauptteil der Analyse wurden insgesamt sieben unterschiedliche Aspekte der Repräsentation von sozialem Status anhand der ausgewählten Prunkgrabbefunde untersucht. Es konnte gezeigt werden, dass viele der Darstellungsmodi in beiden Kulturen im Grabbrauch angewandt wurden. Dennoch erwiesen sich die Prunkgräber beider Kulturen als relativ eigenständige Phänomene, bei denen zwar ähnliche Mechanismen genutzt wurden, um den gehobenen sozialen Rang eines Verstorbenen darzustellen, deren Ausprägungen jedoch in beiden Kulturen oft als kulturspezifisch bezeichnet werden können.

Anhand der vergleichenden Untersuchung der Prunkgräber konnte gezeigt werden, dass, sofern der monumentale Charakter der Grabbauten als eine Form der Statusrepräsentation aufgefasst wird, diese durch verschiedene Eigenschaften des Monumentes zum Ausdruck kam, welche in den beiden Kulturen verschieden gewichtet waren.

Ein wichtiges Merkmal der Prunkgräber in beiden Kulturen ist deren gute Sichtbarkeit. Denn nur dann kann die zu vermittelnde Botschaft auch ihre Adressaten erreichen und das Monument auf seine Art wirken. Es zeigte sich, dass sowohl in der Aunjetitz- wie auch in der Wessex-Kultur dieses Prinzip in allen untersuchten Fällen erkennbar ist. Die Grabform des Tumulus, die in beiden Kulturen eines der offensichtlichsten Merkmale der Prunkgräber darstellt, ist wahrscheinlich eine sehr einfache und effektive Möglichkeit, mit einem Grabbau ein dauerhaft sichtbares Zeichen zu setzen.

In der Wessex-Kultur wurde diese Eigenschaft besonders durch die auffällige äußere Gestaltung und die oft hervorgehobene topographische Lage betont. Viele der Wessex-Prunkgräber um Stonehenge konzentrieren sich wahrscheinlich auf Grund der Sichtlinien auf leichten Geländekanten.

In beiden untersuchten Kulturen bestand des Weiteren die Möglichkeit, die monumentale Wirkung durch die reine Größe des Grabhügels zu verstärken. Es zeigte sich allerdings, dass eine ausreichende Datenbasis für einen quantitativen Größenvergleich fehlt.

Neben der reinen Größe spielt auch die innere Struktur eines solchen Baus eine wichtige Rolle bei der Abschätzung und Beurteilung des Arbeitsaufwands, der zur Errichtung eines solchen Grabbaus aufgebracht werden mußte. Der geleistete Arbeitsaufwand kann ebenfalls als Mittel einer differenzierten Statusrepräsentation angesehen werden. Auf Grund der z. T. recht genauen Beobachtungen zum inneren Aufbau einiger der aunjetitzer Hügel konnte gezeigt werden, dass auch der performativen Wirkung der Errichtung eine wichtige Bedeutung bei der Zurschaustellung von sozialem Rang zuteil wurde.

In den Prunkgräbern der Wessex-Kultur kam dem Akt der Errichtung des Grabbaus sicherlich auch eine gewisse repräsentative Funktion zu, doch scheint diese auf Grund der meist weniger aufwendigen inneren Gestaltung des Grabbaus keinen so großen Stellenwert besessen zu haben, wie in der Aunjetitzer Kultur[534].

Neben den Monumenten selbst wurden auch deren Beziehungen zu älteren Monumenten und Bestattungsplätzen einer genaueren Betrachtung unterzogen. Dabei konnten mehrere Bezugsschemata unterschieden werden, die in beiden Kulturen z. T. unterschiedliche Schwerpunkte aufweisen. Im Fall der Leubinger Gruppe zeigte sich, dass neben Beziehungsgefügen, wie sie bei Nachbestattungen in neolithischen Hügeln auftreten, ein wichtiges Merkmal dieser Gruppe in der Anlage von Einzelgrabmonumenten zu suchen ist. Denn auch wenn die frühbronzezeitlichen Prunkgräber als Nachbestattungen in ein neolithischen Grabmonument eingebracht wurden oder ein aunjetitz-zeitliches Monument über neolithischen Monumenten errichtet wurde, so handelte es sich dennoch in den meisten Fällen um einzeln stehende Grabbauten, die keine Rekonstruktion eines direkten Beziehungsgefüge zu mehreren Prunkgräbern der Leubinger Gruppe zulassen. Ganz anders präsentieren sich die großpolnischen Prunkgräber der Aunjetitz-Nekropole von Łęki Małe, die an einer einzigen Stelle konzentriert auftreten und dadurch in einer engen Beziehung zu einander stehen. So stellen die Einzelgrabmonumente von Leubingen [1] und Dieskau II [5] sowie die Grabhügelnekropole von Łęki Małe zwei Extreme dar. Die beiden Einzelgrabmonumente wurden als Gründergräber gedeutet, welche als Zeichen einer neugeschaffenen

Herrscherdynastie angesehen werden können, deren Anlage aber nicht zur Entstehung eines dynastisch geprägten Bestattungsplatzes führte. Ganz anders erscheint die Deutungsmöglichkeit der Nekropole von Łęki Małe. Die im Fall der Nekropole ablesbare Separierungstendenz einer bestimmten sozialen Schicht vom Rest der Bevölkerung scheint hier eine gewisse zeitliche Konstanz besessen zu haben.

Ähnlich wie in der Aunjetitz-Kultur Großpolens tendieren die Prunkgräber der Wessex-Kultur zur Gruppenbildung. Mehrere Gräber und auch Prunkgräber der gleichen Zeitstellung finden sich in dichten Grabhügelgruppen zusammen. Darüber hinaus zeigt die enorme Konzentration von Prunkgräbern der Wessex-Kultur um das neolithische Monument Stonehenge eine enge Beziehung zur älteren Kultstätte. Einige der Grabhügelgruppen in der direkten Umgebung von Stonehenge belegen auch eine deutliche Ausrichtung auf neolithische Grabmonumente, die eine gezielte Anknüpfung an ältere Traditionen des Ahnenkults aufzeigen.

Dennoch zeigen Untersuchungen zum Prunkgrabphänomen in frühgeschichtlicher Zeit, dass solche scheinbar auf ungebrochener Tradition beruhenden Bezugsysteme, bzw. Prunkgräber ohne direkte Nachfolger nicht unbedingt als Zeichen einer kontinuierlichen dynastischen Machtfolge bzw. als Zeichen für deren Kurzlebigkeit gelten können.

Beide Kulturen nutzten neben dem Grabbau das Medium der Tracht, um soziale Hierarchien kenntlich zu machen. Hierin lassen sich sehr deutliche, kulturspezifische Eigenheiten in beiden Kulturen erkennen. Bei der Untersuchung der Trachtsitten zeichnen sich die Aunjetitzer Prunkgräber als eine recht einheitlich wirkende Gruppe aus. Viele Trachtbestandteile, die auch als zu Lebzeiten getragene Statussymbole gedeutet werden können, finden sich mit offenbar gleichen oder ähnlichen Bedeutungsinhalten sowohl in der Leubinger Gruppe, wie auch im Bereich der großpolnischen Aunjetitz-Kultur. Hier sind z. B. Armreife, Nadelpaare oder Lockenringe zu nennen. Ein ganz anders Zeichensystem scheint der Totentracht der Wessex-Prunkgräber zugrunde zu liegen. Hier sind vor allem die Goldblechrauten, der aufwendige Halsschmuck, wie auch die mit Goldblech beschlagenen Knöpfe zu nennen. Hier offenbart sich die Wessex-Kultur als mit dem Blechkreis verwandte technologische Provinz, deren vorrangig formgebendes Verfahren das Schmieden war. Die typische Aunjetitzer Metallurgie beruhte eher auf der Beherrschung komplexer Gußverfahren.

Dieses hochentwickelte metallverarbeitende Handwerk spielte auch bei der Selbstdarstellung der sozialen Führungsschicht in der Aunjetitz-Kultur eine wichtige Rolle. Die Mitglieder dieser Schicht ließen sich im Grab z. T. als Metallhandwerker darstellen. Wovon die Werkzeugbeigaben in Gräbern wie Leubingen [1], Helmsdorf [2] und Łęki Małe I/D zeugen. Während sich also die Eliten der Aunjetitz-Kultur als Handwerker und somit wahrscheinlich als im Besitz „geheimer" technologischer Spezialkenntnisse auch in den Gräbern ausweisen, basierte die soziale Position der Eliten der Wessex-Kultur vor allem auf der Fähigkeit zur Akquisition und Akkumulation von Prestigegütern. Dies zeigen zumindest die Grabausstattungen der Prunkgräber. Die Rangposition scheint in einem verstärkten Maße auf deren Fähigkeit beruht zu haben, aus regionalen und überregionalen Austauschnetzwerken besonde-

534 Auf Grund der oft mangelhaften Dokumentation des Grabaufbaus der meisten Prunkgräber der Wessex-Kultur ist eine Beurteilung nur bedingt möglich. Dennoch scheint der Befund aus Leubingen [1] mit seinem massiven Steinkern, dessen Material über weite Distanzen heran geschafft wurde, einen Gegensatz zu den aus lokalem Material errichteten ‚Bowl' und ‚Bell Barrows' mit ihren umliegenden Materialentnahmegräben zu bilden.

re Rohmaterialien, wie Bernstein, Gagat und auch Gold zu beschaffen und diese durch spezialisierte Handwerker zu wertvollen Prestigegütern, wie Bernsteinschmuck und –tassen verarbeiten zu lassen. Der somit gewonnenen Mehrwert wurde im System einer ‚wealth finance' akkumuliert und redistributiv eingesetzt. Auf der Basis dieser politischen Ökonomie beruhte zumindest zu einem Teil die Machtposition jener Wessex-Gruppen.

Vergleichbare Hinweise, d. h. eindeutige Zeichen für die Einführung und Anhäufung „exotischer" Güter, fehlen in den Prunkgräbern der Leubinger-Gruppe weitgehend. Hier wurde vielmehr die Produktion und Verarbeitung von Metall im Grabbrauch betont. Denn wie die weite Verbreitung typischer Aunjetitzer Metallformen zeigt, waren die Erzeugnisse des Aunjetitzer Metallhandwerks begehrte Produkte, die über weit gespannte Austauschnetzwerke verbreitet wurden. Im Unterschied dazu können die Funde von Bernsteinperlen aus dem Hügel 1, Grab D von Łęki Małe [11], dem Depotfund Dieskau II und aus den Siedlungen Halle-Queis[535] und Bruszczewo, durchaus Hinweise darauf liefern, dass die Aunjetitzer Eliten Teil überregionaler Austauschsysteme waren, in denen neben Metall auch Bernstein verbreitet wurde[536]. Doch scheint dies für die Repräsentation von sozialem Status in den Gräbern der Leubinger Gruppe weniger von Bedeutung gewesen zu sein.

In beiden Kulturen konnte beobachtet werden, dass in die Gräber sozial hochstehender Personen Waffen gelangten, die auf Grund ihres Materials und ihrer Machart, als Symbol- bzw. Ritualwaffen bezeichnet werden. Im Bereich der Aunjetitz-Kultur kommen drei verschiedene Klassen von Symbol- bzw. Ritualwaffen vor. Erstens die Stabdolche, welche sowohl in der praktisch verwendbaren Form wie in Leubingen [1], vorkommen, als auch in der rein symbolisch verwendbaren Ausführung, z. B. mit dem metallgeschäfteten Exemplar von Łęki Małe I/A, vorliegen. Unter der zweiten Klasse sind szepterartige Felsgesteingeräte, wie Setzkeile, Streitäxte und das Gerät vom „Typ Leubingen" zusammen zu fassen. Als dritte Form sind Edelmetallwaffen, wie in Dieskau II [5], nachweisbar.

In den Prunkgräbern der Wessex-Kultur sind weder Stabdolche noch Edelmetallwaffen als Teil der Waffenausstattung bekannt. Lediglich Felsgesteinäxte treten regelmäßig in Grabkontexten der Wessex-Kultur auf, dann jedoch ausschließlich in Gräbern der Phase Wessex II[537], wie z. B. in Hove [26] (Taf. XI/3). In diesem Zusammenhang sind sie sicherlich nicht als Einfluß aus der Aunjetitz-Kultur zu sehen. Eine charakteristische Waffenform in den Prunkgräbern der Wessex-Kultur sind Keulen (Wilsford G.5 [18] und Clandon Barrow G.31 [27]), eine Waffenform, die in Aunjetitzer Prunkgräbern nicht bekannt ist, so dass zwar in beiden Kulturen szepterartige, aus Steinen gefertigte Symbol- bzw. Prunkwaffen als Statussymbole in die Gräber gelangten, deren Urformen sich jedoch beträchtlich unterscheiden und kaum als Zeichen einer direkten Abhängigkeit gewertet werden können.

Einen anderen Aspekt stellt die Überausstattung dar. Sie konnte in beiden Kulturen als Bestandteil der funerären Statusrepräsentationssitten erkannt werden, wie es bereits

durch Hansen geschah[538]. Ihre Deutung hingegen beleibt relativ unklar. Überausstattung im engeren Sinne ist in beiden Kulturen im Wesentlichen auf Dolche beschränkt. In der Aunjetitz-Kultur können wahrscheinlich auch Beile mit hinzugerechnet werden. Beides sind Geräte, die auch in Depot- bzw. Opferfunden der klassischen Aunjetitz-Kultur vorkommen[539]. Eine Verbindung zwischen den symbolischen Bedeutungssystemen von Prunkgräbern und Depot- bzw. Opferfunden deutet auch die in beiden Quellengattungen nachgewiesene Sitte der kreuzförmigen Niederlegung an[540]. Somit liegt ein Vergleich zwischen der symbolischen Bedeutung von entsprechenden Deponierungen und dem Phänomen der Überausstattung und kreuzförmigen Niederlegung nahe, führt aber auf Grund der bisher nicht gelösten Deutungsproblematik von vielen Hortfunden bei der bestehenden Fragestellung nicht weiter[541]. Als bisher einzig plausibler Deutungsansatz bleibt, dass in der Überausstattung mit Dolchen und Beilen ein Topos für materiellen Wohlstand zu sehen ist.

Als letzte Form der Statusrepräsentation wurde die Ausstattung mit Geschirrsätzen untersucht. Dabei ist zunächst bemerkenswert, dass sich die Prunkgräber sowohl der Wessex-Kultur als auch der Leubinger Gruppe durch eine relative Armut an keramischen Beigaben auszeichnen. Dies ist sicherlich ein Zeichen des allgemein am Beginn der Metallzeiten spürbaren Bedeutungsverlustes keramischer Produkte, die ihre Funktion als Prestigegüter verstärkt an Metallgegenstände abtreten. Insbesondere die mitteldeutsche Metallgruppe zeichnet sich gegenüber anderen Aunjetitzer Regionalgruppen durch eine signifikante Armut an Gefäßbeigaben aus. Verstärkt trifft dies auch auf die Gräber der auf Aspekte der Rangdarstellung ausgerichteten Oberschicht zu, bei denen vor allem Bronzeobjekte repräsentative Funktionen übernehmen.

Ein etwas anderes Bild zeichnete sich bei der Betrachtung der großpolnischen Prunkgräber ab, in denen mehrere Gefäße umfassende Geschirrsätze verhältnismäßig oft nachweisbar sind. Meist handelte es sich um Sets, bestehend aus einer oder mehreren Tassen- bzw. Becherformen und einem Vorratsgefäß, die als Trinkgeschirrsatz gedeutet werden können. Allerdings sind diese Hinweise auf bestimmte Trink- bzw. Speisesitten nicht auf die Prunkgräber beschränkt, sondern stellen durchaus ein charakteristisches Merkmal der Beigabenausstattung des Aunjetitzer Normgrabs dar. Sie sind somit nicht als eine auf die soziale Oberschicht beschränkte Form der Statusrepräsentation zu deuten.

Zu anderen Ergebnissen führt die Untersuchung der Geschirrbeigaben in den Prunkgräbern der Wessex-Kultur. Insbesondere die prestigebeladenen Gold-, Bernstein- und Gagattassen, deren Ursprünge wahrscheinlich in der späten Phase von Wessex I zu suchen sind, stellen ein deutliches Zeichen für die Ausbildung verfeinerter Trinksitten dar, denen im Kreis einer sozialen Oberschicht offensichtlich eine besondere Aufmerksamkeit geschenkt wurde. Auf Grund der Unkenntnis der gleichzeitigen Normgräber

535 Mattheusser 2003.
536 Müller (in Vorb.).
537 Gerloff 1975, 271 App. 11.

538 Hansen 2002.
539 Z. B. im den Depotfunden von Milzau-Burgstaden, Kr. Merseburg und Neunheiligen, Kr. Langensalza. v. Brunn 1959, 62 f., Taf. 61 und 66.
540 Schwenzer 2004, 19.
541 Vgl. z. B.: Huth 1997, 177 ff.

kann nicht beurteilt werden, ob ähnliche Gebräuche eine weitere Verbreitung in der damaligen Gesellschaft hatten oder auf eine kleine Ranggruppe beschränkt waren, doch zählen die Bernstein-, Gagat- und Goldtassen sicherlich nicht zum allgemein verbreiteten Geschirrepertoire. Auf Grund weiterführender Überlegungen konnte wahrscheinlich gemacht werden, dass diese Gefäße zum Konsum berauschender, evtl. alkoholischer Getränke dienten. Somit wird der Rausch bzw. die symbolische Darstellung des Rausches mittels des Geschirrs in den Prunkgräbern zu einer Form der Statusrepräsentation, die anscheinend für bestimmte Statusgruppen besondere Bedeutung hatte.

Ähnlich verhält es sich mit den in den weiblichen Prunkgräbern der Wessex-Kultur gefundenen Räuchergefäßen. Während der Phase Wessex I sind sie im Wesentlichen auf reiche Frauengräber beschränkt und vermitteln so den Eindruck, dass es sich beim Konsum von Räucherwerk um eine auf bestimmte gesellschaftliche Gruppen beschränkte Sitte gehandelt hat. Auch in Bezug auf diese Räuchergefäße konnte wahrscheinlich gemacht werden, dass sie zur Verbrennung berauschender Substanzen dienten. Auf Grund der hier aufgezeigten Hinweise zeichnet sich in der Wessex-Kultur eine auf bestimmte sozial hochgestellte Gruppen beschränkte bzw. konzentrierte Verwendung psychoaktiver Substanzen ab. Im Fall des Alkoholkonsums, der sich in den männlichen Prunkbestattungen abzeichnet, liegen Deutungen nahe, die diesen im Rahmen von bestimmten Ritualen der Gastfreundschaft, des Gefolgschaftswesens o. ä. verankert sehen. Beim Konsum von Räucherwerk, evtl. Opium, eine der möglichen Substanzen, fehlen vergleichbare Deutungsansätze weitgehend. Denkbar sind natürlich Anwendungen im Bereich medizinischer Praktiken (Narkotika) oder auch bewußtseinserweiternde Wirkungen, die es ermöglichten, mit den Ahnen, Geistern oder ähnlichen numinosen Mächten in Kontakt zu treten. Auch wenn diese Interpretationen weitgehend spekulativ bleiben müssen, bieten sie aber dennoch einen möglichen Erklärungsansatz für die soziale Rolle der Frauen, die in den Prunkgräbern der Wilsford Serie bestattet worden sind.

Das Phänomen, dass in der Wessex-Kultur allem Anschein nach auch Frauen in Prunkgräbern bestattet wurden, ist einer der kardinalen Unterschiede der Prunkgrabsitten in beiden Kulturen. Es gibt zwar Hinweise, dass in der späten Aunjetitz-Kultur auch Frauen und Kinder das Privileg bekommen konnten, in Grabmonumenten bestattet zu werden (vgl. Szczepankowice [17]), doch finden wir dort keine reichen Beigabenausstattungen, wie sie für Prunkgräber charakteristisch sind, und zudem handelt es sich um Nachbestattungen. Hierin kann wiederum ein Argument gegen eine enge entwicklungsgeschichtliche Beziehung zwischen den Prunkgräbern beider Kulturen gesehen werden. Den Ergebnissen Knapps[542] folgend können aus einer geographisch etwas weiter gefaßten Perspektive die Prunkgräber der Leubinger und die der großpolnischen Gruppe zwar als z. T. eigenständige Gruppen angesehen werden, die aber viele direkte Hinweise auf eine genetische Abhängigkeit enthalten, durch die sie kulturell verbunden sind. So teilen sie z. B. ähnliche Tracht- und Beigabensitten. Dem gegenüber kann aber zwischen dem, wenn auch

zeitgleichen Prunkgrabphänomen Großbritanniens, und den Aunjetitzer Prunkgräbern keine direkte Abhängigkeit rekonstruiert werden, wie sie die Betrachtungen Hansens suggerieren mögen.

Vielmehr scheint es sich bei den frühbronzezeitlichen Prunkgräbern in beiden Regionen um ein Phänomen zu handeln, das als Folge von gesellschaftlichen Veränderungen ausgebildet worden ist. Auf diese Veränderungen am Beginn des 2. vorchristlichen Jahrtausends reagierten die prähistorischen Gesellschaften mittels ähnlicher Mechanismen, deren genaue Ausprägung aber jeweils als durchaus kulturspezifisch bezeichnet werden kann. Die Idee, Prunkgräber zu errichten, ist also weder von Mitteldeutschland auf die britischen Inseln noch in umgekehrter Richtung nach Mitteldeutschland gelangt, sondern in beiden Regionen scheinen sich zur etwa gleichen Zeit ähnliche gesellschaftliche Rahmenbedingungen gebildet zu haben. Diese veranlaßten die damaligen Gesellschaften dazu, auf vergleichbare Weise zu reagieren: Sie errichteten für die Mitglieder der Oberschicht imposante Grabmonumente, um diese über den Tod hinaus zu verehren und deren Rang und Macht dauerhaft in der Landschaft ihres Siedlungsgebietes festzuschreiben.

---

542 KNAPP 1998.

# 5 ÖKOLOGISCH/ÖKONOMISCHER EXKURS

Im vorigen Kapitel wurde bereits die Ansicht geäußert, dass die Ausbildung von Prunkgräbern in beiden Regionen nicht durch einen direkten Ideentransfer zwischen beiden Kulturen hinreichend erklärt werden kann. Vielmehr erwecken die untersuchten Quellen den Eindruck, dass es sich beim Phänomen der Prunkgräber um die Reaktion der prähistorischen Gesellschaften auf veränderte Rahmenbedingungen handelt. Diese Rahmenbedingungen bzw. Grundvoraussetzungen, die die Entstehung der Prunkgräber ermöglichten, sollten in beiden Regionen in ähnlicher Weise nachweisbar sein. Welche es waren und in wie fern sie auf die Kulturen Einfluß nahmen, wird in diesem Kapitel abschließend kurz betrachtet werden.

Eine soziokulturelle Veränderung, die vorausgesetzt werden muß, ist eine hierarchische Gliederung der Gesellschaft, deren materielle Manifestation die Prunkgräber darstellen. Dass in beiden Kulturen bereits ältere Tendenzen zu einer verstärkten Hierarchisierung der Gesellschaft nachweisbar sind, belegen z. B. reich ausgestattete Einzelgräber aus der Glockenbecherkultur Südenglands und der älteren Aunjetitz-Kultur im circumharzer Raum[543]. Ähnliche Tendenzen sind aber auch in anderen Regionen Mittel- und Westeuropas feststellbar[544]. Es stellt sich also

die Frage, was zeichnet die beiden Regionen Südenglands und vor allem Mitteldeutschlands aus? Was unterscheidet sie von anderen Gebieten und führte in diesen beiden Regionen zur Entstehung der Prunkgräber, währenddessen in anderen Gebieten dieses Phänomen nicht auftritt?

Um zu Lösungsansätzen für diese Fragestellungen zu gelangen, werden ausgewählte Aspekte der Ökologie und Ökonomie nur kursorisch betrachtet. Eine weiterführende Untersuchung wäre zwar sicherlich wünschenswert, wäre aber im Rahmen dieser Arbeit nicht zu leisten.

## 5.1 ÖKOLOGISCHE RAHMENBEDINGUNGEN

Die ökologischen Rahmenbedingen werden ganz wesentlich von klimatischen Faktoren bestimmt. Zur Rekonstruktion der prähistorischen Klimaentwicklung können verschiedene Indikatoren genutzt werden, wie z. B. datierte Geltschervorstöße in den Alpen oder Seespiegelschwankungen. Letztlich ist aber ein Faktor von ganz grundlegender Bedeutung, die Sonnenaktivität. Einen recht genauen Indikator für die Aktivität der Sonne und damit vor allem für die durchschnittliche Temperaturentwicklung stellen die Schwankungen des atmosphärischen $^{14}$C-Gehalts dar. Anhand der Korrelation verschiedener Klimaindikatoren konnte eine relative Temperaturkurve auf Basis der $^{14}$C-Schwankungen in der Atmosphäre verifiziert werden[545].

---

543 Zu nennen wären hier z. B. das Grab des sog. ‚Amesbury Archers' oder das Kindergrab von Apolda. http://www.wessexarch.co.uk/projects/amesbury/introduction.html (13.10.2005); Zipf 2004a; Zipf 2004b.

544 So zeichnen sich die über sehr weite Bereiche verbreiteten Kulturen der Schnurkeramik und der Glockenbecher allgemein durch solche Hierarchisierungstendenzen aus.

---

545 GROSS-KLEE/MAISE 1997, 86 f.; MAISE 1998, 204 ff.

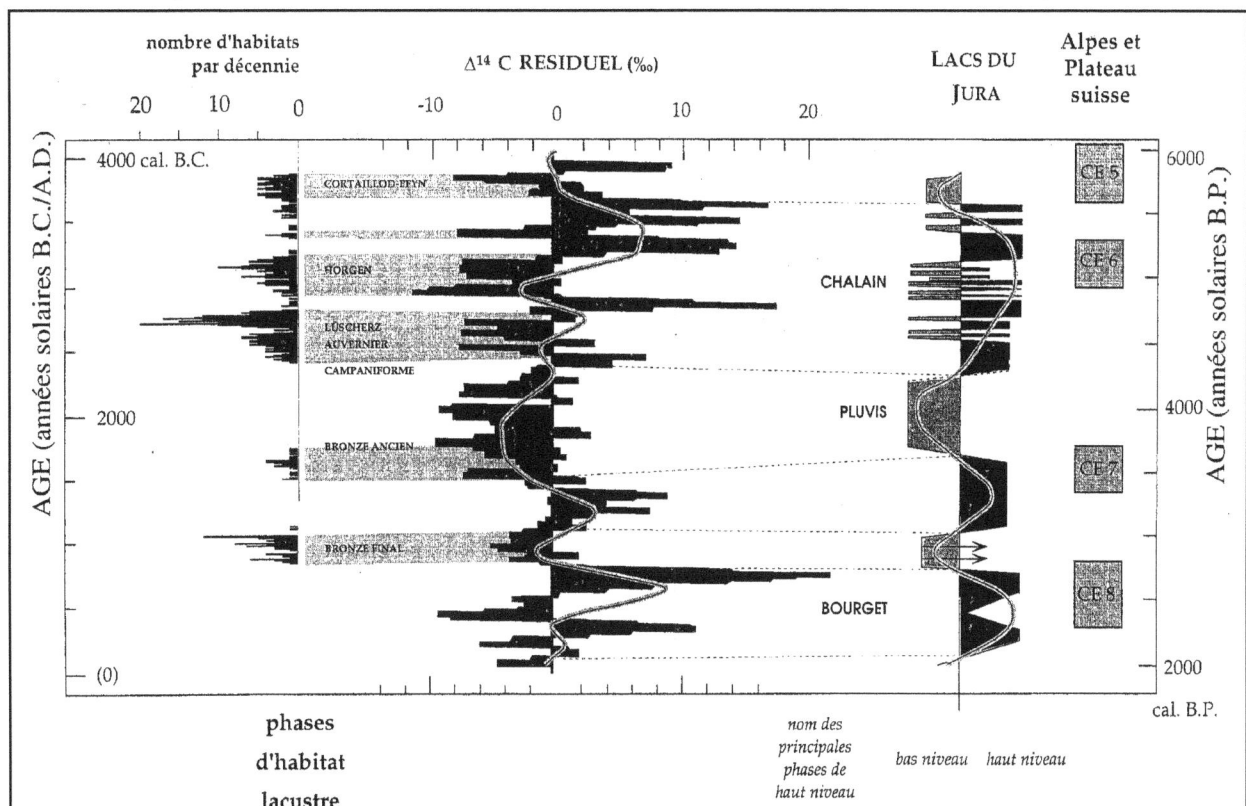

**Abbildung 21:** Korrelationsversuch von atmosphärischem $^{14}$C-Gehalt, Seespiegelschwankungen der schweizerischen Juraseen, kühlen Klimaphasen in den Alpen und dendrodatierter Siedlungsphasen an Seeufern der Schweiz und Frankreichs. (MAGNY/MAISE/JACOMET/BURGA 1998, 139 Abb. 46)

Wie auf Abb. 21 erkennbar zeichnet sich ab etwa der zweiten Hälfte des 3. Jahrtausends v. Chr. ein Anstieg der durchschnittlichen Jahrestemperatur ab, welcher sich durch geringere $^{14}$C-Gehalte ausdrückt. Diese Wärmeperiode dauerte maximal etwa ein Jahrtausend. Die minimalen Werte liegen etwa im Zeitbereich zwischen dem 20. und dem 17./16. Jahrhundert v. Chr. Es kann also festgehalten werden, dass sich das frühbronzezeitliche Prunkgrabphänomen während einer Zeit besonders starker Sonnenaktivität und damit wahrscheinlich auch hoher Durchschnittstemperaturen abspielte. Leider sind die genauen klimatischen Zusammenhänge zwischen Durchschnittstemperaturen und Niederschlagsraten nicht vollständig bekannt, so dass eine sichere Abschätzung der Auswirkungen von klimatischen Rahmenbedingungen auf ökonomische Faktoren wie die Subsistenzwirtschaft nicht möglich ist. Doch scheinen durch Schwankungen der Sonnenaktivität bedingte Klimaverschlechterungen in Europa mit steigenden Niederschlägen, kürzeren Sommern und allgemein niedrigeren Temperaturen verbunden zu sein, während umgekehrt eine erhöhte Aktivität der Sonne zu längeren Sommern, weniger Niederschlägen und höheren Durchschnittstemperaturen führt[546], also einer längeren Vegetationsperiode und verbesserten Anbaubedingungen für Getreide[547].

Neben den klimatischen Verhältnissen ist für Ackerbau betreibende Gesellschaften die Bodenqualität von entscheidender Bedeutung für die Beurteilung Subsistenzgrundlage. Für den Bereich der Leubinger Gruppe steht mit den Erhebungen der Reichsbodenschätzung eine recht gute Datenbasis für Abschätzung der Bodenqualität zur Verfügung[548]. Bei der durch weitere Klassifizierung der Bodengüte vereinfachten Kartierung (Abb. 22) zeigt sich, dass die Prunkgräber der Leubinger Gruppe meist in Bereichen liegen, die überdurchschnittliche bis ausgezeichnete Bodenqualitäten für den Ackerbau bieten. Aus ökologischer Sicht bildete sich das Prunkgrabphänomen der Aunjetitz-Kultur zumindest in seiner Kernzone während einer Zeit und in einer Region aus, die auf Grund von klimatischen Voraussetzungen wie auch auf Grund der Bodenbeschaffenheit beste Rahmenbedingungen für eine landwirtschaftlich prosperierende Gesellschaft bot. Auf Grund der zeitlichen Synchronlage der Wessex-Prunkgräber dürften zumindest die klimatischen Faktoren auch auf das Prunkgrabphänomen Südenglands übertragbar sein. In Hinsicht

auf die Beurteilung der Bodenqualität fehlen bisher vergleichbare Daten aus diesem Raum.

## 5.2 ÖKONOMISCHE RAHMENBEDINGUNGEN

Hinsichtlich einer auf die wirtschaftlichen Rahmenbedingungen ausgerichteten Einschätzung des Prunkgrabphänomens sind zunächst zwei große Teilbereiche von Interesse erstens die Subsistenzgrundlage der Gesellschaft und zweitens die Rohstoffversorgung.

Die Nahrungsmittelversorgung der Bevölkerung in der Aunjetitz-Kultur beruhte zu größten Teilen auf Ackerbau und Viehzucht. Die ökologischen Rahmenbedingungen zeigen, dass die klassische Aunjetitz-Phase im circumharzer Raum sich in Bereichen besonders günstiger landwirtschaftlicher Bedingungen entwickelte. In dieser Region und zu dieser Zeit war es für die Gesellschaft sicherlich möglich einen Nahrungsmittelüberschuß zu produzieren[549]. Dies führte wahrscheinlich einerseits zu einem Rückgang der Kindersterblichkeit und folglich zu einem Bevölkerungswachstum[550]. Andererseits konnte im Zuge dieser Entwicklung gleichzeitig Arbeitskraft freigestellt werden, die nun nicht mehr in die Produktion von Nahrungsmitteln investiert werden mußte. Das überschüssige Arbeitskraftpotential bildete die Grundlage, auf der spezialisiertes Handwerk, wie Berg- und Hüttenwesen sowie Metallverarbeitung erst möglich wurden. Der Organisationsaufwand wie auch die Differenzierung verschiedener Berufsgruppen in Zusammenhang mit Metallgewinnung und -verarbeitung führte letzten Endes zu einer verstärkten sozialen Stratifizierung, deren Spitze in den Prunkgräbern faßbar ist[551]. Dass die circumharzer Region auch hinsichtlich der Metallgewinnung und –verarbeitung eine ausgesprochen günstige Ausgangssituation bildete, zeigt die Kartierung der Kupfer- und Zinnvorkommen in diesem Gebiet auf Abb. 23. Zwar scheinen sich weder die Prunkgräber noch die Höhensiedlungen (vgl. Abb. 3) im direkten Umfeld dieser Rohstoffvorkommen zu konzentrieren, doch liegen sie in den angrenzenden Flußtälern. Diese Lage bot erstens eine günstigere verkehrsgeographische Situation, welche die Möglichkeit zur Kontrolle des Warenaustauschs mit sich brachte, und zweitens waren hier die landwirtschaftlichen Bedingungen günstiger als in den Bergbaurevieren selbst[552].

Neben den Kupfer- und Zinnvorkommen des circumharzer Raums stellen sicherlich auch die Salzlagerstätten in der Gegend von Halle einen wichtigen ökonomischen Faktor dar. Anhand von Briquetagefunden konnte die Salzgewinnung bereits für die Frühbronzezeit im Hallenser Raum nachgewiesen werden[553]. Welche Bedeutung Salzvorkommen während der Prähistorie einnahmen und welche weitreichenden wirtschaftlichen und gesellschaftlichen

---

546 GROSS-KLEE/MAISE 1997, 87 f.; MAISE 1998, 210.
547 MAISE 1998, 210 ff.
548 Die Datenerhebung der Reichsbodenschätzung bietet eine vorzügliche Basis für die Bewertung des ackerbaulichen Potentials der Böden auch für prähistorische Gesellschaften, da zum einen nach dem Gesetz von 16. Oktober 1934 erstmals in der deutschen Geschichte eine einheitliche Bodenbewertung vorgenommen wurde, die erstens eine genaue Kennzeichnung des Bodens nach seiner Beschaffenheit und zweitens auch ein Werturteil über dessen Ertragsfähigkeit umfaßt. Zum anderen wird die unterschiedliche Ertragsfähigkeit der Böden durch Wertzahlen angebenden, die hauptsächlich die natürliche Fruchtbarkeit des Bodens widerspiegeln. Anthropogene Einflüsse, wie Düngung, Maschineneinsatz, Bewässerung, Saatgutentwicklung und optimierte Fruchtfolgen bleiben dabei absichtlich außen vor, so dass die erhobenen Daten eine gute Grundlage zur Bewertung der Qualität des Ackerbodens in den prähistorischen Epochen liefern. SCHEFFER/TORNAU 1959, 111–118. Ähnliche, flächendeckende Erhebungen sind für Großbritannien nicht bekannt.

549 So kann z. B. der Weizenertrag in einem klimatisch günstigen Jahr auf bis zu 150 % des Durchschnittsertrags ansteigen. MAISE 1998, 210.
550 MAISE 1998, 213.
551 STRAHM 1994, 3 f.
552 Es war für prähistorische Gesellschaften sicherlich viel einfacher die produzierten Metallmengen zu den Siedlungen zu transportieren, als die entsprechenden Nahrungsmittel
553 MATTHIAS 1976 , 373 ff., 391.

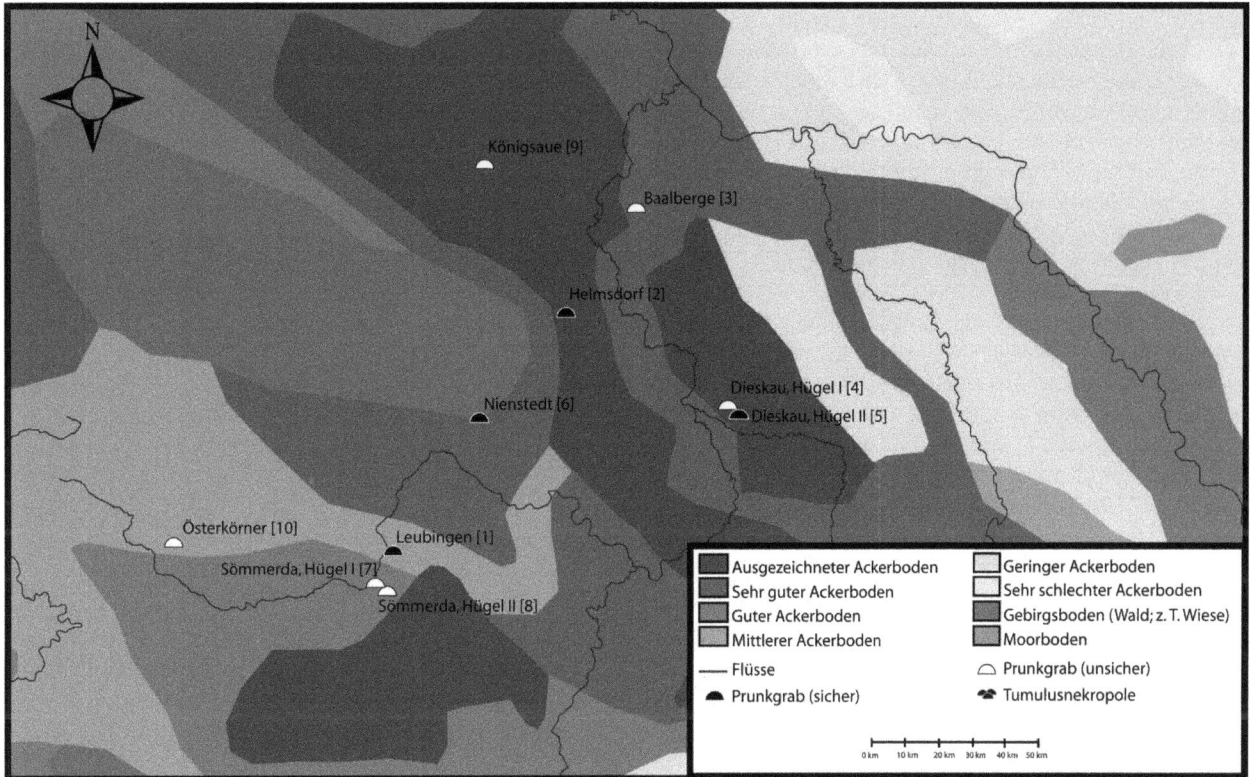

**Abbildung 22:** Kartierung der Bodengüte im Bereich der Leubinger Gruppe. (Erstellt auf der Basis von: DEMEL 1965, 25 Karte III)

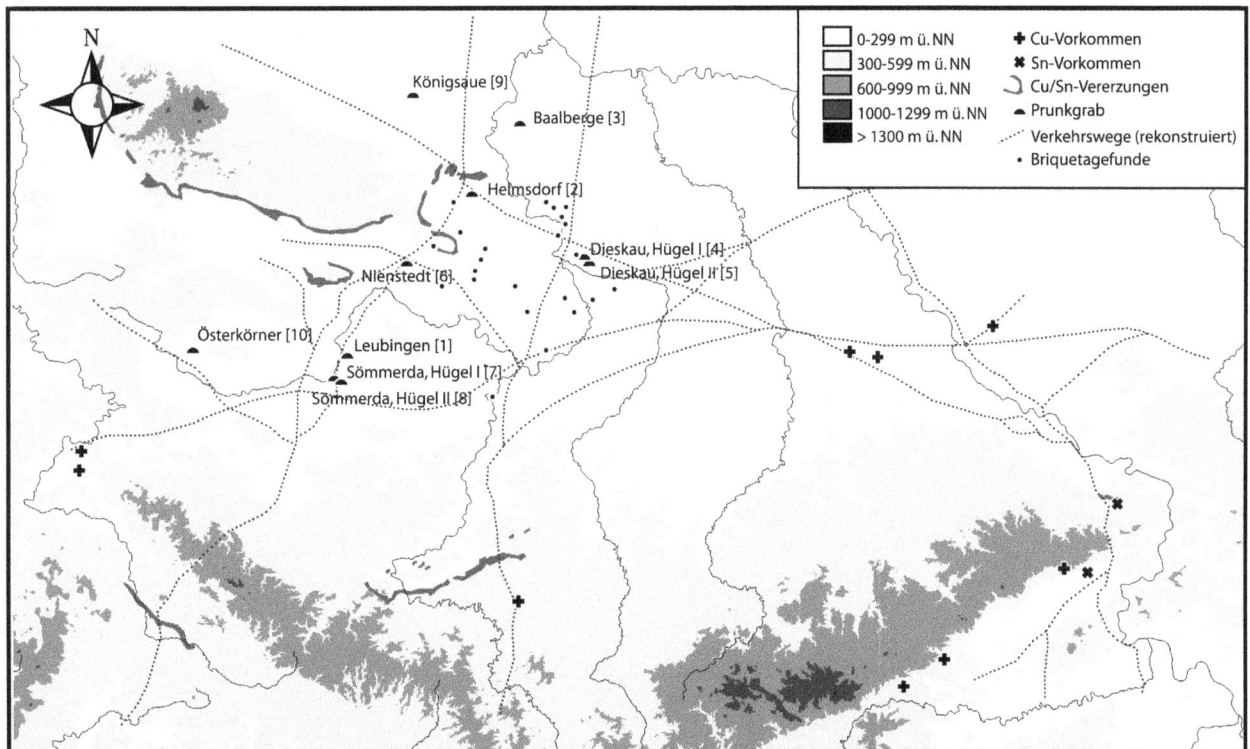

**Abbildung 23:** Kartierung der wirtschaftlichen Ressourcen im Gebiet der Leubinger Gruppe. Metallvorkommen (Kupfer und Zinn), Briquetagefunde als Hinweis für Salzgewinnung und Verkehrswege. (Erstellt auf der Basis von: SIMON 1990, 301 Abb.12)

Auswirkung deren Ausbeutung haben konnte, zeigen die bekannten Beispiele von Hallstatt und dem Dürnberg[554]. Vergleichbare Bedingungen liegen auch im Fall der Prunkgräber Großbritanniens vor. Hier waren es weniger Kupfer- und Salzvorkommen, als evtl. die in Cornwall und Devon bereits während der Frühbronzeit ausgebeuteten alluvialen Zinnlagerstätten[555]. Dieser in Europa sehr seltene und für die gesamte bronzezeitliche Kulturentwicklung in seiner Bedeutung unschätzbar wichtige Rohstoff könnte eine, wenn nicht die Quelle für den Reichtum der Wessex-Kultur gewesen sein. Zinn könnte die Ware gewesen sein, die die Eliten der Wessex-Kultur für den überregionalen Austausch als Gegengabe nutzten. Für Zinn erhielten sie Bernstein, Kupfer und andere Güter im Tausch. Auch hier liegen die Prunkgräber nicht im direkten Umfeld der Rohstoffvorkommen, die wie in Mitteldeutschland, in landwirtschaftlich weniger günstigen Mittelgebirgsregionen und deren Flußläufen liegen, sondern in den nächstgelegenen, verkehrgeographisch gut angebundenen[556] und landwirtschaftlich produktiveren Gebieten[557].

---

554 Vgl. auch: DAUM 2000.

555 Hinweise auf eine Ausbeutung der Zinnlagerstätten während der Phase Wessex II liegen z. B. aus Caerloggas Downs, St. Austell, Cornwall vor. Hier wurden in einem zusedimentierten Grabenwerk u. a. zwei Kassiteritgerölle und sieben Fragmente glasartiger Zinnschlacke sowie ein typischer Camerton-Snowshill Dolch gefunden. Dieser Fund gilt als der älteste Hinweis auf die Verhüttung von Kassiterit auf den britischen Inseln. PENNHALLURICK 1986, 177; SHELL 1978, 259, Plate 3. Einen Hinweis auf eine evtl. bereits früher einsetzende Nutzung der Zinnlagerstätten könnte der Fund eines sog. ‚Jetsliders' aus Wheel Virgin, Cornwall liefern. Das Objekt wurde beim modernen Kassiteritabbau 14,6 m unter der Oberfläche im Bereich der erzführenden Schicht zusammen mit Resten von Hasel- und Eichenholzresten gefunden. PENHALLURICK 1986, 178 ff. Die Datierung dieses Exemplars, wie auch der gesamten Objektgruppe ist problematisch. Sie werden allgemein in Zusammenhang mit dem Vorkommen von Glockenbechern gesehen. MCINNES 1968, 141 f. Aus Wiltshire (Sutton Veney) stammt auch das bisher älteste Zinnobjekt der britischen Inseln. Es handelt sich um eine segmentierte Perle. SHELL 1978, 252. Vergleichbare Zinnperlen sind z. B. aus Odoorn, Drenthe, Exloo Holland bekannt. Sie sind hier Teil eines Halsschmucks. BECK/ STONE 1935, 243, Pl. LXVI Fig. 1. Formal ähnlich segmentierte Fayenceperlen sind vor allem aus Bestattungskontexten der Aldbourne Serie bekannt. Vereinzelt kommen sie aber auch in Gräbern der Wilsford Serie vor (Wilsford G.50a [21]). Auf Grund der derzeitigen Datenlage ist die Ausbeutung der südenglischen Zinnlagerstätten für die Phase Wessex I nicht direkt belegbar. Sicher ist derzeit nur, dass sie während der Phase II der Wessex-Kultur genutzt wurden.

556 In verkehrsgeographischer Hinsicht ist sicherlich der Avon und seine Zuflüsse von entscheidender Bedeutung. Diese, das zentrale Kalkmassiv speicherartig entwässernden Flüsse und deren Täler verbanden die Kernregion der Wessex-Kultur mit der Kanalküste und somit mit dem kontinentalen Europa.

557 Auf diese Faktoren verwies schon STRAHM (1996, 260) in einem ähnlichen Zusammenhang.

# 6 SCHLUSSBETRACHTUNG

Anhand der vorliegenden Untersuchung konnte gezeigt werden, dass die Verbreitung des frühbronzezeitlichen Prunkgrabphänomens, welches sich in verschiedenen Regionen Europas während der ersten Hälfte des 2. Jahrtausends v. Chr. ausbildete, wahrscheinlich nicht direkt durch diffusionistische Mechanismen zu erklären ist. Die beiden hier exemplarisch untersuchten Prunkgrabregionen lieferten deutliche Hinweise dafür, dass eine direkte kulturelle Abhängigkeit eher unwahrscheinlich ist. Die nur kursorisch durchgeführten Betrachtungen aus einer ökologischen und ökonomischen Perspektive legen vielmehr den Schluß nahe, dass bestimmte Rahmenbedingungen notwendige Voraussetzungen für die Ausbildung von Prunkgräbern in der Bronzezeit Mittel- und Westeuropas darstellten.

Trotzdem sollten diffusionistische Mechanismen nicht gänzlich abgelehnt werden. So ist z. B. das Aufkommen und die Verbreitung der Zinnbronzemetallurgie eine der treibenden Kräfte gewesen, die erstens nur auf Grund der ökonomischen Rahmenbedingungen in diesem Umfang möglich wurde, und die zweitens zu weitreichenden soziokulturellen Veränderungen führte[558]. Diese bildeten wiederum die Basis für die in den Prunkgräbern faßbaren sozialen Eliten. Zu diesen sozialen Veränderungen gehörten sicherlich die verstärkte Spezialisierung des Handwerks und anderer Berufe sowie die Ausbildung und Erweiterung weitreichender Austauschsysteme.

Es wäre aber verfrüht, diese Ergebnisse erstens auf das gesamte frühbronzezeitliche Phänomen der Prunkgräber und zweitens auf das Prunkgrabphänomen im Allgemeinen unreflektiert zu übertragen. Zum Einen müßten weiterführende Untersuchungen, zu Anderen Prunkgrabprovinzen des 2. vorchristlichen Jahrtausends wie z. B. zur El Argar-Kultur im Süden der iberischen Halbinsel oder zu den Prunkgräbern des mykenischen Griechenlands angeschlossen werden, um eine solche Übertragbarkeit zu stützen oder zu widerlegen. Beim Vergleich des frühbronzezeitlichen Prunkgrabphänomens mit Prunkgräbern späterer Epochen, wie z. B. den „Fürstengräbern" der späten Hallstattzeit müssen zu den bereits angeführten Punkten auch Aspekte bedacht werden, die charakteristisch für die eisenzeitliche Kulturentwicklung sind. So kommt der Kontrolle von Kupfer- und insbesondere Zinnlagerstätten in der Bronzezeit wahrscheinlich ein anderer Stellenwert zu als es bei Eisenlagerstätten während der folgenden Epochen der Fall war, da diese z. B. im Gegensatz zu Lagerstätten von Eisenerzen auf kleinere und weniger Regionen konzentriert sind. Zudem stellen insbesondere beim Beispiel der hallstattzeitlichen „Fürstengräber" die Kontakte mit mediterranen Hochkulturen einen entscheidenden Unterschied bei den Rahmenbedingungen dar, wie es sich z. B. in der Übernahme einer „quasi"-urbanen Siedlungsweise bereits deutlich zu erkennen gibt.

Abschließend dürfen die hier vorgestellten Ergebnisse trotz aller Einschränkungen als Zeichen dafür gewertet werden, dass auch Befunde wie die der Prunkgräber der Aunjetitz- und der Wessex-Kultur, welche bereits seit geraumer Zeit der archäologischen Forschung hinreichend bekannt sind, noch ein lohnenswertes Ziel für eine Untersuchung darstellen können, auch wenn diese nur einen kleinen Teil der prähistorischen Bevölkerung repräsentieren. Sie liefern als fast einzige Quellengattung Anhaltspunkte, welche uns Auskunft über die Austauschbeziehungen der sozialen Eliten des 2. Jahrtausends v. Chr. liefern können.

Durch die Rekonstruktion dieser Austauschbeziehungen vermögen sie uns einen Eindruck davon zu vermitteln, wie groß die damals bekannte Welt für die Mächtigen gewesen sein mag. Darüber hinaus ermöglichen es uns die Prunkgräber und die darin gefundenen Beigabenausstattungen eine Vorstellung davon zu gewinnen, wie diese Eliten wahrgenommen wurden und auch wahrgenommen werden wollten.

---

558 STRAHM 1994, 2ff.

## 7    Abstract

The major conceptual formulation of this work is an intercultural comparison between the Early Bronze Age 'princely burials' of the south English Wessex Culture and the central European Aunjetitz Culture concerning the recognizable conventions of social status representation. The comparative study aims to review the hypothesis of a direct cultural relationship between the 'princely burials' of both cultures or to follow up the question, whether the appearance of such graves can be seen as an analogous or homologous cultural development.

On the detailed and for a critical assessment of sources necessary remarks on the history of research, a chapter concerning the theoretical background of the work follows. It aims mainly on two fundamental theoretical questions: Which graves should be described with the label 'Prunkgrab' (graves with splendour of grave goods) and how this *terminus* should be defined? To answer these questions first the pure descriptive *terminus technicus* 'Prunkgräber' is proposed, which is being separated from often synonymously used labels like 'Adels-', 'Häuptlings-', 'Fürsten-' or 'Königsgrab' as well as from the English equivalents like 'princely burials' or 'royal graves'. Because these *termini* are already implying meanings, even if these are general consensus or through archaeological research tightened, these meanings are often exceeding the pure description of an archaeological feature, but implying several distinct conceptions of the social structure of the archaeological culture. Therefore the neutral and descriptive *terminus technicus* 'Prunkgrab' is proposed. Furthermore from a diachronic and comparative perspective a collection of attributes of 'Prunkgräber' was compiled, with the aim to identify such cases from the whole asset of graves. The next chapter addresses the chronological relation between the emergences of these rich burials in the research areas. It aims on the identification of anteriority respectively posteriority of this phenomenon in both cultures. By means of scientific dating and relative chronological and typological considerations, the time period of the occurrence of 'splendour graves' in both regions approximately comprises the first few centuries of the 2nd millennium BC. Via current insights a sequence or progression was not confirmable, so that the phenomenon in both regions has to be seen as synchronous.

The main chapter deals with the identification, interpretation und comparison of conventions of status representation. Thereby all forms of expression, which prehistoric societies used to denote high social rank in their burial customs, are understood as *modi* of status representation.
The comparative study of the rich burials in both cultures shows clearly, that a monumental design of graves is one important manner to express social status. The monumental design in the Wessex-Culture emphasizes especially the visibility of the grave. This was achieved due to an ostentatious external design and an accentuated topographical location. Many rich Wessex-burial mounds are concentrated around Stonehenge on shallowly elevated areas, because of the lines-of-sight between Stonehenge and the grave monuments. The burial mounds of the Aunjetitz-Culture are often characterized by their complex inner structure. This hints to the importance of the performative impression of the erection of these monuments. Indeed in both cultures the visibility and the act of erection were important features, but it seems, that they were differently weighted.

Besides the monuments themselves, their relationship to older monuments or burials is examined in detail. Several different reference schemes can be distinguished. An important feature of the Leubinger-Group is the construction of separated single grave monuments. In a totally different way the Aunjetitz burial mounds of Łeki Małe in Greater Poland are showing a concentration on one location, which suggests a strong interrelationship between these monuments. In a similar way the rich Wessex-burials are tending to form groups. Furthermore the enormous concentration of Wessex-burials around the Late Neolithic monument of Stonehenge shows a clear reference on the older ritual place. Also the orientation to older neolithic grave monuments is provable, which supports the ties to an older worship of ancestors.

Obviously both cultures expressed social hierarchy through costumes and certainly cultural differences are easily observable. The Aunjetitz-Culture's rich burials are characterized as a homogeneous group by a lot of components of costume, which could be interpreted as status symbols. These were worn during the lifetime of the individuals, whether not necessarily in everyday life. They can be observed with the same respectively similar meanings both in the Leubinger-Group and in the rich burials of Greater Poland. A totally different system of symbols or signs was used in the costumes found in the rich burials of the Wessex-Culture. Herein the Wessex-Culture displays itself as a technological province related to the 'Blechkreis' (sheet metal technology), whose preferential shaping technology was metal forging not casting. In Contrast the Aunjetitz metal works are examples for the excellent mastery of complex casting technologies. The practice of this highly developed metal working also played an important role in the self-expression of the social elites in the Aunjetitz-Culture, which is obviously shown in the metal working tools among the goods in some of the graves. The social position of the Wessex-elite in contrast was based on their ability of acquisition and accumulation of precious goods (prestige goods), even from local production, like e.g. composite jewellery, or from abroad, like e.g. raw materials like amber. Explicit signs for the accentuation of acquisition and accumulation of 'exotic goods' are almost lacking in most of the rich burials of the Aunjetitz-Culture, especially in the Leubinger-Group. Their source of power seems to have been more related to the production, working, and distribution of metals, which is supported by the wide distribution of metal products originating in the Aunjetitz-Cluture's core area.

In both cultures weapons ended up in the rich graves, which are obviously ritual or symbolic weapons because of their material or making. Indeed in both cultures we find sceptre-like weapons, like halberds or the 'Leubinger rock tool' from the Aunjetitz graves and maces from the Wessex burials, but they show striking differences in their archetypes. Therefore their appearance on both regions can not be interpreted in the sense of a homologous relation between the two regions.

A further important aspect of status representation is the so called 'Überausstattung'. This means that an individual was equipped in the grave with more grave goods of one type, than a single person can use, e.g. several daggers or helmets. In both cultures this aspect is restricted to daggers and maybe axes. Both are artefacts, which are often found in the classical Aunjetitz depositions. The observable cross-shaped deposition of objects in graves as well as in hoards point in a similar direction. But because of the so far not solved problems of the interpretation of depositions, it just seems plausible to construe the 'Überausstattung' in graves and depositions as a *topos* for material wealth and prosperity.

The last examined form of status representation is the equipment with ceramic vessel sets in the graves. The Leubinger-Group is notably characterized by the significant poverty of ceramic vessels. A slightly different picture is observable in the rich burials of Greater Poland, where sets of multiple ceramic vessels are found more regularly. They comprise vessels, which can be interpreted as drinking vessels. But such vessels appear regularly also in the 'normal graves' of the Aunjetitz-Culture, so they can not be interpreted as a form of status representation, which was restricted to elite social groups. In contrast the highly prestigious gold, amber or jet cups of the late Wessex-Culture, whose origin lies presumably in a late phase of Wessex I, are a clear clue for the development of refined drinking manners in the Wessex upper class. The incense burners, found in the rich female burials of the Wessex Culture, are pointing in a quite similar direction. They signify that the consumption of incense was restricted to high ranked social groups or an elite.

From a broader geographical point of view the 'Leubinger-Group' and the rich burials of Greater Poland are representing partly distinct groups. But they show numerous details for direct cultural dependencies. They share for example similar costume and grave good conventions. On the contrary between the rich burials of Aunjetitz- and Wessex-Culture no direct cultural relation can be traced. Rather the Early Bronze Age elite burials in both regions seem to be a phenomenon, which emerged because of socio-structural changes. Both cultures reacted analogical on these changes, occurring around the beginning of the 2nd millennium BC, but in their specific cultural context. The idea to build splendour graves did not travel neither from the Wessex region to the Middle Elbe-Saale region nor vice versa. But rather similar social precondition evolved during the same time.

In a short excursus the ecological and economical basic conditions are considered. Because of climatic data it was possible to argue, that the early 2nd millennium BC was a time of favourable climatic conditions for agricultural production. Furthermore it was possible to show for at least the rich burials of the Leubinger-Group, comparable data for Greater Poland or Great Britain are absent, that these graves are clearly concentrated in regions with throughout high soil qualities. Hence the Aunjetitz-Culture found best preconditions for stock breeding and farming and therefore for an agrarian surplus production. This surplus was the precondition for the development of specialized crafts, like mining, metallurgy, and metal working. The organisational efforts as well as the differentiation of several professions in connection with salt production and metal processing in the end caused growing social stratification, whose top is observable in the mentioned elite burials in both cultures.

76

# 8 LITERATUR

ABELS 1972
B.-U. Abels, Die Randleistenbeile in Baden-Württemberg, des Elsaß, der Franche Comté und der Schweiz. Prähistorische Bronzefunde IX, 4 (München 1972).

ABERCOMBY 1912a
J. Abercomby, A Study of the Bronze Age Pottery of Great Britain and Ireland and its Associated Grave-Goods 1 (Oxford 1912).

ABERCOMBY 1912b
J. Abercomby, A Study of Bronze Age Pottery of Great Britain and Ireland and its Associated Grave-Goods 2 (Oxford 1912).

ACLAND 1916
J. E. Acland, List of Dorset Barrows opened by M. E. Cunnington or described by him. Proc. Dorset Nat. Hist. Antiq. Fld. Club 37, 1916, 40–47.

ADAM 2003
A.-M. Adam, Les Vases de Bronze Étrusques. In: C. Rolley (Hrsg.), La Tombe Princière de Vix 1 (Paris 2003) 145–160.

ANNABLE/SIMPSON 1964
F. K. Annable/D. D. A. Simpson, Guide Catalogue of the Neolithic and Bronze Age Collections in Devizes Museum (Devizes 1964).

APSIMON 1954
A. M. ApSimon, Dagger Graves in the „Wessex" Bronze Age. Annu. Report and Bull. Univ. London 10, 1954, 37–62.

ASHBEE 1960
P. Ashbee, The Bronze Age Round Barrow in Britain (London 1960).

ASSMANN 1991
A. Assmann, Kultur als Lebenswelt und Monument. In: A. Assmann/D. Harth (Hrsg.), Kultur als Lebenswelt und Monument (Frankfurt 1991) 11–25.

AUF DER MAUER 2000
R. auf der Mauer, Fundberichte 1999. Jahrb. SGUF 83, 2000, 199.

BAKKER/VOGEL/WIŚLANSKY 1969
J. A. Bakker/J. C. Vogel/T. Wiślansky, TRB and other C14 dates from Poland. Helinium 9, 1969, 3–27; 209–238.

BARKER 1999
G. Barker (Hrsg.), Companion Encyclopedia of Archaeology 1 (London(New York 1999).

BARTELHEIM 1998
M. Bartelheim, Studien zur böhmischen Aunjetitzer Kultur – Chronologische und chorologische Unter-suchungen. Universitätsforschungen zur Prähisto-rischen Archäologie 46 (Bonn 1998).

BATEMAN 1848
T. Bateman, Vestiges of the Antiquities of Derbyshire (1848).

BATEMAN 1861
T. Bateman, Ten years digging in Celtic and Saxon Grave hills in the counties of Derby, Stafford, and York from 1848–1858 (1861).

BECK/STONE 1935
H. C. Beck/J. F. S. Stone, Faience Beads of the British Stone Age. Arch. Aeliana 85, 1935, 203–235.

BECKER/JÄGER/KAUFMANN/LITT 1989
B. Becker/K.-D. Jäger/D. Kaufmann/Th. Litt, Den-drochronologische Datierung von Eichenhölzern aus den frühbronzezeitlichen Hügelgräbern bei Helms-dorf und Leubingen (Aunjetitzer-Kultur) und an bronzezeitlichen Flußeichen bei Merseburg. Jahres-schr. Mitteldt. Vorgesch. 72, 1989, 299–312.

BECKER/KRAUSE/KROMER 1989
B. Becker/R. Krause/B. Kromer, Zur absoluten Chro-nologie der Frühen Bronzezeit. Germania 67, 1989, 421–442.

BEHRENS 1936
G. Behrens, Jahresbericht des Römisch-Germa-nischen Zentral-Museums zu Mainz für die Zeit vom 1. April 1935 bis 31. März 1936. Mainzer Zeitschr. 31, 1936, 67–77.

BEHRENS 1962
H. Behrens, Ur- und frühgeschichtliche Goldfunde im Landesmuseum für Vorgeschichte Halle (Halle 1962).

BIEL 1985
J. Biel, Der frühkeltische Fürstengrabhügel von Hochdorf. In: Der Keltenfürst von Hochdorf, Metho-den und Ergebnisse der Landesarchäologie. Katalog zur Ausstellung, Stuttgart, Kunstgebäude vom 14. August bis 13. Oktober 1985 (Stuttgart 1985) 33-42.

BILLIG/FRICKE 1964
G. Billig/G. Fricke, Probleme bei der Konservierung des Vollgriffdolches von Baalberge, Kr. Bernburg. Ausgr. u. Funde 9, 1964, 1–5.

BÖHME 1993
H. W. Böhme, Adelsgräber in Frankreich. Archäolo-gische Zeugnisse zur Herausbildung einer Herren-schicht unter den merowingischen Königen. Jahrb. RGZM 40/2, 1993, 397–534.

BREDDIN 1969
R. Breddin, Der Aunjetitzer Bronzehortfund von Bresinchen, Kr. Guben. Veröff. Mus. Ur- u. Frühgesch. Potsdam 5, 1969, 15–56.

BRIARD 1970
J. Briard, Un Tumulus du Bronze Ancien Kernonen en Plouvorn (Finistère). Anthropologie (Paris) 74, 1970, 5–56.

BRIARD 1978
J. Briard, Das Silbergefäß von Saint-Adrien, Cotes-du-Nord. Arch. Korrbl. 8, 1978, 13–20.

BRIARD 1984
J. Briard, Les Tumulus d'Amorique. L'âge du bronze en France 3 (Paris 1984).

BRIARD/MOHEN 1974
J. Briard/J.-P. Mohen, Le tumulus de la forêt de Carnoët à Quimperlé (Finistère). Ant. Nat. 6, 1974, 46–60.

BRIARD/MOHEN 1983
J. Briard/J.-P. Mohen, Typologie des Objects de l'Age du Bronze en France II. Poignards, Hallebardes, Pointes de Flèche, Armement Défensiv (Paris 1983).

BRITTON 1961
D. Britton, A study of the composition of Wessex Culture Bronzes. Archaeometry 4, 1961, 39–52.

V. BRUNN 1959
W. A. v. Brunn, Die Hortfunde der frühen Bronzezeit aus Sachsen-Anhalt, Sachsen und Thüringen. Schriften der Sektion für Vor und Frühgeschichte 7 (Berlin 1959).

BUDGE 1914
E. A. W. Budge, Assyrian Sculptures in the British Museum (London 1914).

BURLEIGH/HEWSON/MEEKS 1976
R. Burleigh/A. Hewson/N. Meeks, British Museum Natural Radiocarbon Measurements VIII. Radiocarbon 18, 1976, 16–42.

BUTLER 1963
J. J. Butler, Bronze Age Connections Across the North Sea. A Study in Prehistoric Trade and Industrial Relations Between the British Isles, the Netherlands, North Germany and Scandinavia. Palaeohistoria 9, 1963, 1–286.

CAMDEN 1610
W. Camden, Britain, or A chorographicall description of the most flourishing kingdomes, England, Scotland, and Ireland, and the islands adjoyning, out of the depth of antiquitie (London 1610) Übersetzung ins Englische von Ph. Holland.

CASTILLO 1954
A. Castillo, El Neoeneolithico. In: R. Menendez Pidal (Hrsg.), Historia de Espana 1.12 (Madrid 1954) 489–714.

CHILDE 1929
V. G. Childe, The Danube in Prehistory (Oxford 1929).

CHILDE 1930
V. G. Childe, The Bronze Age (Cambridge 1930).

CHILDE 1937
V. G. Childe, The Antiquity of the British Bronze Age. American Anthropologist 39, 1937, 1–22.

CHILDE 1957
V. G. Childe, The Dawn of European Civilization6 (London 1957).

CLARK 1966
G. Clark, The Invasion Hypothesis in British Archaeology. Antiquity 40, 1966, 172–189.

CLARKE 1966
D. L. Clarke, A Tentative Reclassification of Britisch Beaker Pottery in the Light of Recent Research. Paleohistoria 12, 1966, 179–198.

CLARKE 1970
D. L. Clarke, Beaker Pottery of Great Britain and Ireland (Cambridge 1970).

CLARKE/COWIE/FOXON 1985
D. V. Clarke/T. G. Cowie/A. Foxon, Symbols of Power at the Time of Stonehenge (Edinburgh 1985).

CLEAL/WALKER/MONTAGUE 1995
R. M. J. Cleal/K. E. Walker/R. Montague, Stonehenge in its landscape. Twentieth-century excavations. Archaeological Reports 10 (London 1995).

COLES/TAYLOR 1971
J. Coles/J. Taylor, The Wessex culture: a minimal view. Antiquity 45, 1971, 6–14.

COLT HOARE 1810
Sir Richard Colt Hoare, Ancient Wiltshire 1 (London 1810).

COLT HOARE 1821
Sir Richard Colt Hoare, Ancient Wiltshire 2 (London 1821).

CRANE/GRIFFIN 1972
H. R. Crane/J. B. Griffin, University of Michigan Radiocarbon Dates XV. Radiocarbon 14, 1972, 195–222.

CRAWFORD 1913
O. G. S. Crawford, Prehistoric Tade between England and France. Anthropologie 24, 1913, 641–649.

CRAWFORD 1927
O. G. S. Crawford, Barrows. Antiquity 1, 1927, 419–434.

CRAWFORD/KEILLER 1928
O. G. S. Crawford/A. Keiller, Wessex from the Air (Oxford 1928).

CRITTALL 1973
E. Crittall, A History of Wiltshire (Oxford 1973).

CUNLIFF 1978
B. Cunliff, Hengistbury Head (London 1978).

CUNNINGTON 1925
M. E. Cunnington, Prehistoric Gold in Wiltshire. Ant. Journal 5, 1925, 68–70.

CURWEN 1954
E. C. Curwen, Archaeology of Sussex² (London 1954).

DAUM 2000
M. Daum, Salz und andere wichtige Handelsgüter der Bronzezeit. In: B. Mühldorfer/J. P. Zeitler (Hrsg.), „Mykene – Nürnberg – Stonhenge". Handel und Austausch in der Bronzezeit. Katalog zur gleichnamigen Austellung im Naturhistorischen Musem Nürnberg vom 20. Mai 2000 bis 16. Januar 2001 (Nürnberg 2000) 119–132.

DEMEL 1965
R. Demel, Diercke Weltatlas126 (Braunschweig u. a. 1965).

DREW/PIGGOTT 1936
C. D. Drew/S. Piggott, Two bronze age Barrows excavated by Mr Edward Cunnington. Proc. Soc. Dorset Natural Hist. Soc. 32, 1936, 86–95.

V. DREYHAUPT 1755
J. Ch. von Dreyhaupt, Pagus Neletici et Nudzisi, oder ausführliche diplomatische-historische Beschreibung des ...Saal-Creyses. ..., T. 1 (Halle 1755).

EARLE 1997
T. Earle, How Chiefs Come to Power (Stanford 1997).

EGGERT 1988
M. K. H. Eggert, Riesentumuli und Sozialorganisation: Vergleichende Betrachtungen zu den sogenannten »Fürstenhügeln« der späten Hallstattzeit. Arch. Korrbl. 18, 1988, 263–274.

EICHHORN 1908
G. Eichhorn, Die Ausgrabung des Nienstedter Grabhügels. Jahresschr. Vorgesch. Sächs.-Thüring. Länder 7, 1908, 85–94.

EVANS 1870–1873
J. Evans, Proc. Soc. Ant. London 5, 1870–1873, 392–412.

EVANS 1881
J. Evans, The Ancient Bronze Implements, Weapons and Ornaments of Great Brtian and Ireland (London 1881).

EVANS 1913
Sir A. Evans, The 'Tomb of the Double Axes' and Associated Group, and the Pillar Rooms and Ritual Vessels of the 'Little Palace' at Knossos. Arch. Aeliana 65, 1913–1914, 1–94.

FISCHER 1956
U. Fischer, Die Gräber der Steinzeit im Saalegebiet. Vorgeschichtliche Forschungen 15 (Berlin 1956).

FISCHER 1971
F. Fischer, Die frühbronzezeitliche Ansiedlung in der Bleiche bei Arbon TG. Schriften zur Ur- und Frühgeschichte der Schweiz 17 (Basel 1971).

FISCHER 1982
F. Fischer, Frühkeltische Fürstengräber in Mitteleuropa. Ant. Welt 13, 1982, 3–72.

FREY 1980
O.-H. Frey, Situlenkunst. In: E. Lessing (Hrsg.), Hallstatt. Bilder aus der Frühzeit Europas (München 1980) 126–133.

FRÖHLICH 1983
S. Fröhlich, Studien zur mittleren Bronzezeit zwischen Thüringer Wald und Altmark, Leipziger Tieflandbucht und Oker. Veröffentlich. Braunschweigischches Landesmus. 34 (Braunschweig 1983).

GALLAY 1981
G. Gallay, Die kupfer- und altbronzezeitlichen Dolche und Stabdolche in Frankreich. Prähistorische Bronzefunde VI, 5 (München 1981).

GANZELEWSKI 1996
M. Ganzelewski, Aussehen und Eigenschaften von „Bernstein". In: M. Ganzelweski/R. Slotta (Hrsg.), Bernstein Tränen der Götter. Katalog der Ausstellung des Deutschen Bergbau-Museums Bochum vom 15. September 1996 bis 19. Januar 1997 (Bochum 1996) 19–26.

GEDL 1980
M Gedl, Die Dolche und Stabdolche in Polen. Prähistorische Bronzefunde VI, 4 (München 1980).

GEDL 1983
M. Gedl, Die Nadeln in Polen I (Frühe und ältere Bronzezeit). Prähistorische Bronzefunde XIII, 7 (München 1983).

GERLOFF 1975
S. Gerloff, The Early Bronze Age Daggers in Great Britain and a Reconsideration of Wessex Culture. Prähistorische Bronzefunde VI, 2 (München 1975).

GERLOFF 1993
  S. Gerloff, Zu Fragen der mittelmeerländischen Kontakte und absoluter Chronologie der Frühbronzezeit in Mittel- und Westeuropa. Prähist. Zeitschr. 68, 1993, 58–102.

GIFFORD 1957
  J. Gifford, The Physique of Wiltshire. In: R. B. Pugh/E. Crittall (Hrsg.), A History of Wiltshire 1, 1. The Victoria History of the Counties of England (London 1957) 1–20.

GODDARD 1911
  E. H. Goddard, Notes on implements of the Bronze Age found in Wiltshire with a list of all known examples found in the county. Wiltshire Arch. And Natural Hist. Magazine 37, 1911/12, 92 ff.

GÖRSDORF 1993
  J. Görsdorf, 14C-Datierungen des Berliner Labors zur Problematik der chronologischen Einordnung der frühen Bronzezeit in Mitteleuropa. In: RASSMANN 1993, 97–117.

GÖTZE/HÖFER/ZSCHIESCHE 1909
  A. Götze/P. Höfer/P.Zschiesche, Die vor- und frühgeschichtlichen Altertümer Thüringens (Würzburg 1909).

GRANCIÈRE 1899
  A. Grancière, Anthropologie 10, 1899, 578–579.

GREENWELL 1877
  W. Greenwell, British Barrows (Oxford 1877).

GREENWELL 1890
  W. Greenwell, Recent Researches in Barrows in Yorkshire, Wiltshire, Berkshire etc. Arch. Aelina 52, 1890, 1–72.

GRIMM 1937
  P. Grimm, Die Baalberger Kultur in Mitteldeutschland. Mannus 29, 1937, 155–187.

GRIMM 1938
  P. Grimm, Die Salzmünder Kultur in Mitteldeutschland. Jahresschr. Vorgesch. Sächs.-Thüring. Länder 29, 1938, 1–104.

GRINSELL 1953
  L. V. Grinsell, The Ancient Burial-Mounds of England (London 1953).

GRINSELL 1957
  L. V. Grinsell, A List of Wiltshire Barrows. In: E. Crittall/R. B. Pugh (Hrsg.), A history of Wiltshire 1,1. The Victoria History of the Counties of England (Oxford 1957).

GRINSELL 1958
  L. V. Grinsell, The Archaeology of Wessex (London 1958).

GRINSELL 1959
  L. V. Grinsell, Dorset Barrows (Dorchester 1959).

GRÖSSLER 1907
  H. Größler, Das Fürstengrab im großen Galgenhügel am Paulsschachte bei Helmsdorf (im Mansfelder Seekreise). Jahresschr. Vorgesch. Sächs.-Thüring. Länder 6, 1907, 1–87.

GROSS-KLEE/MAISE 1997
  E. Gross-Klee/Ch. Maise, Sonne, Vulkane und Seeufersiedlungen. Jahrb. SGUF 80, 1997, 85–94.

HACHMANN 1957a
  R. Hachmann, Bronzzeitliche Bernsteinschieber. Bayer. Vorgeschbl. 22, 1957, 1–36.

HACHMANN 1957b
  R. Hachmann, Die frühe Bronzezeit im westlichen Ostseegebiet und ihre mittel- und südosteuropäischen Beziehungen. Beiheft zum Atlas der Urgeschichte 6 (Hamburg 1957).

HAFNER 1995
  A. Hafner, »Vollgriffdolch und Löffelbeil« Statussymbole der Frühbronzezeit. Arch. Schweiz 18, 1995, 134–141.

HANSEN 2002
  S. Hansen, „Überausstattung" in Gräbern und Horten der Frühbronzezeit. In: J. Müller (Hrsg.), Vom Endneolithikum zur Frühbronzezeit: Muster sozialen Wandels? Tagung Bamberg 14.-16. Juni 2001. Universitätsforschungen zur prähistorischen Archäologie 90 (Bonn 2002) 151–173.

HANSEN/BORN 2001
  S. Hansen/H. Born, Helme und Waffen Alteuropas. Sammlung Axel Guttman 9 (Berlin 2001).

HARDING 2000
  A. F. Harding, European Societies in the Bronze Age (Cambridge 2000).

HARRISON 1977
  R. J. Harrison, The Bell Beaker Cultures of Spain and Portugal. Bull. Am. School Prehist. Research 35, 1977.

HÁSEK 1959
  V. Hásek, Ováline Závěsky Sedmihradského Typu v Únětickem Prostředí (Ovalanhänger vom Siebenbürger Typus im Aunjetitzer Milieu. In: Acta Universitatis Carolinae 3. Festschrift für J. Filip (Prag 1959) 105–112.

HELMS 1993
  M. W. Helms, Craft and the Kingly Ideal (Austin 1993).

Hinz 2009
 M. Hinz, Eine multivariate Analyse Aunjetitzer Fundgesellschaften. Universitätsforschungen zur Prähsito-
 rischen Archäologie 173 (Bonn 2009)

Höfer 1902
 P. Höfer, Baalberge. Jahresschr. Vorgesch. Sächs.-
 Thüring. Länder 1, 1902, 16–49.

Höfer 1906a
 P. Höfer, Der Leubinger Grabhügel. Jahresschr. Vorgesch. Sächs.-Thüring. Länder 5, 1906, 1–59.

Höfer 1906b
 P. Höfer, Die Hügel von Sömmerda und Nienstedt.
 Jahresschr. Vorgesch. Sächs.-Thüring. Länder 5,
 1906, 83–88.

Höfer 1906c
 P. Höfer, Grabfunde von Hedersleben, Königsaue,
 Obhausen, Baalberge, Derenburg; Depotfund von
 Spiegelsberge. Jahresschr. Vorgesch. Sächs.-Thüring.
 Länder 5, 1906, 88–97.

Höfer 1906d
 P. Höfer, Schluß: Die Hügel von Helmsdorf und Leubingen. Jahresschr. Vorgesch. Sächs.-Thüring. Länder 5, 1906, 98–99.

Hornung 1985
 E. Hornung, Tal der Könige. Die Ruhestätte der Pha-
 raonen[3] (Düsseldorf/Zürich 1985).

Horst 1990
 F. Horst, Bemerkungen zur chronologischen Einordnung der frühen und älteren Bronzezeit im mitteleuropäischen Raum. In: S. Bohuslav Chropovský (Hrsg.),
 Beiträge zur Geschichte und Kultur der mitteleuropäischen Bronzezeit (Berlin/Nitra 1990) 169–178.

Hrouda 1965
 B. Hrouda, Die Kulturgeschichte des assyrischen
 Flachbildes. Saarbrücker Beiträge zur Altertumskun-
 de 2 (Bonn 1965).

Hundt 1971
 H.-J. Hundt, Der Dolchhort von Gau-Bickelheim in
 Rheinhessen. Jahrb. RGZM 18, 1971, 1–50.

Hundt 1974
 H. J. Hundt, Donauländische Einflüsse in der frühen
 Bronzezeit Norditaliens. Preist. Alpina 10, 1974,
 143–178.

Huth 1997
 Ch. Huth, Westeuropäische Horte der Spätbronzezeit.
 Fundbild und Funktion. Regensburger Beiträge zur
 Prähistorischen Archäologie 3 (Bonn 1997).

Kibbert 1980
 K. Kibbert, Die Äxte und Beile im mittleren West-
 deutschland. Prähistorische Bronzefunde IX, 10
 (München 1980).

Kinnes et al. 1988
 I. A. Kinnes/I. H. Longworth/I. M. McIntyre/S. P.
 Needham/W. A. Oddy, Bush Barrow Gold. Antiquity
 62, 1988, 24–39.

Klopfleisch 1883
 F. Klopfleisch, Die Grabhügel von Leubingen, Sömmerda und Nienstedt. Allgemeine Einleitung. Cha-
 rakteristik und Zeitfolge der Keramik Mitteldeutschlands. Vorgeschichtliche Altertümer der Provinz
 Sachsen und angrenzender Gebiete 1.1 (Halle 1883).

Knapowska-Mikołajczykowa 1957
 A. Knapowska-Mikołajczykowa, Wczesny okres
 epoki brązu w Wielkopolsce (La première période
 de l'âge du bronze en Grande Pologne). Fontes Arch.
 Posnanienses 7, 1957, 31–115.

Knapp 1998
 I. Knapp, „Fürst" oder „Häuptling"? Eine Analyse
 der herausragenden Bestattungen der frühen Bronzezeit. Archäologie Digital 1 (2001).

Kohl/Quitta 1966
 G. Kohl/H. Quitta, Berlin Radiocarbon Measurements II. Radiocarbon 8, 1966, 27–45.

Kossack 1974
 G. Kossack, Prunkgräber, Bemerkungen zu Eigenschaften und Aussagewert. In: G. Kossack/G. Ulbert
 (Hrsg.), Festschrift Joachim Werner. Münchener Beiträge zur Vor- und Frühgeschichte. Erg.-Bd. 1 (München 1974) 3–33.

Kostrzewski 1935
 J. Kostrzewski, Przyczynki do Poznania Wczesnej
 Epoki Bronzowej. Wiadomości Arch. 13, 1935, 75–
 94.

Kowiańska-Piaszykowa 1956
 M. Kowiańska-Piaszykowa, Wyniki archeologiczny-
 ch kurhanu III kultury unietyckiej w Łekach Małych
 w pow. kościańskim. Les résultats du fouilles du
 tumulus No III de la civilisation unêticienne à Łęki
 Małe, distr. de Kościan. Fontes Arch. Posnanienses 7,
 1956, 116–139.

Kowiańska-Piaszykowa 1957
 M. Kowiańska-Piaszykowa, Wyniki badań archeolo-
 gicznych kurhanu III kultury unietyckiej w Łękach
 Małych w pow. kościańskim. Fontes Arch. Posnanienses 7, 1957, 116–138.

Kowiańska-Piaszykowa 1968
 M. Kowiańska-Piaszykowa, Wyniki archeologiczny-
 ch kurhanu IV kultury unietyckiej w Łekach Małych,
 pow. Kościan. Les résultats du fouilles du tetre IV
 de la civilisation d'Unêtice à Łeki Małe, district de
 Kościan. Fontes Arch. Posnanienses 19, 1968, 6–31.

KOWIAŃSKA-PIASZYKOWA/KURNATOWSKI 1953
M. Kowiańska-Piaszykowa/S. Kurnatowski, Kurhan kultury unietyckiej w Łeki Małych pow. Kościan. Fontes Arch. Posnanienses 4, 1953, 43–76.

KRAUSE 1988
R. Krause, Die endneolithischen und frühbronzezeitlichen Grabfunde auf der Nordterrasse von Singen am Hohentwiel. Forschungen und Berichte zur Vor- und Frühgeschichte in Baden-Württemberg 32 (Stuttgart 1988).

KRAUSE 2003
R. Krause, Studien zur kupfer- und frühbronzezeitlichen Metallurgie zwischen Karpatenbecken und Ostsee. Vorgeschichtliche Forschungen 24 (Rahden 2003).

KRAUSSE 1996
D. Krausse, Hochdorf III. Das Trink- und Speiseservice aus dem späthallstattzeitlichen Fürstengrab von Eberdingen-Hochdorf (Kr. Ludwigsburg). Forschungen und Berichte zur Vor- und Frühgeschichte in Baden-Württemberg 64 (Stuttgart 1996).

KRAUSSE 1999
D. Krausse, Der Keltenfürst von Hochdorf: Dorfältester oder Sakralkönig? Anspruch und Wirklichkeit der sog. kulturanthropologischen Hallstattarchäologie. Arch. Korrbl. 29, 1999, 339–358.

LENERZ-DE WILDE 1991
M. Lenerz-de Wilde, Überlegungen zur Funktion der frühbronzezeitlichen Stabdolche. Germania 69, 1991, 25–48.

LISSAUER 1904
A. Lissauer, Erster Bericht über die Tätigkeit der von der deutschen anthropologischen Gesellschaft gewählten Kommission für prähistorische Typenkarten. Zeitschr. Ethn. 36, 1904, 537–607.

LISSAUER 1907
A. Lissauer, Vierter Bericht über die Tätigkeit der von der Deutschen anthropologischen Gesellschaft gewählten Kommission für prähistorische Typenkarten. Die Typenkarte der ältesten Gewandnadeln. Zeitschr. Ethn. 39, 1907, 785–831.

LONGWORTH 1983
I. H. Longworth, The Winny Liggate Perforated Wall Cup and ist Affinities. In: A. O'Connor/D. V. Clarke (Hrsg.), From the Stone Age to the 'Forty-Five. Studies Presented to R. B. K. Stevenson (Edinburgh 1983) 65–86.

LONGWORTH 1984
I. H. Longworth, Collared Urns of the Bronze Age in Great Britain and Ireland (Cambridge 1984).

LORENZ (im Druck)
L. Lorenz, Typologisch-chronologische Studien zur Deponierungen der nordwestlichen Aunjetitzer Kultur. Universitätsforschungen zur Prähistorischen Archäologie (Bonn im Druck).

MACHNIK 1976
J. Machnik, Die Hauptentwicklungstendenzen der Frühbronzezeit Polens. Istraživanja 5, 1976, 91 ff.

MACHNIK 1977
J. Machnik, Frühbronzezeit Polens. In: Prace Komisji Archaeologicznej 15 (Warschau u. a. 1977).

MAGNY/MAISE/JACOMET/BURGA 1998
M. Magny/Ch. Maise/St. Jacomet/C. A. Burga, Umwelt und Subsistenzwirtschaft. In: St. Hochuli/U. Niffeler/V. Rychner (Hrsg.), Die Schweiz vom Paläolithikum bis zum frühen Mittelalter 3 (Basel 1998) 135–192.

MAISE 1998
Ch. Maise, Archäoklimatologie. Vom Einfluss nacheiszeitlicher Klimavariabilität in der Ur- und Frühgeschichte. Jahrb. SGUF 81, 1998, 197–235.

MANDERA 1953
H.-E. Mandera, Versuch einer Gliederung der Aunjetitzer Kultur in Mitteldeutschland. Jahresschr. Mitteldt. Vorgesch. 37, 1953, 177–236.

MARTIN 1900
A. Martin, Les Sépultures Armoricaines. A belles pointes de flèche en silex. Anthropologie 11, 1900, 159–178.

MATTHEUSSER 2003
E. Mattheußer, Neuer Glanz. Befunde der Aunjetitzer Kultur im Nordwestbereich. Archäologie in Sachsen-Anhalt Sonderband 1, 2003, 67–74.

MATTHIAS 1974
W. Matthias, Kataloge zur mitteldeutschen Schnurkeramik. Teil IV: Südharz-Unstrut-Gebiet. Veröffentlichungen des Landesmuseums für Vorgeschichte in Halle 28 (Berlin 1974).

MATTHIAS 1976
W. Matthias, Die Salzproduktion – ein bedeutender Faktor in der Wirtschaft der frühbronzezeitlichen Bevölkerung an der mittleren Saale. Jahresschr. Mitteldt. Vorgesch. 60, 1976, 373–394.

MCINNES 1968
I. McInnes, Jet sliders in late neolithic Britain. In: J. M. Coles/D. D. A. Simpson (Hrsg.), Studies in Ancient Europe. Essays presented to Stuart Piggot (Leicester 1968) 137–144.

MEGAW/SIMPSON 1979
J. V. S. Megaw/D. D. A. Simpson, Introduction to British Prehistory (Leicester 1979).

MILDENBERGER 1953
G. Mildenberger, Studien zum mitteldeutschen Neolithikum. Veröffentlichungen des Landesmuseums für Vorgeschichte Dresden 2 (Leipzig 1953).

MOESTA/FRANKE 1995
H. Moesta/ P. R. Franke, Antike Metallurgie und Münzprägung. Ein Beitrag zur Technikgeschichte (Basel 1995).

MOHEN 1991
J.-P. Mohen, Les sépultures de métallurgistes du début des âges des métaux ein Europe. In: J.-P. Mohen/C. Éluère (Hrsg.), Découverte du Métal (Picard 1991)131–142.

MONTELIUS 1900
O. Montelius, Die Chronologie der ältesten Bronzezeit in Nord-Deutschland und Skandinavien (Braunschweig 1900).

MONTELIUS 1908
O. Montelius, The Chronology of the British Bronze Age. Arch. Aeliana 61, 1908, 97–162.

MOUCHA 1954
V. Moucha, Rozbor únětického pohřebiště v Polepech u Kolína (Analyse de la nécropole ounietizienne de Polepy près de Kolin). Arch. Rozhledy 6, 1954, 502 f., 523–536, 566–567, 573–575.

MOUCHA 1963
V. Moucha, Die Periodisierung der Úněticer Kultur in Böhmen. Sborník Československé Společnosti Arch. 3, 1963, 9–60.

MÜLLER 1982
D. W. Müller, Die späte Aunjetitzer Kultur des Saalegebietes im Spannungsfeld des Südosten Europas. Jahresschr. Mitteldt. Vorgesch. 65, 1982, 107–127.

MÜLLER 1991
J. Müller, Fürsten oder Häuptlinge: Experimente mit Hallstatthügeln. Experimentelle Archäologie Bilanz 1991. Archäologische Mitteilungen aus Nordwestdeutschland Beih. 6 (Oldenburg 1991) 215–255.

MÜLLER 1999
J. Müller, Zur Radiokarbondatierung des Jung- bis Endneolithikums und der Frühbronzezeit im Mittelelbe-Saale-Gebiet (4100-1500 v. Chr.). Ber. RGK 80, 1990, 25–90.

MÜLLER 2004
J. Müller/J. Czebreszuk/S. Kadrow (Hrsg.), Bruszczewo. Forschungsstand, erste Ergebnisse, das östliche Feuchtbodenarsenal. Studien zur Archäologie in Ostmitteleuropa 2 (Poznań 2004).

MÜLLER (in. Vorbr.)
J.Müller, Bruszczewo 5: Production, distribution, consumption, and the formation of social differences.

MURRAY 1983
O. Murray, The Greek Symposion in History. In: E: Gabba (Hrsg.), Tria Cordia. Scritti in onore di Arnaldo Momigliano. Biblioteca di Athenaeum 1 (Como 1983) 257–272.

NACK 1977
E. Nack, Ägypten und der Vordere Orient im Altertum (Wien/Heidelberg 1977).

NEEDHAM/LAWSON/GREEN 1985
St. P. Needham/A. J. Lawson/H. St. Green, Early Bronze Age Hoards. British Bronze Age Metalwork A1-16 (London 1985).

NEUGEBAUER-MARESCH/NEUGEBAUER 1988/1989
Ch. Neugebauer-Maresch/J.-W. Neugebauer, Goldobjekte aus den Frühbronzezeitnekropolen Franzhausen I und II und Gemeinlebarn F. Mitt. Ant. Ges. Wien 118/119, 1988/89, 101–134.

NEUMANN 1929
G. Neumann, Die Entwicklung der Aunjetitzer Keramik in Mitteldeutschland. Prähist. Zeitschr. 20, 1929, 71–144.

NEUMANN 1958
G. Neumann, Aunjetitzer-Kultur. Ausgr. u Funde 3, 1958, 203–208.

NEWALL 1927
R. S. Newall, Two Shale Cups of the Early Bronze Age and other similar Cups. Wiltshire Arch. and Natural Hist. Magazine 44, 1927–1929, 111–117.

NEWALL 1930–1932
R. S. Newall, Barrow 85 at Amesbury (with Appendix). Wiltshire Arch. And Natural Hist. Magazine 45, 1930–1932, 432 ff.

NIKLASSON 1925
N. Niklasson, Studien zur Walternienburg-Bernburg Kultur I. Jahresschr. Vorgesch. Sächs.-Thüring. Länder 12, 1925.

NIKLASSON 1926
N. Niklasson, Neue Funde der Glockenbecherkultur aus der Provinz Sachsen. Jahresschr. Vorgesch. Sächs.-Thüring. Länder 14, 1926, 36–48.

OAKLEY 1965
K. Oakley, Folklore of Fossils II. Antiquity 39, 1965, 117–125.

OLSHAUSEN 1886
O. Olshausen, Spiralringe. Zeitschr. Ethn. 18, 1886, 433–498.

OTTO 1955
K.-H. Otto, Die sozialökonomischen Verhältnisse bei den Stämmen der Leubinger Kultur in Mitteldeutschland. Ethnographisch-archäologische Forschungen 3/1 (Berlin 1955).

OTTO 1958
K.-H. Otto, Soziologisches zur Leubinger Gruppe der Aunjetitzer Kultur. Ausgr. u. Funde 3, 1958, 208–210.

PAPE 1978
W. Pape, Bemerkungen zur relativen Chronologie des Endneolithikums am Beispiel Südwestdeutschlands und der Schweiz. Tübinger Monographien zur Urgeschichte 3 (Tübingen 1978).

PAPE 1979
W. Pape, Histogramme neolithischer [14]C-Daten. Germania 57, 1979, 1–51.

PIGGOTT 1938
S. Piggott, The Early Bronze Age in Wessex. Proc. Prehist. Soc. 4, 1938, 52–106.

PITT-RIVERS 1887–1898
A. H. L.-F. Pitt-Rivers, Excavations in Cranborne Chase near Rushmore on the borders of Dorset and Wiltshire 1–4 (London 1887–1898).

PLEINEROVÁ 1966
I. Pleinerová, Únětická kultura v oblasti Krušných Hor a jejím sousedství I (Die Aunjetitzer Kultur im Bereich des Erzgebirges und in den Nachbargebieten). Pam. Arch. 57, 1966, 339–458.

PLEINEROVÁ 1967
I. Pleinerová, Únětická kultura v oblasti Krušných Hor a jejím sousedství II (Die Aunjetitzer Kultur im Bereich des Erzgebirges und in den Nachbargebieten II). Pam. Arch. 58, 1967, 1–36.

PRIEBE 1938
H. Priebe, Die Westgruppe der Kugelamphoren. Jahresschr. Vorgesch. Sächs.-Thüring. Länder 28, 1938, 1–144.

PROUDFOOT 1963
E. V. W. Proudfoot, Reports on the Excavation of a Bell Barrow in the Parish of Edmondsham, Dorset, England 1959. Proc. Prehist. Soc. 12, 1963, 395–425.

RAETZEL-FABIAN 1986
D. Raetzel-Fabian, Phasenkartierung des mitteleuropäischen Neolithikums. British Archaeological Reports International Series 316 (Oxford 1986).

RASSMANN 1993
K. Rassmann, Spätneolithikum und frühe Bronzezeit im Flachland zwischen Elbe und Oder. Beiträge zur Ur- und Frühgeschichte Mecklenburg-Vorpommerns (Lübstorf 1993).

Rassmann XXXX

REINECKE 1924
P. Reinecke, Zur chronologischen Gliederung der süddeutschen Bronzezeit. Germania 8, 1924, 43–44.

REHM 2003
E. Rehm, Waffengräber im Alten Orient. Zum Problem der Wertung von Waffen in Gräbern des 3. und frühen 2. Jahrtausends v. Chr. in Mesopotamien und Syrien. British Archaeological Reports International Series 1191 (Oxford 2003).

RENFREW 1973
C. Renfrew, Wessex a social question. Antiquity 47, 1973, 221–225.

ROE 1966
F. E. S. Roe, The Battle-Axe Series in Britain. Proc. Prehist. Soc. 8, 1966, 199–245.

RUCKDESCHEL 1978
W. Ruckdeschel, Die frühbronzezeitlichen Gräber Südbayerns. Antiquitas Reihe 2: Abhandlungen aus dem Gebiet der Vor- und Frühgeschichte 11 (Bonn 1978).

RUOFF/RYCHNER 1986
U. Ruoff/V. Rychner, Die Bronzezeit im schweizerischen Mittelland. Chronologie. Archäologische Daten der Schweiz (Basel 1986) 73–79, 143–153.

RYZNER 1880
Č. Ryzner, Radové hroby bliž Únětic. Pam. Arch. 11, 1880, 289–308, 353–368.

RZEHAK 1880
A. Rzehak, Neu entdeckte prähistorische Begräbnisstätten bei Mönitz in Mähren. Mitt. Anthr. Ges. Wien 9, 1880, 202–214.

RZEHAK 1882
A. Rzehak, Beiträge zur Urgeschichte Mährens. Mitt. Anthr. Ges. Wien 11, 1882, 178–183.

RZEHAK 1912
A. Rzehak, Die prähistorischen Bewohner Mährens. Zeitschrift des deutschen Vereines für die Geschichte Mährens und Schlesiens 16, 1912, 214–234.

SAHLINS 1972
M. Sahlins, Stone Age Economics (London 1972).

SANDARS 1950
N. K. Sandars, Daggers as Type Fossils in the French Early Bronze Age. Annu. Report and Bull. Univ. London 6, 1950, 44–59.

SANDARS 1959
N. K. Sandars, Amber Spacer-Beads again. Antiquity 33, 1959, 292–295.

SARNOWSKA 1969
W. Sarnowska, Kultura Unietycka W Polsce I (Wrocław 1969).

SCHEFFER/TORNAU 1959
F. Scheffer/O. Tornau, Lehrbuch des Ackerbaus[5] (Berlin/Hamburg 1959).

SCHICKLER 1971
H. Schickler, Fundber. Schwaben 19, 1971, 404–417.

SCHICKLER 1981
H. Schickler, ‚Neolithische' Zinnbronzen. In: H. Lorenz (Hrsg.), Studien zur Bronzezeit. Festschrift für Wilhelm Albert von Brunn (Mainz 1981) 419–445.

SCHMIDT/NITZSCHKE 1980
B. Schmidt/W. Nitzschke, Ein frühbronzezeitlicher „Fürstenhügel" bei Dieskau im Saalkreis. Ausgr. u. Funde 25, 1980, 179–183.

SCHOKNECHT 1972
U. Schoknecht, Ein neuer Hortfund von Melz, Kreis Röbel, und die mecklenburgischen Stabdolche. Jahrb. Bodendenkmalpfl. Mecklenburg 1971, 1972, 233–253.

SCHRÁNIL 1928
J. Schránil, Die Vorgeschichte Böhmens und Mährens (Berlin, Leipzig 1928).

SCHROTT 2001
R. Schrott, Gilgamesh Epos (München 2001).

SCHULZ 1939
W. Schulz, Vor- und Frühgeschichte Mitteldeutschlands (1939).

SCHWARZ 2001
M. Schwarz, Reich geworden durch Kupfer und Salz? In: H. Meller (Hrsg.), Schöhnheit, Macht und Tod. 120 Funde aus 120 Jahren Landesmuseum für Vorgeschichte Halle. Begleitband zur Sonderausstelleung vom 11. Dezember 2001 bis 28. April 2002 im Landesmuseum für Vorgeschichte Halle (Halle 2001) 62–65.

SCHWENZER 2004
St. Schwenzer, Frühbronzezeitliche Vollgriffdolche. Typologische, chronologische und technische Studien auf der Grundlage einer Materialaufnahme von Hans-Jürgen Hundt. Kataloge Vor- und Frühgeschichtlicher Altertümer 36 (Mainz 2004).

SHELL 1978
C. A. Shell, The Early Exploitation of Tin Deposits in South West England. In: M. Ryan (Hrsg.), The Origins of Metallurgy in Atlantic Europe. Proceedings of the fifth Atlantic Colloquium. Dublin 30th March to 4th April 1978 (Dublin o. Jahr) 251–263.

SHELL/ROBINSON 1988
C. A. Shell/P. Robinson, The recent reconstruction of the Bush Barrow lozenge plate. Antiquity 62, 1988, 248–258.

SHEPHERD 1985
I. A. G. Shepherd, Jet and Amber. In: D. V. Clarke/T. G. Cowie/A. Foxon, Symbols of Power at the Time of Stonehenge (Edinburgh 1985) 204–227.

SHERRATT 1987
A. Sherratt, Cups that cheered. In: W. H. Waldren/R. C. Kennard (Hrsg.), Bell-Beakers of the West Mediterranean (Oxford 1987) 81–114.

SHERRATT 1991
A. Sherratt, Sacred and Profane Substances: the Ritual Use of Narcotics in Later Neolithic Europe. In: P. Garwood/D. Jennings/R. Skeates/J. Toms (Hrsg.), Sacred and Profane: Proceedings of a Conference on Archaeology, Ritual and Religion. Oxford 1989 (Oxford 1991) 50–64.

SHERRATT 1995a
A. Sherratt, Introduction. In: J. Goodman/P. E. Lovejoy/A. Sherratt (Hrsg.), Consuming Habits. Drugs in History and Anthropology (London 1995) 1–10.

SHERRATT 1995b
A. Sherratt, Alcohol and its Alternatives. In: J. Goodman/P. E. Lovejoy/A. Sherratt (Hrsg.), Consuming Habits. Drugs in History and Anthropology (London 1995) 10–46.

SIMON 1990
K. Simon, Höhensiedlungen der älteren Bronzezeit im Elbsaalegebiet. Jahresschr. Mitteldt. Vorgesch. 73, 1990, 287–330.

SIMPSON 1968
D. D. A. Simpson, Food Vessels: associations and chronology. In: J. M. Coles/D. D. A. Simpson (Hrsg.), Studies in ancient Europe. Essays presented to Stuart Piggott (Leicester 1968) 197–211.

SMITH 1907–1910
L. T. Smith (Hrsg.), The Itinerary of John Leland in or about the years 1535–1543[10] (1907–1910).

SPINDLER 1983
K. Spindler, Die frühen Kelten (Stuttgart 1983).

SPURNÝ 1961
V. Spurný, Neue Forschungen über die Anfänge der Lausitzer Kultur in Mähren. In: A. Točik (Hrsg.), Kommission für das Äneolithikum und die ältere Bronzezeit, Nitra 1958 (Bratislava 1961) 125–137.

ŠTORCH 1914
E. Štroch, Nordická osada a předúnětické pohřebiště na Libusáku v Libni. Pam. Arch. 26, 1914, 81–95.

STRAHM 1965/1966
Ch. Strahm, Renzenbühl und Ringoldswil. Die Fundgeschichte zweier frühbronzezeitlicher Komplexe. Jahrb. Bern. Hist. Mus. 45/46, 1965/66, 321–371.

STRAHM 1994
Ch. Strahm, Die Anfänge der Metallurgie in Mitteleuropa. Helvetia Arch. 25, 1994, 2–39.

STRAHM 1996

Ch. Strahm, Le Bronze Ancien dans le sud-ouest de l'Allemange. In: C. Mordant/O. Gaiffe (Hrsg.), Cultures et Sociétés du Bronze Ancien en Europe. Actes du 117e Congrès National des Sociétés Savantes, Clermont-Ferrand 1992 (Paris 1996) 251–268.

STRUVE 1955

K. W. Struve, Die Einzelgrabkultur in Schleswig-Holstein und ihre kontinentalen Beziehungen. Offa-Bücher 11 (Neumünster 1955).

STUKELEY 1723

W. Stukeley, Itinerarium Curiosum I (1723).

STUKELEY 1743a

W. Stukeley, Stonehenge, a temple restored to the British Druids, with some others described (1743).

STUKELEY 1743b

W. Stukeley, Abury, a temple of the British Druids, with some others described (1743).

SZPUNAR 1987

A. Szpunar, Die Beile in Polen I (Flachbeile, Randleistenbeile, Randleistenmeißel). Prähistorische Bronzefunde IX, 16 (München 1987).

THOMAS 1966

N. Thomas, Notes on some early bronze age objects in Devizes Museum. Wiltshire Arch. and Natural Hist. Magazine 61, 1966, 1–8.

THURNAM 1869

J. Thurnam, On Ancient British Barrows, especially those of Wiltshire and the adjoining counties. Part I: Long Barrows. Archaeologia Aelania 42/1, 1869, 161–244.

THURNAM 1871

J. Thurnam, On Ancient British Barrows, especially those of Wiltshire and the adjoining counties. Part II: Round Barrows. Archaeologia Aelania 43/II, 1871, 285–552.

TOČÍK 1979

A. Točík, Výčapy-Opatovce und weitere altbronzezeitliche Gräberfelder der Südwestslowakei. Materialia Archaeologica Slovaca 1 (Nitra 1979).

UENZE 1938

O. Uenze, Die triangulären Vollgriffdolche der Frühbronzezeit. Vorgeschichtliche Forschungen 11 (Berlin 1938).

VANKILDE 1999

H. Vankilde, Besprechung: Zich 1996. Prähist. Zeitschr. 74, 1999, 255–259.

VOGEL/WATERBOLK 1972

J. C. Vogel/H. T. Waterbolk, Groningen Radiocarbon Dates X. Radiocarbon 14, 1972, 6–110.

VOGT 1948

E. Vogt, Die Gliederung der Schweizerischen Frühbronzezeit. In: Festschrift für Otto Tschumi (Frauenfeld 1948) 52–69.

VOGT 1952

E. Vogt, Problems of the Neolithic and Bronze Ages in Switzerland. In: E. Vogt (Hrsg.), Actes de la IIIe Session Zurich 1950. Congrès International des Sciences Préhistorique et Protohistoriques (Zürich 1953) 31–40.

WAHLE 1924

E. Wahle, Vorgeschichte des deutschen Volkes. Ein Grundriß (Leipzig 1924).

WARNE 1866

C. Warne, The Celtic Tumuli of Dorset (London 1866).

WEBER 1976

M. Weber, Wirtschaft und Gesellschaft. Grundriß der verstehenden Soziologie[5] (Tübingen 1976).

WILLROTH 1985

K.-H- Willroth, Zu den Meißeln der älteren Bronzezeit. Offa 42, 1985, 393–430.

WÜSTEMANN 1995

H. Wüstemann, Die Dolche und Stabdolche in Ostdeutschland. Prähistorische Bronzefunde VI, 8 (Stuttgart 1995).

ZICH 1996

B. Zich, Studien zur regionalen und chronologischen Gliederung der nördlichen Aunjetitzer Kultur. In: B. Hänsel (Hrsg.), Vorgeschichtliche Forschungen 20 (Berlin, New York 1996).

ZIPF 2004a

G. Zipf, Das Kind aus Apolda – Sprößling eines Häuptlings? In: H. Meller (Hrsg.), Der geschmiedete Himmel. Die weite Welt im Herzen Europas vor 3600 Jahren. Begleitband der Sonderausstellung Landesmuseum für Vorgeschichte, Halle (Saale) vom 15. Oktober 2004 bis 24. April 2005 (Stuttgart 2004) 154–155.

ZIPF 2004b

G. Zipf , Häuptlingssöhne und Fürstentöchter? Kindergräber in der Frühbronzezeit Mitteldeutschlands. Ethnogr.-Arch. Zeitschr. 45, 2004, 389–404.

VORBEMERKUNGEN:

Der Katalog stellt eine Auflistung aller in der Arbeit besprochenen Prunkgrabbefunde der Aunjetitz- und der Wessex Kultur dar. Der Katalog ist nach Regionen geordnet. Jedem Grabkomplex wurde eine Katalognummer zugewiesen, die im Text der Arbeit in eckigen Klammern [] hinter der jeweiligen Grabbezeichnung zur leichteren Orientierung angeben ist. Hinter den jeweiligen Funden ist ein Verweis zur jeweiligen Tafelabbildung angefügt.
Zu jedem Grabkomplex wurde versucht, die wichtigsten Informationen aufzuführen. Falls Informationen fehlen, ist dies durch die Abkürzung „n. b.", nicht bekannt, kenntlich gemacht. Die Informationen zu jedem Grabkomplex sind in verschiedene Kategorien gegliedert, die den Überblick und die Suche nach bestimmten Informationen erleichtern sollen:

## GRABBEFUNDE DER AUNJETITZ-KULTUR

## Mitteldeutschland

KAT.-NR.: 1

**Grabbezeichnung:** Leubingen
**Fundort:** Leubingen, Kr. Eckartsberga, Thüringen
**Fundumstände:** 1877 durch Klopfleisch ausgegraben.

**Monumentart:** Einzelgrabanlage
**Monumentform:** Grabhügel
**Durchmesser:** 34 m
**Höhe:** 8,5 m
**Grabbau:** Das primäre Zentralgrab war von einem mächtigen Mantel aus dachziegelartig geschichteten Steinen umgeben (etwa 4 m unter der Hügeloberfläche). Im Zentrum dieser Steinpackung fand sich eine hölzerne, in Nord/Süd-Richtung orientierte Grabkammer (3,9 x 2,1 x 1,5 m). Sie wurde durch eine giebelförmige Konstruktion gebildet. Deren Fugen waren mit einer Art Mörtel verfugt. Die Kammer war mit einer Lage Schilf gedeckt. (Taf. I/19-22)

**Bestattungen:** Insgesamt wurden im Grabhügel von Leubingen über 70 Bestattungen angetroffen. In der obersten Schicht des Grabhügels (etwa 0,5 bis 2 m unter der Hügeloberfläche) wurden ca. 70 slawische Nachbestattungen angetroffen. Im Zentrum des Hügels fand sich das frühbronzezeitliche primäre Zentralgrab, das eine Doppelbestattungen zweier Individuen enthielt: Bestattung A und B.

**Bestattung A:**
**Bestattungsform:** Körperbestattung
**Totenlage:** gestreckte Rückenlage
**Orientierung:** Süd-Nord
**Geschlecht/Alter:** Männlich (archäologische Bestimmung); n. b.
**Beigaben:**
1. Keramikgefäß (Taf. I/11)
2. Felsgesteinaxt (Taf. I/2)
3. Steinamboß (Taf. I/18)
4. Stabdolch (Taf. I/1)
5. 3 Bronzedolche
    a. Trianguläre Dolchklinge des Typs Burgstaden-Leubingen [1] (Taf. I/15)
    b. Trianguläre Dolchklinge des Typs Burgstaden-Leubingen (Taf. I/16)
    c. Trianguläre Dolchklinge des Typs Burgstaden-Leubingen (Taf. I/17)
6. 2 Randleistenbeile
    a. Randleistenbeilklinge (Taf. I/3)
    b. Randleistenbeilklinge (Taf. I/4)
7. Bronzemeißel
    a. Meißel (Taf. I/12)
    b. Meißel (Taf. I/13)
    c. Meißel (Taf. I/14)
8. 2 goldene Nadeln
    a. Ösenkopfnadel (Taf. I/5)
    b. Ösenkopfnadel (Taf. I/6)
9. goldenes Spiralröllchen (Taf. I/ 10)
10. 2 goldene Spiralringe (Typ 1Ab[1])
    a. Spiralring (Taf. I/8)
    b. Spiralring (Taf. I/9)
11. Goldener Armreif mit Stempelenden (Taf I/7)

**Bestattung B:**
**Bestattungsform:** Körperbestattung
**Totenlage:** gestreckter Rückenlage
**Orientierung:** Ost-West
**Geschlecht/Alter:** n. b. ; ca. 10 Jahre
**Beigaben:** Eine gesicherte Zuordnung der im Grab gefunden Beigaben zu einem der beiden Individuen ist nicht möglich. Daher werden sie hier dem „Grabherrn" zugeordnet.

**Datierung:** Klassische Aunjetitz-Kultur (Stufe 4 nach Zich); Anhand von Dendrodaten konnte das Grab in die 2. Hälfte des 20. Jahrhunderts v. Chr. Datiert werden. Der Stabdolch, die beiden Randleistenbeile, zwei der Dolche, das goldene Paar Ösenkopfnadeln und die Toten waren kreuzförmig übereinander in der Kammer niedergelegt.

**Literatur:**
HÖFER 1906a, bes. 16 ff.; GÖTZE/HÖFER/ZSCHIESCHE 1909, 108 f.; OTTO 1955, 57 ff.; FISCHER 1956, 305; BECKER/JÄGER/KAUFMANN/LIT 1989, 305 ff.; BECKER/KRAUSE/KROMER 1989, 426 ff.; SIMON 1990, 308; ZICH 1996, 497 f.; ZIPF 2004, 153.

KAT.-NR.: 2

**Grabbezeichnung:** Helmsdorf (Galgenhügel)
**Fundort:** Helmsdorf, Kr. Eisleben (früher Kr. Mansfelder See), Sachsen-Anhalt
**Lage:** 1,2 km nordöstlich des Ortes Augsdorf (MATTHIAS 1974, 34)
**Fundumstände:** 1906/07 durch Größler ausgegraben.
**Monumentart:** Einzelgrabanlage
**Monumentform:** Grabhügel
**Durchmesser:** 34 m
**Höhe:** 6,8 m
**Grabbau:** Das primäre, frühbronzezeitliche Zentralgrab wurde über mehreren neolithischen (Schnurkeramische und Bernburger Kultur) Grabanlagen errichtet, die dazu planiert wurden. Über der hölzernen, giebelfrömigen Grabkammer lag ein mächtiger Steinmantel. Die Grabkammer besaß eine Schilfabdeckung und die Fugen waren mit einer Art Mörtel abgedichtet. Auch auf dem Boden der Kammer fand sich eine Lage Schilf. Der nördliche Teil der Kammer (Eingangsbereich) war mit einem Steinpflaster versehen. Darauf fand sich die Bestattung auf einer hölzernen Totenlade liegend. (Taf. II/12-15)

**Bestattungen:** Das frühbronzezeitliche Grabmonument wurde über mehreren neolithischen Gräbern errichtet. In der Hügelschüttung fanden sich die Reste einer wahrscheinlich merowingerzeitlichen Bestattung.
**Bestattung A:** Frühbronzezeitliche Primärbestattung im Zentralgrab.

---

1 NEUGEBAUER-MARESCH/NEUGEBAUER 1988/89, 123 ff. Typ 40A nach ZICH (1998, 226 f.).

**Bestattungsform:** Körperbestattung
**Totenlage:** Rechtsseitiger Hockerlage
**Orientierung:** Süd-Nord
**Geschlecht/Alter:** männlich (archäologisch); n. B.
**Beigaben:**
1. Keramikgefäß (Taf. II/11)
2. Felsgesteinaxt (Taf. II/10)
3. Randleistenbeil (Taf. II/7)
4. Bronzedolch des Typs Burgstaden-Leubingen [1] (Taf. II/9)
5. Bronzemeißel (Taf. II/8)
6. goldenes Spiralröllchen (Taf. II/4)
7. 2 goldene Lockenringe des „Siebenbürger Typs"[2] (Typ 1Bb$_2$[3])
   a. Lockenring (Taf. II/2)
   b. Lockenring (Taf. II/3)
8. 2 goldene Nadeln
   a. Kreuzbalkennadel (Taf. II/6)
   b. Ösenkopfnadel (Taf. II/5)
9. Goldener Armreif mit Stempelenden (Taf. II/1)

**Datierung:** Klassische Aunjetitz-Kultur; das Grab konnte anhand von zwei [14]C-Daten und vor allem anhand von Dendrodaten in das 2. Hälfte 19. Jahrhundert v. Chr. Datiert werden.

**Literatur:** GRÖSSLER 1907; MILDENBERGER 1953, 30 f.; OTTO 1955, 69 ff.; FISCHER 1956, 304; MATTHIAS 1974, 34 ff.; BECKER/JÄGER/KAUFMANN/LIT 1989, 302 ff.; BECKER/KRAUSE/KROMER 1989, 426 ff.; ZICH 1996, 444.

## KAT.-NR: 3

**Grabbezeichnung:** Baalberge (Schneiderberg), Grab 4
**Fundort:** Baalberge, Kr. Bernburg, Sachsen-Anhalt
**Lage:**
**Fundumstände:** 1901 unter der Leitung des Kommissionsrats Kälber ausgegraben. Die Beobachtungen wurden durch Höfer 1902 veröffentlicht.
**Monumentart:** Einzelgrabanlage
**Monumentform:** Grabhügel
**Durchmesser:** ca. 40 m
**Höhe:** ca 5,75 m
**Grabbau:** In dem älteren neolithischen Grabhügel (Bernburger Kultur) wurden mindestens 4, vielleicht auch 5 Nachbestattungen der Aunjetitzer Kultur angetroffen. Grab 4: Bestand aus einer Steinplattenkiste (2,9 x 0,8 x 0,5 m) und einer Holzkonstruktion, die wahrscheinlich aus Pfosten und Bohlen bestand und evtl. die Deckplatte getragen hat. Das Grab war in Nordost/Südwest-Richtung orientiert. (Taf. III/1)

**Bestattungen:** Neben der Bestattung A aus dem frühbronzezeitlichen, sekundären Grab 4, enthielt der Hügel eine Bestattung in einem Primärgrab der Bernburger Kultur und darüber hinaus noch weitere, jüngere ebenfalls neolithische und frühbronzezeitliche Nachbestattungen.

---

2  HÁSEK 1959, 105 ff.
3  NEUGEBAUER-MARESCH/NEUGEBAUER 1988/89, 123 ff. Typ 44 nach ZICH (1998, 229).

---

**Bestattung A:** Frühbronzezeitliche Nachbestattung in älterem Grabmonument, Grab 4
**Bestattungsform:** Körperbestattung
**Totenlage:** n. b.
**Orientierung:** Kopf vermutlich im Süden
**Geschlecht/Alter:** Mann (archäologische Bestimmung)/ n. b.
**Beigaben:**
1. Vollgriffdolch des Alpinen Typs (Taf. III/2)
2. Bronzedolch des Typs Burgstaden-Leubingen [1] (Taf. III/3)

**Datierung:** Klassische Aunjetitz-Kultur (Stufe 4 nach Zich)
**Bemerkungen:** Dolche lagen übereinander.

**Literatur:** HÖFER 1902, 16 ff.; UENZE 1938, 31, 79, Taf. 23,57; FISCHER 1956, 302; BILLIG/FRICKE 1964, Abb. 1-2; WÜSTEMANN 1995, 93 Nr. 209, Taf. 34; ZICH 1996, 421; KNAPP 1998, 47 f.; SCHWENZER 2004. Zu den neolithischen Gräbern: NIKLASSON 1925, 55f.; GRIMM 1937, 155-187; PRIEBE 1938; MILDENBERGER 1953.

## KAT.-NR: 4

**Grabbezeichnung:** Dieskau, Hügel I
**Fundort:** Dieskau, Saalkreis, Sachsen-Anhalt

**Fundumstände:** Bericht aus dem Jahr 1775 erwähnt die Zerstörung eines Grabs 1747.
**Monumentart:** Einzelgrabanlage
**Monumentform:** Grabhügel
**Durchmesser:** n. b.
**Höhe:** n. b.
**Grabbau:** n. b.

**Bestattungen:** Im Bericht wird ein „heydnischen Begräbnüß" erwähnt und darauf hingewiesen, dass keine Urnen gefunden wurden. Daher kann wahrscheinlich von einer Körperbestattung ausgegangen werden.
**Bestattungsform:** Körperbestattung ?
**Totenlage:** n. b.
**Orientierung:** n. b.
**Geschlecht/Alter:** Mann (archäologische Bestimmung)/ n. b.
**Beigaben:** Dem einzigen Bericht zufolge kann man ein Bronzebeil und wahrscheinlich einen Meißel sowie Schmuckstücke aus Gold als Beigaben rekonstruieren.

**Datierung:** Auf Grund der Dolche ist eine Datierung in die klassische Aunjetitz-Kultur wahrscheinlich.
**Bemerkungen:** Bericht aus dem Jahr 1755: „Anno 1747 hat der Domherr von Taubenheim zu Benndorff ohnweit Dießkau einen gleichmäßigen Hügel im Felde abtragen lassen, in welchem ein heydnisch Begräbnüß gefunden wurden, welches bis oben hinaus mit den allergrößten Feld-Steinen, jedoch ohne Mauerwerck gewölbet war, in dessen Höhlung man keine Urnen gefunden, aber einen platten Stein auf dem Boden mit vielen runden Löchern, und unter selbigem eine Axt und einen Streithammer von gelbem Ertz, ingleichen etliche Gelencke von Gold, eines guten Zolls breit, gewunden und sauber gearbeitet, ..."

Literatur: Dreyhaupt 1755, 651; Fischer 1956, 303; Fröhlich 1983, Anm. 1151; Simon 1990, 309 Anm. 17; Zich 1996, 428; Knapp 1998, 48.

## Kat.-Nr.: 5

**Grabbezeichnung:** Dieskau, Hügel II
**Fundort:** Dieskau, Saalkreis, Sachsen-Anhalt
**Fundumstände:** 1979 wurde der Hügel unter der Leitung von Schmidt und Nitzschke ausgegraben. 1980 vertraten die beiden Ausgräber die Meinung, dass es sich bei dem beraubten Hügel um ein „Fürstengrab" gehandelt habe. Der 1874 gefundene Goldfund von Dieskau wird von ihnen als ein Teil der Beigabenausstattung dieses Grabes gedeutet.
**Monumentart:** Einzelgrabanlage
**Monumentform:** Grabhügel
**Durchmesser:** 30 m
**Höhe:** 6 m
**Grabbau:** Im Zentrum des Hügels lag des frühbronze-zeitliche, primäre Zentralgrab unter einer Steinpackung. Die aus Holz und einigen Steinen errichtete Grabkammer (4,26 x 3,34 m) war in Nord/Süd-Richtung orientiert. Sie bildete wahrscheinlich ein Giebeldach. (Taf. III/8)

**Bestattungen:** n. b.
**Beigaben:** Nach der Interpretation der Ausgräber ist der Goldhort von Dieskau Teil der Beigabenausstattung des Zentralgrabs anzusehen.
1. Goldenes Randleistenbeil (Taf. III/7)
2. 2 goldene Armbänder (Taf. III/5)
   a. Armband
   b. Armband
3. Goldener Armreif mit Stempelenden (Taf. III/6)
4. Armring mit Ösenenden (Elektron) (Taf. III/4)

**Datierung:** Klassische Aunjetitz-Kultur (Stufe 4 nach Zich)

**Literatur:** v. Brunn 1959, 55; Schmidt/Nitzschke 1980; Simon 1990, 301 Abb. 12; Zich 1996, 428; Knapp 1998, 48 f.

## Kat.-Nr.: 6

**Grabbezeichnung:** Nienstedt (Riesenhügel)
**Fundort:** Nienstedt, Kr. Sangershausen, Sachsen-Anhalt
**Fundumstände:** 1881 durch Klopfleisch ausgegraben. Es liegen aber auch dem widersprechende Angaben vor, nach denen die Ausgrabungen bereits 1879 begannen.
**Monumentart:** Einzelgrabanlage
**Monumentform:** Grabhügel
**Durchmesser:** n. b.
**Höhe:** n. b.
**Grabbau:** Unter der Erdpackung des Hügels war eine am Rande schuppenartig geschichtete Steinpackung ange-troffen worden. In deren Zentrum fand sich die hölzerne Konstruktion einer Grabkammer. Diese war aus etwa 15 senkrechtstehenden, ca. 1,85 m hohen, auf Schwellbalken ruhenden Holzständern errichtet. Diese Ständer waren

seitlich durch Streben gestützt, welche außen durch Holz-bohlen verkleidet waren. Die Kammer besaß einen ovalen Grundriß (ca. 6,5 x 5,25 m). Der Boden der Grabkammer war mit einer Art „Estrich" versehen. Über die Lage des Eingangs zur Grabkammer lassen sich keine exakten An-gaben machen. Götze/Höfer/Zschiesche (1909, 142) be-richten, dass der Eingang an der Westseite gelegen haben soll. Knapp (1998, 54) folgt den Ausführungen Eichhorns (1908, 88), der eine Lücke in der Südwand der Kammer-konstruktion erwähnt, die von ihr Eingang gedeutet wird. (Taf. IV/1-2)

**Bestattungen:** In der zentralen Grabkammer fand sich eine einzelne Bestattung von der nur einige Knochenfrag-mente beobachtet wurden. Sie lag in einer Mulde im Bo-den der Grabkammer.
**Bestattungsform:** Körperbestattung
**Totenlage:** n. b.
**Orientierung:** Nord/Süd oder Süd/Nord
**Geschlecht/Alter:** n. b./ n. b.
**Beigaben:** Die genaue Lage der Fundstücke im Grabhügel ist nicht überliefert. Als frühbronzezeitlich konnten fol-gende Fundstücke identifiziert werden:
1. Fragment eines Zapfenbechers (Taf. IV/3)
2. Fragment einer säbelförmig gebogenen Bronzenadel (Taf. IV/5)
3. Fragment einer Knochennadel (Taf. IV/4)
4. Fragment eines schlickgerauhten Gefäßes
5. Goldener Spiralring (Lockenring?)[4]

**Datierung:** n. b.

**Literatur:** Höfer 1906b, 87f.; Eichhorn 1908, 85ff.; Göt-ze/Höfer/Zschiesche 1909, 141ff.; Fischer 1956, 306; Zich 1996, 458; Knapp 1998, 53 f.

## Kat.-Nr.: 7

**Grabbezeichnung:** Sömmerda, Hügel I (Randstätter Hü-gel I)
**Fundort:** Sömmerda, Kr. Weißensee, Thüringen
**Fundumstände:** Im Jahr 1877, zur Zeit der Untersuchung durch Klopfleisch, war der Hügel bereits zur Hälfte abge-tragen.
**Monumentart:** Teil einer kleinen Grabhügelnekropole (?).
**Monumentform:** Grabhügel
**Durchmesser:** n. b.
**Höhe:** ca. 5 m
**Grabbau:** Eine Holzkonstruktion war zusammen mit der einen Hälfte des Hügels bereits zerstört worden. Im erhaltenen Teil des Hügels fanden sich 8 Steinkonstrukti-onen, die als Altarbauten gedeutet wurden. Daneben fand sich eine weitere Konstruktion, die an einen viereckig ge-formten Trichter erinnerte.

**Bestattungen:** Reste von Bestattungen sind bei den Unter-suchungen nicht mehr beobachtet worden, dennoch wird

4 Grössler 1907, 34; Götze/Höfer/Zschiesche 1909, 143

berichtet, dass Skelettreste im zu diesem Zeitpunkt bereits abgetragenen Teil des Hügels beobachtet wurden.

**Bestattung A:** Unbeobachtet Bestattung im zerstörten Hügelteil (?)
**Bestattungsform:** Körperbestattung (?)
**Totenlage:** n. b.
**Orientierung:** n. b.
**Geschlecht/Alter:** n. b./n. b.
**Beigaben:** n. b.

**Datierung:** n. b.

**Literatur:** Höfer 1906b, 83 f.; Götze/Höfer/Zschiesche 1909, 160.

**Kat.-Nr.: 8**

**Grabbezeichnung:** Sömmerda, Hügel II (Randstätter Hügel II)
**Fundort:** Sömmerda, Kr. Weißensee, Thüringen
**Fundumstände:** 1877 durch Klopfleisch untersucht.
**Monumentart:** Teil einer kleinen Grabhügelnekropole (?)
**Monumentform:** Grabhügel
**Durchmesser:** n. b.
**Höhe:** ca. 5 m
**Grabbau:** Im Inneren des Hügels fand sich ein Steinkern aus dachziegelartig angeordneten Platten. Unter dieser Steinpackung fanden sich die Reste einer hölzernen Grabkammer, die in ihrer Machart wahrscheinlich mit der Grabkammerkonstruktion aus Leubingen [1] zu vergleichen ist. Dieser Grabbau war über älteren, frühaunjetitzzeitlichen und neolithischen Gräber errichtet worden.

**Bestattungen:** Im Hügel fanden sich Hinweise auf mindestens 6 Bestattungen. Das älteste Grab (Schnurkeramische Kultur) war stark gestört, so daß keine Angabe zur Zahl des Bestattungen möglich ist. Aus der frühen Aunjetitz-Kultur stammen 4 Hockerbestattungen in Einzelgräbern, die als Nachbestattungen in das neolithische Monument eingebracht worden waren. Das stratigraphisch jüngste Grab war durch Beraubung so stark zerstört, dass auch hier keine genauen Angaben zur Bestattung selbst mehr möglich sind.
**Bestattung A:** Vermutliche Bestattung in der hölzernen Grabkammer
**Bestattungsform:** n. b.
**Totenlage:** n. b.
**Orientierung:** n. b.
**Geschlecht/Alter:** n. b./n. b.
**Beigaben:** Zu den Beigaben der Bestattung A sind auf Grund der Beraubung keine Angaben möglich.

**Datierung:** wahrscheinlich klassische Aunjetitz-Kultur (Stufe 4 nach Zich).

**Literatur:** Höfer 1906b, 84 ff.; Götze/Höfer/Zschiesche 1909, 160; Mildenberger 1953 42; Fischer 1956, 308; Pape 1978, 100, 201; Zich 1996, 502 f.; Knapp 1998, 54 f.

**Kat.-Nr.: 9**

**Grabbezeichnung:** Königsaue
**Fundort:** Königsaue, Kr. Quedlinburg, Sachsen-Anhalt
**Fundumstände:** 1824 zur Düngergewinnung durch Heedecke abgetragen, wissenschaftliche Untersuchungen liegen nicht vor.
**Monumentart:** Einzelgrabanlage
**Monumentform:** Grabhügel
**Durchmesser:** n. b.
**Höhe:** n. b.
**Grabbau:** n. b.

**Bestattungen:** Es wurde eine Bestattung beobachtet.
**Bestattungsform:** Körperbestattung
**Totenlage:** n. b.
**Orientierung:** n. b.
**Geschlecht/Alter:** Mann (archäologische Bestimmung)/ n. b.
**Beigaben:**
1. Massiver bronzener Halsring mit Stempelenden. Bei der Auffindung war er noch um den Hals des Skeletts gelegt. (Taf. III/9)
2. Felsgesteinaxt mit Spuren einer zweiten Schaftlochbohrung (Taf. III/10)

**Datierung:** evtl. klassische Aunjetitz-Kultur (Stufe 4 nach Zich)

**Literatur:** Höfer 1906c, 89f.; Fischer 1956, 305; Zich 1996, 447; Knapp 1998, 51.

**Kat.-Nr.: 10**

**Grabbezeichnung:** Österkörner
**Fundort:** Körner, Ortsteil Österkörner (Langel, Hohenbergen), Kr. Mühlhausen
**Fundumstände:** 1872 durch Samwer, Schuchardt und Zangemeister ausgegraben.
**Monumentart:** Teil einer Grabhügelnekropole (insgesamt 12 Hügel bekannt)
**Monumentform:** Grabhügel
**Durchmesser:** 30 m
**Höhe:** 3 m
**Grabbau:** Im Hügel fand sich eine aunjetitzzeitliche Nachbestattung. Sie befand sich in einem Mauergrab mit Bodenpflaster in Nord/Süd-Ausrichtung. Holzreste könnten auf eine Holzkonstruktion hinweisen. Evtl. ebenfalls aunjetitz-zeitlich sind 6 weitere Hockergräber von denen 2 evtl. auch 3 eine Holzeinfassung aufwiesen. Stratigraphisch älter sind 11 weitere, wahrscheinlich neolithische Flachgräber. Das primäre Zentralgrab, ein zweites Mauergrab direkt unter dem aunjetitzzeitlichen Grab mit Resten einer Holzkonstruktion, ist wahrscheinlich in die Gruppe Kalbsrieth zu stellen.

**Bestattungen:** In dem aunjetitzzeitlichen Mauergrab fand sich die Nachbestattung (A). Die 6 weiteren Bestattungen (5 Männer, 1 Kind), die etwa auf dem Niveau des aunjetitzzeitlichen Grabs gefunden wurden, waren ebenfalls in rechter Hockerlage bestattet und waren Süd/Nord orientiert. Drei waren beigabenlos, bei den anderen fanden sich Reste von Tierknochen und Scherben, bei einem Fand sich ein Gefäß. Die weiteren 11 neolithischen Flachgräber enthielten jeweils einzelne Körperbestattungen (4 Männer, 2 Jugendliche und ein Kind von 9 bis 12, 3 Kinder von 5 bis 6 Jahren und ein Kind von 3 bis 4 Jahren). Die Grabgruben waren in den anstehenden Sandboden eingelassen. Eine der Männerbestattungen war in gestreckter Rückenlage niedergelegt, bei den anderen Gräber war die Lage der Toten nicht mehr feststellbar. Im primären Zentralgrab fand sich ebenfalls eine Körperbestattung in Ost/West-Ausrichtung.

**Bestattung A:** Frühbronzezeitliche Nachbestattung in Hügelkörper

**Geschlecht/Alter:** Mann (archäologische Bestimmung)/25-40 Jahre

**Bestattungsform:** Körperbestattung

**Totenlage:** Rechte Hockerlage

**Orientierung:** Nord/Süd-Orientierung

**Beigaben:**
1. Keramikgefäß: Bauchtopf mit Fransenzier (Taf. III/11)
2. Bronzedolch des Typs Hornshagen-Neunheiligen (Taf. III/13)
3. Felsgesteinaxt (Taf. III/14)
4. Randleistenbeil (Taf. III/12)
5. Bronzestäbchen

**Datierung:** klassische bis nachklasssiche Aunjetitz-Kultur (Stufe 4/5 nach Zich)

**Bemerkungen:** Auf der Felsgesteinaxt lag das Randleistenbeil.

**Literatur:** HÖFER 1906a, 35; ff., GÖTZE/HÖFER/ZSCHIESCHE 1909, 172; OTTO 1955, 70 f.; MILDENBERGER, 1953, 35; Fischer 1956, 307; BILLIG 1964, 76; FRÖHLICH 1983, 198.; SIMON 1990, 308; ZICH 1996, 497.

## Großpolen:

**Grabbezeichnung:** Łęki Małe, Hügel I

**Fundort:** Łęki Małe , Woj. Poznan, Gemn. Kamieniec, Polen

**Fundumstände:** 1953 durch Kowianska-Piaszykowa und Kurnatowsky ausgegraben

**Monumentart:** Teil einer Grabhügelnekropole (ehemals 14 Hügel) (Taf. V/1)

**Monumentform:** Grabhügel

**Durchmesser:** 24 m

**Höhe:** 4, 6 m

**Grabbau:** Im Inneren fand man bei den Ausgrabungen 6 Steinkonstruktionen, von denen 4 als Gräber gedeutet wurden (Gräber A, B, C und D). (Taf. VI/2)

**Grab A:** Primäres Zentralgrab des Hügel I. Es war in den anstehenden Boden eingetieft. Die Wände scheinen mit Lehm verputzt gewesen zu sein. Im Inneren des Grabs fand man mehrer Steinschichten, die ehemals eine Art Kuppel gebildet haben könnten. Darunter fanden sich Holzreste, die wahrscheinlich zu einer Konstruktion gehörten, welche die abdeckenden Steine trug. (Taf. VI/14)

**Grab B:** Das Grab bestand aus einer kleinen Steinkonstruktion, die zwei Pflasterlagen bildet. Es lag im östlichen Teil des Hügels I und war auf der ehemaligen Geländeoberfläche oder direkt in der Hügelschüttung errichtet worden. (Taf. VI/15)

**Grab C:** Ähnelt im Aufbau Grab B. Es besteht aus drei Pflasterlagen. Es lag im westlichen Teil des Hügelkörpers in der eigentlichen Erdschüttung. (Taf. VI/18)

**Grab D:** Ebenfalls im westlichen Teil des Hügels befand sich das Grab D, gleichfalls in der Erdschüttung. Die Konstruktion bestand aus vier Steinpflasterschichten (ca. 2 x 2 m). Diese waren in Nord/Süd-Richtung orientiert. (Taf. VII/16)

Bei den beiden Steinkonstruktionen E und F handelt es sich ebenfalls um Steinkonstruktionen, die aber keinerlei Funde bargen. (Taf. V/2)

**Bestattungen:** In Grab A wurden die Langknochen eines Skeletts gefunden. In den Gräbern B und C wurde keinerlei direkte Hinweise auf Bestattungen gefunden. Sie werden von den Ausgräbern dennoch als Gräber gedeutet. In Grab D wurden einige Zähne gefunden, die als Hinweis auf eine Skelett gelten können. Die Knochenerhaltung ist dort allgemein sehr schlecht.

**Grab A:** Von der Bestattung in Grab A sind nur die Langknochen erhalten geblieben. Frühere Autoren gingen auf Grund der Beigabenausstattung von einer Doppelbestattung aus. Ansonsten fehlen Hinweise auf eine zweite Bestattung in Grab A.

**Bestattungsform:** Körperbestattung

**Totenlage:** n. b.

**Orientierung:** Ost/West orientiert

**Beigaben:**
1. 6 Keramikgefäße
   a. Zapfenbecher (Taf. VI/3)
   b. Zapfenbecher (Taf. VI/4)
   c. Tasse (Taf. VI/2)
   d. Amphorenartiges Gefäß (Taf. VI/1)
   e. Fragment eines Gefäßes (Taf. VI 5)
   f. Fragment eines Gefäßes (Taf. VI/6)
2. Stabdolch mit Bronzeschaft (Taf. VI/11)
3. Trianguläre Bronzedolchklinge (Taf. VI/8)
4. Bronzebeil vom Aunjetitzer Typ (Taf. VI/7)
5. Zyprische Schleifenkopfnadel (Taf. VI/13)
6. Goldener Spiralringe (Taf. VI/12)
7. 2 Bronzene Armreife (Taf. VI/ 9-10): Diese Armreife wurde oft als Hinweis für eine weitere weiblich Bestattung angesehen.

**Datierung:** Es liegen mehrere $^{14}$C-Daten aus Holzresten in Grab A vor (siehe Liste 1, $^{14}$C-Daten). Sie deuten auf eine Datierung vor 1800 v. Chr. an. Klassische Aunjetitz-Kultur (Stufe 4 nach Zich).

**Literatur:** KOWIANSKA-PIASZYKOWA/KURNATOWSKI 1953, 43, ff.; KNAPOWSKA-MIKOŁAJCZYKOWA 1957, 55 ff.; SARNOWSKA 1969, 181 ff.; MACHNIK 1977, 131 f.; ZICH 1996, 569; Knapp 1998, 55f.

**Grab B:** Von einer Bestattung in Grab B haben sich keine direkten Hinweise erhalten. Lediglich die Funde wurden als Reste der Beigabenausstattung gedeutet.

**Bestattungsform:** n. b.

**Totenlage:** n. b.
**Orientierung:** n. b.
**Beigaben:**
1.  2 Keramikgefäße
    a.  Klassiche Aunjetitz-Tasse (Taf. VI/16)
    b.  Tonnenförmigen Napf (Taf. VI/17)

**Datierung:** Klassische Aunjetitz-Kultur (Stufe 4 nach Zich)
**Bemerkungen:**

**Literatur:** KOWIANSKA-PIASZYKOWA/KURNATOWSKI 1953, 58; KNAPOWSKA-MIKOŁAJCZYKOWA 1957, 58 f.; SARNOWSKA 1969, 185; ZICH 1996, 570; KNAPP 1998, 55 f.

**Grab C:** Auch in Grab C haben sich keinerlei Skelettreste erhalten. Nur die hier beobachteten Funde wurden als Reste einer Beigabenausstattung gedeutet.
**Bestattungsform:** n. b.
**Totenlage:** n. b.
**Orientierung:** n. b.
**Beigaben:**
1.  Enghalsiger Topf (Taf. VI/19)

**Datierung:** Klassische Aunjetitz-Kultur

**Literatur:** KOWIANSKA-PIASZYKOWA/KURNATOWSKI 1953, 59; KNAPOWSKA-MIKOŁAJCZYKOWA 1957, 59; SARNOWSKA 1969, 185; ZICH 1996, 570; KNAPP 1998, 55f.

**Grab D:** In Grab D wurden einige menschliche Zähne gefunden, die als Hinweis auf eine Bestattung gewertet werden.
**Bestattungsform:** Körperbestattung
**Totenlage:** n. b.
**Orientierung:** n. b.
**Beigaben:** Die reiche Beigabenausstattung war in der Südostecke des Grabs konzentriert.
1.  5 Keramikgefäße
    a.  Gefäß auf ungebranntem Ton (Taf. VII/11)
    b.  Stark fragmentiertes Gefäß (Taf. VII/14)
    c.  Klassische Aunjetitz-Tasse (Taf. VII/15)
    d.  Becherartige Füßchenschüssel (Taf. VII/13)
    e.  Füßchenschüssel (Taf. VII/12)
2.  2 Bronzenadeln
    a.  Ösenkopfnadel (Taf. VII/4)
    b.  Ösenkopfnadel (Taf. VII/5)
3.  3 goldene Noppenringe
    a.  Noppenring (Taf. VII/8)
    b.  Noppenring (Taf. VII/9)
    c.  Noppenring (Taf. VII/10)
4.  2 Bernsteinperlen (Taf. VII/6-7)
5.  Vollgriffdolch des Saale-Weichsel-Typs (Taf. VII/1)
6.  Bronzener Doppelmeißel (Taf. VII/2)

**Datierung:** Klassische Aunjetitz-Kultur; stratigraphisch jünger als das Zentralgrab A des Hügels I.

**Literatur:** KOWIANSKA-PIASZYKOWA/KURNATOWSKI 1953, 59 ff.; KNAPOWSKA-MIKOŁAJCZYKOWA 1957, 59 f.; SARNOWSKA 1969, 185 ff.; MACHNIK 1977, 131; ZICH 1996, 570; KNAPP 1998, 55 f.

**Grabbezeichnung:** Łęki Małe, Hügel II
**Fundort:** Łęki Małe, Woj. Poznan, Gemn. Kamieniec, Polen
**Fundumstände:** 1934 unter der Leitung von Rajewski teilweise ausgegraben.
**Monumentart:** Teil einer Grabhügelnekropole (ehemals 14 Hügel) (Taf. V/1)
**Monumentform:** Grabhügel
**Durchmesser:** 30 m
**Höhe:** 3, 9 m
**Grabbau:** Genaue Angaben zum Grabbau sind kaum möglich, da der Hügel nur zum Teil untersucht wurde und zudem Störungen durch moderne Raubgrabungen aufwies. Im Zentrum des Hügels wurde eine ovale Steinkonstruktion beobachtet. Im Inneren dieser Steinpackung fand sich das Zentralgrab in Form einer länglichen aus Steinen errichteten Kammer.

**Bestattungen:** Skelettreste wurden in der Kammer nicht beobachtet.
**Bestattungsform:** n. b.
**Totenlage:** n. b.
**Orientierung:** n. b.
**Beigaben:** Sie stammen aus dem Inneren der zentralen Grabkammer.
1.  3 Keramikgefäße
    a.  Klassische Aunjetitz-Tasse (Taf. VII/18)
    b.  Amphorenartiges Gefäß (Taf. VII/17)
    c.  Zapfenbecher (Taf. VII/19)

**Datierung:** Klassische Aunjetitz-Kultur

**Literatur:** KOSTRZEWSKI 1935; KOWIANSKA-PIASZYKOWA/KURNATOWSKI 1953, Taf. 1/6; KNAPOWSKA-MIKOŁAJCZYKOWA 1957, 62; SARNOWSKA 1969, 188; ZICH 1996, 570; KNAPP 1998, 56 f.

**Grabbezeichnung:** Łęki Małe, Hügel III
**Fundort:** Łęki Małe, Woj. Poznan, Gemn. Kamieniec, Polen
**Fundumstände:** 1955 durch das archäologische Museum Posznań ausgegraben.
**Monumentart:** Teil einer Grabhügelnekropole (ehemals 14 Hügel) (Taf. V/1)
**Monumentform:** Grabhügel
**Durchmesser:** 37–47 m
**Höhe:** 3,5 m
**Grabbau:** Im Hügelinneren fanden sich zwei Gräber (Taf. VII/2). Das Primäre Zentralgrab A war von einem Steinkranz (D: 8 m; H: 1,3 m) umgeben und hatte eine mit einem Brunnen vergleichbare Form, die 4 m in den Boden eingetieft war. In diesem trichterförmigen Schacht fanden sich etwa 33 Pflasterschichten, die durch lehmige Lagen getrennt waren. Auf 9 Schichten fanden sich menschliche Skelettreste und auf einigen Reste von Keramik. (Taf. VII/21)

Das Grab B lag im westlichen Teil der Hügelschüttung und war aus mehreren Steinblöcken und zwei Steinpflasterlagen aufgebaut. (Taf. VII/24)

**Bestattungen:** Im eigenartig konstruierten Grab A, das wahrscheinlich als primäres Zentralgrab des Hügels III angesprochen werden muß, wurden auf 9 Pflasterschichten menschliche Überreste beobachtet. Anthropologische Untersuchungen konnten belegen, dass es sich um die Reste mindestens zweier Individuen, eines Mannes und einer Frau, gehandelt haben muß. Es könnten aber auch ursprünglich wesentlich mehr Bestattungen gewesen sein. Einige Archäologen interpretieren jede der dort beobachteten Steinlagen als ein einzelnes Grab. Andere sehen in Grab A ein Kollektivgrab, in dem alle Bestattungen zeitgleich vorgenommen wurden. Sie sehen es in einem möglichen Zusammenhang mit einem einmaligen Ereignis, dem eine ganze Gruppe zum Opfer viel, wie z. B. einer gewaltsamen Auseinandersetzung oder auch einer Epidemie. Andere sehen die Bestattungen als Sekundärbestattungen an, die als Folge eines mehrstufigen Totenrituals umgelagert wurden. In Grab B waren keine Skelettreste mehr erhalten.

**Bestattungen aus Grab A:** Auf Grund der konstruktiven Merkmale und der Erhaltungsbedingungen können die einzelnen Bestattungen nicht getrennt betrachtet werden.

**Bestattungsform:** Körperbestattung

**Totenlage:** n. b.

**Orientierung:** n. b.

**Geschlecht/Alter:** mindestens ein Mann und eine Frau/ n. b.

**Beigaben:** In Grab A wurden folgende Gegenstände gefunden, ohne dass sie einer bestimmten Bestattung zugewiesen werden könnten.

1. Bauchiges amphorenartiges Gefäß (Taf. VII/23)
2. Runde gelochte Bernsteinperle

**Datierung:** n. b.

**Bestattung aus Grab B:** In Grab B konnten keine Skelettreste festgestellt werden.

**Bestattungsform:** n. b.

**Totenlage:** n. b.

**Orientierung:** n. b.

**Beigaben:**

1. 2 Keramikgefäße
   a. Klassische Aunjetitz-Tasse (Taf. VII/26)
   b. Zapfenbecher in Form einer klassischen Tasse (Taf. VII/25)
2. 2 Goldene Spiralringe
   a. Spiralring (Taf. VII/28)
   b. Spiralring (Taf. VII/29)
3. 2 Fragmente von Bronzenadeln: auf Grund der fragmentarischen Erhaltung ist eine nähere Typenbestimmung nicht möglich. (Taf. VII/27)

**Datierung:** Klassische Aunjetitz-Kultur (Stufe 4 nach Zich)

**Literatur:** Kowiańska-Piaszykowa 1956; Sarnowska 1969, 188 ff.; Machnik 1977, 131; Zich 1996, 570; Knapp 1998, 57.

**Kat.-Nr.: 14**

**Grabbezeichnung:** Łęki Małe, Hügel IV

**Fundort:** Łęki Małe, Woj. Poznan, Gemn. Kamieniec, Polen

**Fundumstände:** 1956-1958 durch das archäologische Museum Posznań ausgegraben.

**Monumentart:** Teil einer Grabhügelnekropole (ehemals 14 Hügel) (Taf. V/1)

**Monumentform:** Grabhügel

**Durchmesser:** 51 m

**Höhe:** 4 m

**Grabbau:** Der Befund war im Zentrum durch eine neuzeitliche Raubgrabung stark gestört. Dennoch konnten im Zentrum die Reste des primären Zentralgrabs A dokumentiert werden. Es bestand aus einer flachen Grube, die von einer langovalen Steinpackung umgeben war (Taf. VIII/2). Diese war etwas nach Südosten, aus der Mitte des Hügels, verschoben. In der westlichen Hälfte des Hügels wurden 6 weitere Gräber beobachtet (B,C und D, sowie 1-3) (Taf. VIII/1). Das Grab B wurde durch eine rechteckige Steinsetzung gebildet (Taf. VIII/5). Eine runde Steinsetzung bildete Grab C (Taf. VIII/10). Grab D bestand aus einer unregelmäßigen Steinsetzung. Sie sind als Nachbestattungen im Hügel angelegt worden. Die Gräber 1-3 waren einfache Erdgräber, die wahrscheinlich schon vor der Errichtung des Hügels in die ehemalige Geländeoberfläche eingetieft wurden.

**Bestattungen:** In Grab A wurden einige Skelettreste gefunden, ansonsten war das Grab komplett beraubt. Außer der Bestattung im Zentralgrab A wurden noch 6 weitere Bestattungen im Hügel gefunden. Die Skelette in den Flachgräbern 1-3 waren sehr gut erhalten.

**Bestattung aus Grab A:** Beraubt, Skelettreste erhalten.

**Bestattungsform:** Körperbestattung

**Totenlage:** n. b.

**Orientierung:** n. b.

**Geschlecht/Alter:** Mann/ca. 50 Jahre

**Beigaben:**

1. 9 Keramikscherben (Taf. VIII/4)
2. Bronzefragment (Taf. VIII/3)

**Datierung:** n. b.

**Bestattung aus Grab B:** keine Skelettreste erhalten.

**Bestattungsform:** n. b.

**Totenlage:** n. b.

**Orientierung:** n. b.

**Geschlecht/Alter:** n. b.

**Beigaben:**

1. 2 Keramikgefäße
   a. Klassische Aunjetitz-Tasse (Taf. VIII/6)
   b. Vorratsgefäß (Taf. VIII/7)

**Datierung:** Klassische Aunjetitz-Kultur (Stufe 4 nach Zich)

**Bestattung aus Grab C:** Auf Grund der geringen Maße des Grabs wird es als Kinderbestattung interpretiert. Auf Grund der schlechten Erhaltungsbedingungen sind keine Skelettreste erhalten.

**Bestattungsform:** n. b.

**Totenlage:** n. b.
**Orientierung:** n. b.
**Geschlecht/Alter:** n. b.
**Beigaben:** wenige Scherben (Taf. VIII/8-9)

**Datierung:** n. b.

**Bestattung aus Grab D:** Auf Grund der schlechten Erhaltungsbedingungen sind keine Skelettreste erhalten.
**Bestattungsform:** n. b.
**Totenlage:** n. b.
**Orientierung:** n. b.
**Geschlecht/Alter:** n. b.
**Beigaben:** n. b.
**Datierung:** n. b.

**Bestattung aus Grab 1:** Skelett weitgehend erhalten
**Bestattungsform:** Körperbestattung
**Totenlage:** rechte Hockerlage
**Orientierung:** West/Ost orientiert
**Geschlecht/Alter:** Mann/30-40 Jahre
**Beigaben:** Ocker und Nahrungsreste

**Datierung:** Schnurkeramische Kultur (?)

**Bestattung aus Grab 2:** Skelett weitgehend erhalten
**Bestattungsform:** Körperbestattung
**Totenlage:** rechte Hockerlage
**Orientierung:** West/Ost orientiert
**Geschlecht/Alter:** Frau/14-16 Jahre

**Beigaben:** Ocker und Nahrungsreste
**Datierung:** Schnurkeramische Kultur (?)

**Bestattung aus Grab 3:** Skelett weitgehend erhalten.
**Bestattungsform:** Körperbestattung
**Totenlage:** rechte Hockerlage
**Orientierung:** West/Ost orientiert
**Geschlecht/Alter:** Mann/9-10 Jahre
**Beigaben:** Ocker und Nahrungsreste

**Datierung:** Schnurkeramische Kultur (?)
**Bemerkungen:** Der Hügel IV scheint anläßlich der Bestattung in Grab A, dem Zentralgrab, über einer einem schnurkeramischen Bestattungsplatz angelegt worden zu sein, wovon die drei Flachgräber 1-3 zeugen. Darauf folgten die Nachbestattungen in den Gräbern B-D, die in die Erdschüttung des Hügels eingebracht wurden.
In der näheren Umgebung des Hügels wurden außerdem eine schnurkeramische und zwei aunjetitzzeitliche Steinplattenkistengräbern gefunden.

**Literatur:** KOWIAŃSKA-PIASZYKOWA 1968, 6 ff.; ZICH 1996, 570; KNAPP 1998, 57 f.

**KAT.-NR.: 15**

**Grabbezeichnung:** Łęki Małe, Hügel V
**Fundort:** Łęki Małe , Woj. Poznan, Gemn. Kamieniec, Polen

**Fundumstände:** Stark gestörter Hügel. Es wurden lediglich einige Keramikfragmente beobachtet, die allerdings nicht mehr erhalten sind.
**Monumentart:** Teil einer Grabhügelnekropole (ehemals 14 Hügel) (Taf. V/1)
**Monumentform:** Grabhügel
**Durchmesser:** n. b.
**Höhe:** n. b.
**Grabbau:** n. b.

**Bestattungen:** n. b.

**Datierung:** n. b.

**Literatur:** KNAPOWSKA-MIKOŁAJCZYKOWA 1957, 62; SARNOWSKA 1969, 190; KNAPP 1998, 58 f.

**KAT.-NR.: 16**

**Grabbezeichnung:** Łęki Małe, Hügel VI
**Fundort:** Łęki Małe , Woj. Poznan, Gemn. Kamieniec, Polen
**Fundumstände:** Der Hügel wurde beim Bau einer Bahntrasse zerstört. Zeitpunkt unbekannt.
**Monumentart:** Teil einer Grabhügelnekropole (ehemals 14 Hügel) (Taf. V/1)
**Monumentform:** Grabhügel
**Durchmesser:** n. b.
**Höhe:** n. b.
**Grabbau:** n. b.

**Bestattungen:** n. b.
**Beigaben:** Es wurden zwei Artefakte aus dem Hügel VI geborgen, die wahrscheinlich als Beigaben einer oder mehrerer unbeobachtet zerstörter Bestattungen gedeutet werden können.
1. Ösenkopfnadel aus Bronze (Taf. VIII/11)
2. Bronzedolch: Das Stück ist verschollen. Da Abbildungen fehlen können keine weitere Aussagen getroffen werden.

**Datierung:** Klassische Aunjetitz-Kultur (Stufe 4 nach Zich)

**Literatur:** KNAPOWSKA-MIKOŁAJCZYKOWA 1957, 62; SARNOWSKA 1969, 191; ZICH 1996, 570; KNAPP 1998, 59.

## Mittelschlesien:

**KAT.-NR.: 17**

**Grabbezeichnung:** Szczepankowice, Hügel I
**Fundort:** Szczepankowice, Woj. Wrocław, Gmn. Kobierzyce, Polen
**Fundumstände:** 1960/61 untersucht.
**Monumentart:** Evtl. Teil eine kleinen Nekrople. In der Nähe wurden Reste einer weiteren Erdschüttung gefunden, die evtl. die Überreste eines weiteren Tumulus darstellen. Des weiteren fand man in der Nähe eine aunjetitzzeitliche Flachgrabnekropole.

**Monumentform:** Grabhügel
**Durchmesser:** 25 m
**Höhe:** 5 m
**Grabbau:** Das Zentrum des Hügels wurde durch einen mächtigen Steinkern mit den Maßen ca. 7 x 8 m gebildet (etwa 800 Steine, 30 davon Mahlsteine). Im Inneren des Steinkerns befand sich die zentrale, rundliche Grabkammer (Grab A). Sie war in Form einer Hütte errichtet worden, die auf vier Holzpfosten ruhte. Neben der Holzkonstruktion fanden sich Hinweise auf „rituelle Feuer". Das Grab ist wahrscheinlich bereits im Altertum ausgeraubt worden.

Neben dem primären Zentralgrab A wurden in der Hügelschüttung noch zwei weitere Gräber (B und C) mit Nachbestattungen gefunden. Grab B bestand aus einer länglichen Grabgrube, welche mit einem Stein abgedeckt gewesen war. Nahe dem Grab B lag auch Grab C auf etwa dem gleichen Niveau. Es bestand aus einer einfachen Grabgrube. (Taf. VIII/12)
**Bestattungen:**
**Bestattung aus Grab A:** Auf Grund der Beraubung sind nur mehr gestörte Reste des Skeletts erhalten geblieben.
**Bestattungsform:** Körperbestattung.
**Totenlage:** n. b.
**Orientierung:** n. b.
**Beigaben:**
1. Kleine Keramikscherben

**Datierung:** n. b.

**Bestattung aus Grab B:**
**Bestattungsform:** Körperbestattung
**Totenlage:** rechte Hockerlage
**Orientierung:** Süd/Nord orientiert
**Geschlecht/Alter:** Frau/28-35 Jahre
**Beigaben:**
1. 2 Keramikgefäße
   a. Ösentopf (Taf. VIII/13)
   b. Flache Schüssel (Taf. VIII/14)

**Datierung:** nachklassische Aunjetitz-Kultur (Stufe 5 nach Zich)

**Bestattung aus Grab C:**
**Bestattungsform:** Körperbestattung
**Totenlage:** n. b.
**Orientierung:** n. b.
**Geschlecht/Alter:** n. b./Infans II (4-5 Jahre)
**Beigaben:**
1. Wenige Gefäßbruchstücke

**Datierung:** n. b.

**Bemerkungen:** Wie groß der zeitliche Abstand zwischen der Anlage des Zentralgrabs A und den Nachbestattungen B und C war ist nicht abzuschätzen.

**Literatur:** SARNOWSKA 1969, 289 ff.; MACHNIK 1977, 127 ff.; ZICH 1996, 600; KNAPP 1998, 59 f.

## GRABBEFUNDE DER WESSEX-KULTUR

**KAT.-NR.: 18**

**Grabbezeichnung:** Wilsford G. 5 (Normanton 158/ „Bush Barrow")
**Fundort:** Normanton Group, etwa 800 m südlich von Stonehenge, Wiltshire, England
**Fundumstände:** 1808 von Cunnington und Hoare untersucht.
**Monumentart:** Teil einer großen Grabhügelnekropole (Normanton Group).
**Monumentform:** Grabhügel (Bowl-Barrow)
**Durchmesser:** n. b.
**Höhe:** n. b.
**Grabbau:** Am Boden des Hügels wurde die primäre Bestattung gefunden.

**Bestattung:** (Taf. IX/1)
**Bestattungsform:** Körperbestattung
**Totenlage:** gestreckte Rückenlage (?)
**Orientierung:** Süd/Nord orientiert
**Geschlecht/Alter:** Mann (archäologische Bestimmung)/n. b.
**Beigaben:**
1. Gegenstand aus Bronze und Holz
   a. 34 Bronzeniete (Taf. IX/6, 10)
   b. Bronzehaken (Taf. IX/11)
   c. Weitere Bronze- und Holzreste
2. Randleistenbeil mit anhaftenden Textilresten (Schäftung nicht nachgewiesen) (Taf. IX/9)
3. 3 Bronzedolche
   a. Bronzedolch des Typs Amoriko-Britisch A mit Resten eines mit Goldstiften verzierten Holzgriffs (Taf. IX/2)
   b. Bronzedolch des Typs Amoriko-Britisch B (Taf. IX/3)
   c. Kleiner Dolch (nicht erhalten)
4. Gürtelhaken aus Goldblech (Taf. IX/8)
5. Kleines rautenförmiges Goldblech (Taf. IX/7)
6. Großes rautenförmiges Goldblech (Taf. IX(5)
7. Keulenkopf aus einem fossilen Stromatoporoiden (Taf. IX/12)
8. Stabförmiges Objekt
   a. 5 zickzack-förmige Knochenapplikationen (Taf. IX/4)
9. viele kleine Knochenringe (nicht erhalten)

**Datierung:** Bush Barrow-Serie, Wessex I

**Literatur:** COLT HOARE 1812, 202-05, Taf. 26-27; PIGGOTT 1938, 105, Nr. 53, 63, Abb. 3, Taf. 10; GRINSELL 1957, 196-197; ASHBEE 1960, 76-78, Abb. 24; ANNABLE/SIMPSON 1964, 22-23 Nr. 168-178; OAKLEY 1965, 119; THOMAS 1966, 2-3, Abb. 2, 7-8; COLES/TAYLOR 1971, 10-13, Taf. 4b-d; GERLOFF 1975, 71, 74 Nr. 113, 124, Taf. 11/12, 45B; TAYLOR 1980, 45-9, Taf. 25/c, d-e, g (Kat.-Nr. 3-6); CLARKE/COWIE/FOXON 1985, 280 f., Nr.101; KINNES ET AL. 1988; SHELL/ROBINSON 1988.

**KAT.-NR.: 19**

**Grabbezeichnung:** Wilsford G. 7 (Normanton H156)
**Fundort:** Normanton Group, etwa 800 m südlich von Stonehenge, Wiltshire, England
**Fundumstände:** Von Cunnington und Hoare untersucht (Jahr unbekannt)
**Monumentart:** Teil einer großen Grabhügelnekropole (Normaton Group).
**Monumentform:** Grabhügel (Bowl-Barrow)
**Durchmesser:** n. b.
**Höhe:** n. b.
**Grabbau:** n. b.

**Bestattung:** Es handelt sich um die primäre Bestattung in dem Grabhügel
**Bestattungsform:** Körperbestattung
**Totenlage:** n. b.
**Orientierung:** n. b.
**Geschlecht/Alter:** Frau (archäologische Bestimmung)/n. b.
**Beigaben:**
1. 2 Gagatperlen (Taf. IX/15-16)
2. Gagatanhänger in Form einer Doppelaxt (Taf. IX/13)
3. 2 Schildförmiger Gagatanhänger
   a. kleineres Exemplar (Taf. IX/21)
   b. größeres Exemplar (Taf. IX/20)
4. 2 Bernsteinanhänger
   a. Anhänger mit V-förmiger Bohrung (Taf. IX/18)
   b. Konischer Anhänger mit V-förmiger Bohrung (Taf. IX/19)
5. 2 Keramikgefäße
   a. Gefäß vom Typ der ‚grape cups' (Taf. IX/23)
   b. Dreiteilige Kragenurne (Taf. IX/24)
   6. 2 hemisphärische Goldbleche mit je einer Bohrung (Taf. IX/17)
7. Gagatperle mit Goldblecherkleidung (Taf. IX/22)
8. Anhängerstück mit Bohrung (Taf.IX/14)
9. Runde Bernsteinperle (verloren)

**Datierung:** Wilsford Serie, Wessex I/II

**Literatur:** COLT HOARE 1810, 202, Taf. 35; ANNABLE/SIMPSON 1964, 44 Nr. 147-158; GERLOFF 1975, 258 Nr. 3 App. 7; TAYLOR 1980, 87, Taf. 26 f, g.

**KAT.-NR.: 20**

**Grabbezeichnung:** Wilsford G.8 (Normanton H155)
**Fundort:** Normanton Group etwa 800 m südlich von Stonehenge, Wiltshire, England
**Fundumstände:** Durch Cunnington und Hoare untersucht (Jahr unbekannt).
**Monumentart:** Teil einer großen Grabhügelnekropole (Normaton Group).
**Monumentform:** Grabhügel (Bell-Barrow)
**Durchmesser:** 28 m
**Höhe:** 3,3 m
**Grabbau:** Primäres Zentralgrab auf der ehemaligen Geländeoberfläche niedergelegt.

**Bestattung:** Die primäre Bestattung war bei den Untersuchungen als ein kleiner Haufen Leichenbrand erkennbar, neben dem die Beigaben niedergelegt worden waren.
**Bestattungsform:** Brandbestattung
**Geschlecht/Alter:** Frau (archäologische Bestimmung)/ n. b.
**Beigaben:**
1. Bronzering mit Goldblechverkleidung (Taf. IX/27)
2. 2 Goldverkleidete Bernsteinscheiben mit V-förmiger Bohrung (Taf. IX/29-30)
3. Konischer Schieferknopf mit V-förmiger Bohrung und Goldblechverkleidung (Taf. IX/26)
4. Knochenanhänger mit einseitiger Goldblechverkleidung (Taf. IX/38)
5. Keramikgefäß vom Typ der ‚perforated wall cups' (Taf. IX/25)
6. Stabdolchanhänger aus Bronze, Bernstein und Gold (Taf. IX/28)
7. 9 Bernsteinanhänger
   a. 4 pistillförmige Bernsteinanhänger (Taf. IX/32-35)
   b. 1 flaschenförmiger Bernsteinanhänger (Taf. IX/31)
   c. 2 flache Bernsteinanhänger (Taf. IX/36-37)
   d. 1 verlorener Bernsteinanhänger

**Datierung:** Wilsford Serie, Wessex I/II

**Literatur:** COLT HOARE 1812, 201 f., Taf. XXV; PIGGOTT 1938, 105 Nr. 71, Taf. IX; GRINSELL 1957, 211; ANNABLE/SIMPSON 1964, 46 Nr. 179-192; THOMAS 1966, 7; BRANIGAN 1970, 95 ff.; COLES/TAYLOR 1971, 11 f., Taf. III; GERLOFF 1975, 260 Nr. 26, App. 7; TAYLOR 1980, 45 ff., Taf. 23.e, h, 24.a, e (Kat.-Nr. Wt 30-35); LONGWORTH 1983, 84 (Kat.-Nr. E9); CLARKE/COWIE/FOXON 1985, 281 Nr. 102.1-5.

**KAT.-NR.: 21**

**Grabbezeichnung:** Wilsford G. 50a (Lake Normanton 21, Wilsford G. 54, „Prophet Barrow")
**Fundort:** Lake Group, ca. 2 bis 3 km südwestlich von Stonehenge, Wiltshire, England
**Fundumstände:** Durch Cunnington und Hoare untersucht (Jahr unbekannt)
**Monumentart:** Teil einer Grabhügelnekropole, der sog. ‚Lake Group'
**Monumentform:** Grabhügel (Bowl-Barrow)
**Durchmesser:** n. b.
**Höhe:** n. b.
**Grabbau:** n. b.

**Bestattung:**
**Bestattungsform:** Körperbestattung
**Totenlage:** n. b.
**Orientierung:** n. b.
**Geschlecht/Alter:** Frau (archäologische Bestimmung)/ n. b.
**Beigaben:**
1. Halsschmuck (Taf. IX/39-40)
   a. Bernsteinperlen
   b. 13 Fayenceperlen
   c. 8 Bernsteinschieber (4 mit komplexen Bohrmustern, 4 mit einfachen Bohrmustern)
2. 4 scheibenförmige Goldornamente

3. Bronzeahle
4. 2 Keramikgefäß
   a. ‚incense cup'
   b. Kragenurne

**Datierung:** Wilsford Serie, Wessex I/II

**Literatur:** Colt Hoare 1812, 212 f.; Thurnam 1871, 504 Abb. 198, 199; Beck/Stone 1935, 241; Gerloff 1975, 258 Nr. 2, App. 7; Taylor 1980, 88, Taf. 26 h, i.

## Kat.-Nr.: 22

**Grabbezeichnung:** Winterborne Stoke G. 5 (King Barrow)
**Fundort:** Winterborne Stoke Group, ca. 2 km westlich von Stonehenge
**Fundumstände:** Durch Cunnington und Hoare untersucht (Jahr unbekannt)
**Monumentart:** Teil einer Grabhügelnekropole, der sog. ‚Winterborne Stoke Group'
**Monumentform:** Grabhügel (Bowl-Barrow)
**Durchmesser:** 34 m
**Höhe:** 4, 6 m
**Grabbau:** Das Primäre Zentralgrab bestand aus einer Steinkiste. In ihr war die Bestattung in einem Ulmenbaumsarg beigesetzt worden.

**Bestattung:**
**Bestattungsform:** Körperbestattung in Ulmenbaumsarg
**Totenlage:** gestreckte Rückenlage
**Orientierung:** Nord/Süd orientiert
**Geschlecht/Alter:** Mann (archäologische Bestimmung)/ n. b.
**Beigaben:**
1. 2 Bronzedolche
   a. Dolch des Typs Amoriko-Britisch A mit Goldstift-Dekoration auf der Griffplatte und Resten einer Goldstiftdekoration auf der Scheide aus Buchsbaumholz (nahe der Brust gefunden) (Taf. X/3)
   b. Dolch des Typs Amoriko-British A ebenfalls mit Resten einer hölzernen Scheide (nahe der Hüfte gefunden) (Taf. X/4)
2. Fragment eines Keramikgefäß (fünfhenkelig) (Taf. X/1)
3. Bronzeahle (Taf. X72)
4. „Elfenbeingegenstand" (verloren)

**Datierung:** Bush Barrow Serie, Wessex I

**Literatur:** Colt Hoare 1810, 122; Goddard 1911, App. Nr. 30&31; Newall 1930-1932, App. A Nr. 10; Piggott 1934, App. VII Nr. 93; ApSimon 1954, App. A Nr. 10; Grinsell 1957, 212; Britton 1961, Comp. Table I Nr. 8.31, 150a; Annable/Simpson 1964, 50 Kat.-Nr. 263–266; Thomas 1966, 5 f.; Gerloff 1975, 70 Nr. 108, 109, Taf. 44/E.

## Kat.-Nr.: 23

**Grabbezeichnung:** Upton Lovell G. 2(e)

**Fundort:** Upton Lovell, Wiltshire, England
**Fundumstände:** 1803 und 1807 durch Cunnington und Hoare untersucht.
**Monumentart:** n. b
**Monumentform:** Grabhügel (Bowl-Barrow)
**Durchmesser:** n. b.
**Höhe:** n. b.
**Grabbau:** n. b.

**Bestattungen:** Etwa 60 cm unter der Hügeloberfläche wurde eine Brandbestattung in einer kleinen Steinkiste angetroffen, die aber keinerlei Beigaben enthielt. In etwa 30 cm Entfernung fand sich eine weitere Aschekonzentration, die mit Resten von verbrannten Knochen vermischt war. In weiterer 60 cm Entfernung fand man die reiche Beigabenausstattung. Auf Grund der Befundbeschreibung handelt es sich vermutlich um eine Nachbestattung im Hügel. Das primäre Grab des Hügels ist bisher nicht gefunden worden.
**Bestattung:** In der archäologischen Literatur wird das Grabensemble unter der Bezeichnung Upton Lovell G. 2(e) geführt. Auf Grund der reichen Schmuckausstattung und dem Fehlen von Waffenbeigaben wird es als die Bestattung einer Frau angesehen.
**Bestattungsform:** Brandbestattung
**Geschlecht/Alter:** Frau (archäologische Bestimmung)/n. b.
**Beigaben:**
Aus der Grabungskampagne von 1803 stammen folgende Funde:
1. 11 zylindrische Goldperlen (Taf. X/5)
2. 2 Koni aus Goldblech (Taf. X/11-12)
3. Rechteckige Goldblechplatte (Armmanschette) (Taf. X/14)
4. Goldblechverkleidung eines konischen Schieferknopfs mit V-förmiger Bohrung (Taf. X/9)
5. Keramikgefäß des Typs ‚grape cup' (Taf. X/8)
6. 8 Bernsteinschieber mit komplexen Bohrmustern (basic pattern) (Taf. X/6)
7. Über 1000 Bernsteinperlen verschiedener Größen. Heute sind noch ca. 350 erhalten. (Taf. X/6)

Aus der Grabungskampagne von 1807 stammen folgende Funde:
8. Bronzeahle (Taf. X/7)
9. Kleiner Bronzedolch vom Typ der ‚flat-riveted daggers' (Taf. X/18)
10. Kragenurne zu ‚Longworth's secondary series' zählend (Taf. X/13)
11. weitere Bernsteinperlen

**Datierung:** Wilsford Serie, Wessex I/II
**Bemerkungen:** Auf Grund der Beschreibung der Befundsituation ist eine Zusammengehörigkeit der Funde aus beiden Kampagnen nicht gesichert.

**Literatur:** Colt Hoare 1812, 98-101, Taf. 10-11; Piggott 1938, 106 Nr. 81, Taf. 7; Grinsell 1957, 193; Annable/Simpson 1964, 48 Nr. 225-233; Coles/Taylor 1971, 11-12. Taf. 6a; Gerloff 1975, 164 Nr. 272, Taf. 24 & 53A; Taylor 1980, 39, 46-47, 50, Taf. 23d, g, 24b, d (Kat.-Nr. Wt 23-27); Longworth 1984, Nr. 1710, Taf. 223e; Clarke/Cowie/Foxon 1985, 279 f.

**Kat.-Nr.: 24**

**Grabbezeichnung:** Preshute G. 1(a) (Manton Barrow)
**Fundort:** Manton, Preshute, Wiltshire, England
**Fundumstände:**
**Monumentart:**
**Monumentform:** Grabhügel (Bowl-Barrow)
**Durchmesser:** n. b.
**Höhe:** n. b.
**Grabbau:** Es wurden keine Hinweise auf eine Grabgrube o. ä. festgestellt.

**Bestattung:** Die primäre Bestattung fand sich auf der ehemaligen Geländeoberfläche zentral unter dem Grabhügel.
**Bestattungsform:** Körperbestattung
**Totenlage:** Hockerlage
**Orientierung:** n. b.
**Geschlecht/Alter:** Frau (archäologische Bestimmung)/ n. b.
**Beigaben:**
1. 2 Kleine Bronzedolche
   a. Dolche des Typs der sog. ‚flat riveted daggers' (Taf. X/18)
   b. Bernsteingriffabschluß, zum Dolch (a) gehörend (Taf. X/17)
   c. Kleiner ‚knife-dagger' (verloren)
2. Stabdolchanhänger aus Bernstein, Gold und Bronze (Taf. X/20)
3. Fragmente von 3 Bronzeahlen (Taf. X/22-24)
4. Bernsteinscheibe mit Goldblechverkleidung und V-förmiger Bohrung (Taf. X/21)
5. Halsschmuck
   a. Ca. 150 scheibenförmige Schieferperlen (Taf. X/29)
   b. bikonische Gagatperle mit 5 umlaufenden Bändern aus Goldblech (Taf. X/27)
   c. gerippte Gagatperle (Taf. X/25)
   d. Kalksteinperle (Taf. X/30)
   e. Steatitperle (Taf. X/26)
   f. Encrinitperle (Taf. X/28)
6. 2 Keramikgefäße
   a. Gefäß des Typs der sog. ‚grape cups' (Taf. X/15)
   b. Sog. ‚incense cup' (Taf. X/16)
7. Knopf aus Ton (?) (Taf. X/19)

**Datierung:** Wilsford Serie, Wessex I/II

**Literatur:** Cunnington 1925, 69; Piggott 1938, App. VII Nr. 68; Grinsell 1957, 187 f.; Ashbee 1960, 75 f.; Annable/Simpson 1964, 47 Kat.-Nr. 195-210; Gerloff 1975, 161 Nr. 241, Appendix 7 Nr. 4, Taf. 52 C; Taylor 1980, Taf. 24 c; 23 f.

**Kat.-Nr.: 25**

**Grabbezeichnung:** Hengistbury Head I (Barrow 3)
**Fundort:** Hengistbury Head, Hampshire, England
**Fundumstände:** Wahrscheinlich 1911-1912 durch Bushe-Fox untersucht
**Monumentart:** Teil einer kleinen Grabhügelnekropole (3 Hügel)
**Monumentform:** Grabhügel

**Durchmesser:** 30 m
**Höhe:** 2 m
**Grabbau:** n. b.

**Bestattung:**
**Bestattungsform:** Brandbestattung
**Geschlecht/Alter:** Frau (archäologische Bestimmung)/ jung adult
**Beigaben:**
1. Stabdolchanhänger aus Bernstein und Kupfer (Taf. X/38)
2. 2 konische Knopfverkleidungen aus Goldblech (Taf. X/36-37)
3. 2 Keramikgefäße
   a. Kragenurne, zu ‚Longworth´s second series, Southeastern style' zählend (Taf. X/31)
   b. Gefäß vom Typ der ‚perforated wall cups' (Taf. X/32)
4. 3 Bernsteinperlen (1 verloren) (Taf. X/33-35)

**Datierung:** Wilsford Serie, Wessex I/II

**Literatur:** Bushe-Fox 1915, 14 ff., Abb. 9-11, Taf. II-III; Piggott 1938, 103 App. VII Nr. 23a; Gerloff 1975, 259 App. 7 Nr. 11; Cunliff 1978, 83; Taylor 1980, 81 (Kat.-Nr. Ha 3-4); Longworth 1983, 73, Abb. 22, 76 (Kat.-Nr. B1); Longworth 1984, Nr. 375, Taf. 139.a; Clarke/Cowie/Foxon 1985, 277 Nr. 96.1-6.

**Kat.-Nr.: 26**

**Grabbezeichnung:** Hove
**Fundort:** Hove, Sussex, England
**Fundumstände:** 1856 beim Abtragen eines Grabhügels gefunden.
**Monumentart:** n. b.
**Monumentform:** Grabhügel (Bell-Barrow)
**Durchmesser:** n. b.
**Höhe:** n. b.
**Grabbau:** Das Zentralgrab des Hügels enthielt eine Bestattung in einem Baumsarg. Ansonsten sind keine weiteren Angaben bekannt.

**Bestattung:** Die Bestattung des Zentralgrabs war in einem Baumsarg beigesetzt worden.
**Bestattungsform:** Körperbestattung
**Totenlage:** gestreckte Rückenlage (?)
**Orientierung:** n. b.
**Geschlecht/Alter:** Mann (archäologische Bestimmung)/ n. b.
**Beigaben:** Die Beigaben wurden innerhalb des Baumsargs gefunden und scheinen auf der Brust des Toten gelegen zu haben.
1. Felsgesteinaxt vom Typ Snowshill (Taf. XI/3)
2. Wetzsteinanhänger (Taf. XI/4)
3. Bronzedolch des Typs Camerton (Taf. XI/1)
4. Bernsteintasse (Taf. XI/2)

**Datierung:** Camerton-Snowshill Serie, Wessex II

**Literatur:** Philipps 1857, 183 ff.; Newall 1930-1932, 117 App. A.33; Curwen 1954, 33 ff., Taf. 9; ApSimon 1954,

App. C.21; Britton 1961, comp. Table I Nr. 27; Roe 1966, 221, 237 Nr. 207; Gerloff 1975, 105 Nr. 183, Taf. 18; Clarke/Cowie/Foxon 1985, 277 Nr. 97.1-4.

## Kat.-Nr.: 27

**Grabbezeichnung:** Clandon Barrow G. 31 (Martinstown/ Winterborne St. Martin)
**Fundort:** Martinstown, Dorset, England
**Fundumstände:** 1882 von E. Cunnington unvollständig untersucht.
**Monumentart:** Teil einer Nekropole
**Monumentform:** Grabhügel
**Durchmesser:** 21 m
**Höhe:** 5,6 m
**Grabbau:** Der Grabhügel enthielt einen flachen Steinkern (Cairn) aus Flint, in dem evtl. auch das Zentralgrab liegt. Um den unvollständig untersuchten Steinkern herum fanden sich die Funde, die als eine zusammengehörige Beigabenausstattung einer gestörten Nachbestattung im Hügel gedeutet wurden. Über dem Niveau der erwähnten Funde wurde eine weitere Nachbestattung in einer Urne beobachtet. Oberhalb fanden sich in zwei mit Steinen gefaßten Gräbern zwei weitere Nachbestattungen.

**Bestattungen:** Insgesamt liegen aus dem Grabhügel direkte Belege für drei Nachbestattungen vor. Die beiden obersten Gräber 4 und 5 enthielten jeweils Körperbestattungen. Das Urnengrab 3 (FBZ/MBZ) enthielt eine Brandbestattung. Wahrscheinlich wurde auf Grund einer Störung die primäre Bestattung und das Zentralgrab (Grab 1) nicht angetroffen. Auch die Existenz des Grab 2 kann nur mittels der gemachten Funde erschlossen werden und ist nicht sicher nachgewiesen
**Bestattungsform:** Auf Grund der Befundsituation sind kaum weitere Angaben zur Bestattung des Grabs 2 möglich.
**Geschlecht/Alter:** Mann (archäologische Bestimmung)/ n. b.
**Beigaben:** Aus dem rekonstruierten Grab 2 stammen folgende Beigaben:
1. Rautenförmiges Goldblech (Taf. XI/8)
2. Keulenkopf aus Schiefer mit eingelegten Goldblechscheiben (Taf. XI/5)
3. Keramikgefäß (Incense cup) (Taf. XI/7)
4. Bernsteintasse (Taf. XI/6)
5. Fragmentierter Bronzedolch des Typs Amoriko-Britisch B mit Resten einer Scheide (Taf. XI/9)

**Datierung:** Übergang Bush-Barrow/Camerton-Snowshill Serie, Wessex I/II
**Bemerkungen:** Die Deutung der aufgeführten Grabbeigaben als geschlossener Fund ist nicht sicher belegt, zumal die Kombination eines Räuchergefäßes und eines solchen Dolches als eher untypisch gelten muß.

**Literatur:** Abercomby 1912b, Abb. 3.3A.02a-02c; Drew/ Piggott 1936, 18 ff., 22 ff., Taf. I-III.A; Piggott 1938, 102; Grinsell 1959, 152; Britton 1961, Comp. Table I Nr. 33; Gerloff 1975, 74 Nr. 127, Taf. 12, 46D; Taylor 1980, 45 ff., Taf. 25.a, b (Kat.-Nr. Do 9-10); Longworth

1984, Nr. 508, Taf. 23.d; Clarke/Cowie/Foxon 1985, 274 Nr. 94.1-5.

## Kat.-Nr.: 28

**Grabbezeichnung:** Ridgeway Barrow 7 (Weymouth Barrow G. 8)
**Fundort:** Ridgeway Hill, Weymouth, Dorset, England
**Fundumstände:** 1885 durch E. Cunnington untersucht.
**Monumentart:** Teil einer Grabhügelnekropole
**Monumentform:** Grabhügel
**Durchmesser:** 34 m
**Höhe:** 4 m
**Grabbau:** Unterhalb eines zentralen Steinkern fand sich die das primäre Zentralgrab 1. Darüber lag ein weiteres Skelett einer Nachbestattung (Grab 2). Über dem Grab 2 wurden zwei Steinpflasterschichten beobachtet über denen die zweite Nachbestattung (Grab 3) gefunden wurde, zu der auch die reiche Beigabenausstattung gehörte.

**Bestattung aus Grab 3:**
**Bestattungsform:** Brandbestattung
**Geschlecht/Alter:** Mann (archäologische Bestimmung)/ n. b.
**Beigaben:**
1. 3 Bronzedolche mit Resten der hölzernen Scheiden
   a. Dolch des Typs Amoriko-Britisch A (Taf. IX/10)
   b. Dolch des Typs Amoriko-Britisch A (Taf. XI/11)
   c. Fragmentierter Dolch evtl. des Typs Amoriko-Britisch A (Taf. XI/12)
2. Dolchgriffknauf aus Goldblech (in zwei Teilen) (Taf. XI/13)
3. Randleistenbeilklinge mit anhaftenden Textilresten (Taf. XI/14)

**Datierung:** Bush Barrow Serie/Wessex I

**Literatur:** Drew/Piggott 1936, 20 f., 24 f., Taf. III.B-V; Piggott 1938, 103; Grinsell 1959, 141; Taylor 1970b; Gerloff 1975, 71-72 Nr. 114-116, Taf. 11; Taylor 1980, 46 ff., Taf. 27.a-e (Kat.-Nr. Do 15); Clarke/Cowie/Foxon 1985, 278 f. Nr. 99.1-3.

## Kat.-Nr.: 29

**Grabbezeichnung:** Little Cressingham, Barrow I
**Fundort:** Hills Field, Little Cressingham, Norfolk, England
**Fundumstände:** Zufallsfund bei Erdaushubarbeiten, ohne Jahresangabe
**Monumentart:** evtl. Teil einer Grabhügelnekropole (vgl. Gemarkungsname)
**Monumentform:** Grabhügel
**Durchmesser:** n. b.
**Höhe:** n. b.
**Grabbau:** n. b.

**Bestattung:**
**Bestattungsform:** Körperbestattung
**Totenlage:** Hockerlage
**Orientierung:** Süd/Nord orientiert

**Geschlecht/Alter:** Mann/adult

**Beigaben:**

1. 2 Bronzedolche
    a. Bronzedolch des Typs Amoriko-Britisch B (Taf. XI/24)
    b. Kleiner Bronzedolch, sog. ‚knife-dagger' (Taf. XI/23)
2. Rechteckige Goldblechplatte (Taf. XI/22)
3. 3 zylindrische Goldblechgegenstände (Taf. XI/19-20)
4. Band aus Goldblech, evt. Teil eines Dolchgriffs (Taf. XI/21)
5. Halschmuck
    a. 28 kleine, scheibenförmige Bernsteinperlen (Taf. XI/15)
    b. unbestimmte Zahl von ringförmigen Bernsteinperlen
    c. 9 pistillförmige Bernsteinperlen (Taf. XI/16-18)
    d. 2 spindelförmige Bernsteinperlen
    e. 2 abgeflachte Bernsteinperlen

**Datierung:** Bush-Barrow Serie, Wessex I

**Bemerkungen:**

**Literatur:** THURNAM 1871, 454, Abb. 158; 502, 526-28, Abb. 219; NEWALL 1930-1932, App. A, Nr. 28; PIGGOTT 1938, 92 f. Abb. 22; GERLOFF 1975, 75 Nr. 132, 166 Nr. 298, Taf. 12, 25, 46/F; TAYLOR 1980, 45 ff., Taf. 27.a-c (Kat.-Nr. Nf 12-16); LAWSON/MARTIN/PRIDDY 1981, 45 f., Abb. 11; CLARKE/COWIE/FOXON 1985, 275 f. Nr. 95.1-8.

**Abbildung 1:** Stufengliederung der nördlichen und böhmischen Aunjetitz-Kultur (nach Zich 1996 und Bartelheim 1998).
**Aus:** Krause 2003, 69 Abb. 27.

**Abbildung 2:** Englische Adlige bei der Untersuchung eines Grabhügels. Darstellung von 1852.
**Aus:** Barker 1999, 26 Fig. 1.5.

**Abbildung 3:** Prunkgräber der Leubinger Gruppe im Verhältnis zum rekonstruierten Wegenetz.
**Erstellt auf der Basis von:** Simon 1990, 301 Abb. 12.

**Abbildung 4:** Verbreitung der Aunjetitzer Prunkgräber.

**Abbildung 5:** Verbreitung der Wessex Prunkgräber.

**Abbildung 6:** Nähere Umgebung um Stonehenge.
**Überarbeitet auf der Basis von:** Ashbee 1960, 32 Fig. 6.

**Abbildung 7:** $^{14}$C-Datum aus dem Grab von Helmsdorf [2].

**Abbildung 8:** $^{14}$C-Datum aus dem Grab von Helmsdorf [2].

**Abbildung 9:** $^{14}$C-Daten aus Łęki Małe Hügel 1, Grab A.

**Tabelle 1:** Verteilung der verschiedenen Dolchtypen in den Wessex-Prunkgräbern mit männlichen Bestattungen.

**Abbildung 10:** $^{14}$C-Daten aus dem Gräberfeld aus Gräbergruppen mit atlantischen Dolchen aus dem Gräberfeld von Singen.

**Abbildung 11:** $^{14}$C-Daten aus Gräbern der Phase Wessex II.

**Abbildung 12:** Chronologieschema zu den Prunkgräbern der Wessex und der Aunjetitz-Kultur.

**Abbildung 13:**
a) Große Gold-blechraute aus Wilsford G.5 [18].
**Aus:** Taylor 1980, Pl. 25c.
b) Gold-blechraute aus Clandon Barrow G. 31 [27].
**Aus:** Taylor 1980, Pl. 25b.
c) Recht-eckiges Goldblech aus Little Cressingham, Barrow I [29].
**Aus:** Taylor 1980, Pl. 26a.

**Abbildung 14:** Rekonstruktion des Bernsteinhalskragens aus Upton Lovell G.2(e) [23].
**Aus:** Clarke/Cowie/Foxon 1985, 120 Abb. 4.51.

**Abbildung 15:**
a) Stabdolch-anhänger aus Preshute G.1(a) [24].
**Aus:** Taylor 1980, Pl. 23f.
b) Stabdolchanhänger aus Wilsford G.8 [20].
**Aus:** Taylor 1980, Pl. 23e.
c) Stabdolchanhänger aus Hengistbury Head I [25].
**Aus:** Clarke/Cowie/Foxon 1985, 123 Abb. 4.55.

**Abbildung 16:**
a) Vorder- und Rückseite des Goldknopfs aus Upton Lovell G.2(e) [23].
**Aus:** Taylor 1980, Pl. 24b, d.
b) Vorder- und Rückseite des Goldknopfs aus Wilsford G.8 [20].
**Aus:** Taylor 1980, Pl. 24a, e.

**Abbildung 17:**
a) In Goldblech gefaßte Bernsteinscheibe aus Wilsford G.8 [20].
**Aus:** Taylor 1980, Pl. 24e.
b) In Goldblech gefaßte Bernsteinscheibe aus Preshute G.1(a) [24].
**Aus:** Taylor 1980, Pl. 24c.

**Abbildung 18:** Felsgesteingerät aus Leubingen [1]. Verschiedene Fotografien und Dokumentation der Reste einer Wicklung.
**Aus:** Clarke/Cowie/Foxon 1985, 143 Abb. 4.79; Höfer 1906a, Taf. III; http://www.archaeologie-online.de/magazin/thema/2000/03/b2.php3 (04.11.2005); Höfer 1906a, 18 Fig. 13.

**Abbildung 19:** Rekonstruktionsversuch der Schäftung des Leubinger Felsgesteingeräts [1] (ohne Wicklung).

**Abbildung 20:** Mittlere Beigabengruppe aus dem Grab von Kernonen-Plouvorn, Dep. Finistère mit kreuzförmiger Niederlegung der drei Dolche.
**Aus:** Briard 1984, 91 Abb. 56.

**Tabelle 2:** Zusammensetzung der Geschirrsätze aus den Gräbern der Nekropole von Łęki Małe.

**Abbildung 21:** Korrelationsversuch von atmosphärischem $^{14}$C-Gehalt, Seespiegelschwankungen der schweizerischen Juraseen, kühlen Klimaphasen in den Alpen und dendrodatierter Siedlungsphasen an Seeufern der Schweiz und Frankreichs.
**Aus:** Magny/Maise/Jacomet/Burga 1998, 139 Abb. 46.

**Abbildung 22:** Kartierung der Bodengüte im Bereich der Leubinger Gruppe.
**Erstellt auf der Basis von:** Demel 1965, 25 Karte III.

**Abbildung 23:** Kartierung der wirtschaftlichen Ressourcen im Gebiet der Leubinger Gruppe. Metallvorkommen (Kupfer und Zinn), Briquetagefunde als Hinweis für Salzgewinnung und Verkehrswege.
**Erstellt auf der Basis von:** Simon 1990, 301 Abb. 12.

Tafel I

| | |
|---|---|
| 1, 3-4, 12-17: | HÖFER 1906a, Taf. II. |
| 2, 5-10, 18: | HÖFER 1906a, Taf. III. |
| 19-20, 22: | HÖFER 1906a, Taf. I. |
| 21: | HÖFER 1906a, 9 Fig. 4. |

Tafel II

| | |
|---|---|
| 1-6, 11: | GRÖSSLER 1907, Taf. VI. |
| 7-10, 12: | GRÖSSLER 1907, Taf. II. |
| 13: | GRÖSSLER 1907, Taf. III. |
| 14: | MATTHIAS 1974, 36 Abb. 3. |
| 15: | OTTO 1955, 69 Abb. 3. |

Tafel III

| | |
|---|---|
| 1: | HÖFER 1902, Taf. IV. |
| 2: | SCHWENZER 2004, Taf. 2/9. |
| 3: | BILLIG/FRICKE 1964, 4 Abb. 2. |
| 4: | MONTELIUS 1900, 42 Fig. 108. |
| 5: | MONTELIUS 1900, 42 Fig. 106. |
| 6: | MONTELIUS 1900, 42 Fig. 107. |
| 7: | MONTELIUS 1900, 42 Fig. 105. |
| 8: | SCHMIDT/NITZSCHKE 1980, 181 Abb. 2. |
| 9-10: | HÖFER 1906c, Taf. VI. |
| 11-14: | HÖFER 1906a, Taf. IV. |

Tafel IV

| | |
|---|---|
| 1-2: | EICHHORN 1908, Taf. XIII. |
| 3-6: | EICHHORN 1908, Taf. XIV. |

Tafel V

| | |
|---|---|
| 1: | SARNOWSKA 1969, 182 Abb. a. |
| 2: | KOWIAŃSKA-PIASZYKOWA/KURNATOWSKI 1953, 48 Abb. 3. |

Tafel VI

| | |
|---|---|
| 1-13: | KOWIAŃSKA-PIASZYKOWA/KURNATOWSKI 1953, 57 Abb. 12. |
| 14: | SARNOWSKA 1969, 183 Abb. a. |
| 15: | KOWIAŃSKA-PIASZYKOWA/KURNATOWSKI 1953, 59 Abb. 14. |
| 16-17: | KOWIAŃSKA-PIASZYKOWA/KURNATOWSKI 1953, 59 Abb. 15. |
| 18: | KOWIAŃSKA-PIASZYKOWA/KURNATOWSKI 1953, 60 Abb. 18. |
| 19: | KOWIAŃSKA-PIASZYKOWA/KURNATOWSKI 1953, 60 Abb. 19. |

Tafel VII

| | |
|---|---|
| 1-15: | SARNOWSKA 1969, 186 Abb. 58. |
| 16: | KOWIAŃSKA-PIASZYKOWA/KURNATOWSKI 1953, 63 Abb. 24. |
| 17-19: | KNAPOWSKA-MIKOŁAJCZYKOWA 1957, 61 Abb. 63. |
| 20-22: | SARNOWSKA 1969, 189 Abb. 59. |

| | |
|---|---|
| 23, 25-29: | SARNOWSKA 1969, Abb. 60. |
| 24: | KOWIAŃSKA-PIASZYKOWA 1957, 133 Abb. 24. |

Tafel VIII

| | |
|---|---|
| 1: | KOWIAŃSKA-PIASZYKOWA 1968, 9 Abb. 8. |
| 2: | KOWIAŃSKA-PIASZYKOWA 1968, 10 Abb. 9. |
| 3-4: | KOWIAŃSKA-PIASZYKOWA 1968, 11 Abb. 10. |
| 5: | KOWIAŃSKA-PIASZYKOWA 1968, 11 Abb. 11. |
| 7-8: | KOWIAŃSKA-PIASZYKOWA 1968, 12 Abb 12. |
| 9-10: | KOWIAŃSKA-PIASZYKOWA 1968, 12 Abb. 14. |
| 11: | KOWIAŃSKA-PIASZYKOWA 1968, 12 Abb. 13. |
| 12: | KNAPOWSKA-MIKOŁAJCZYKOWA 1957, 62 Abb. 64. |
| 13: | SARNOWSKA 1969, 297 Abb. 125. |
| 14-15: | SARNOWSKA 1969, 300 Abb. 128. |

Tafel IX

| | |
|---|---|
| 1: | ASHBEE 1960, 77 Fig. 24. |
| 2-12: | ANNABLE/SIMPSON 1964, 99 Kat.-Nr. 168-178. |
| 13-24: | ANNABLE/SIMPSON 1964, 98 Kat.-Nr. 147-158. |
| 25-38: | ANNABLE/SIMPSON 1964, 100 Kat.-Nr. 179-192. |
| 39: | THURNAM 1871, 505 Fig. 198. |
| 40: | THURNAM 1971, 506 Fig. 199. |

Tafel X

| | |
|---|---|
| 1-4: | ANNABLE/SIMPSON 1964, 105 Kat.-Nr. 263-264. |
| 5-14: | ANNABLE/SIMPSON 1964, 103 Kat.-Nr. 225-233. |
| 15-30: | ANNABLE/SIMPSON 1964, 101 Kat.-Nr. 195-210. |
| 31, 33-38: | LONGWORTH 1984, Pl. 139 (a). |
| 32: | LONGWORTH 1983, 73 Fig. 22 B1. |

Tafel XI

| | |
|---|---|
| 1-4: | GERLOFF 1975, Pl.49C. |
| 5-9: | GERLOFF 1975, Pl. 46D. |
| 10-14: | GERLOFF 1975, Pl. 46A. |
| 15-24: | GERLOFF 1975, Pl. 46F. |

**12** TAFELN

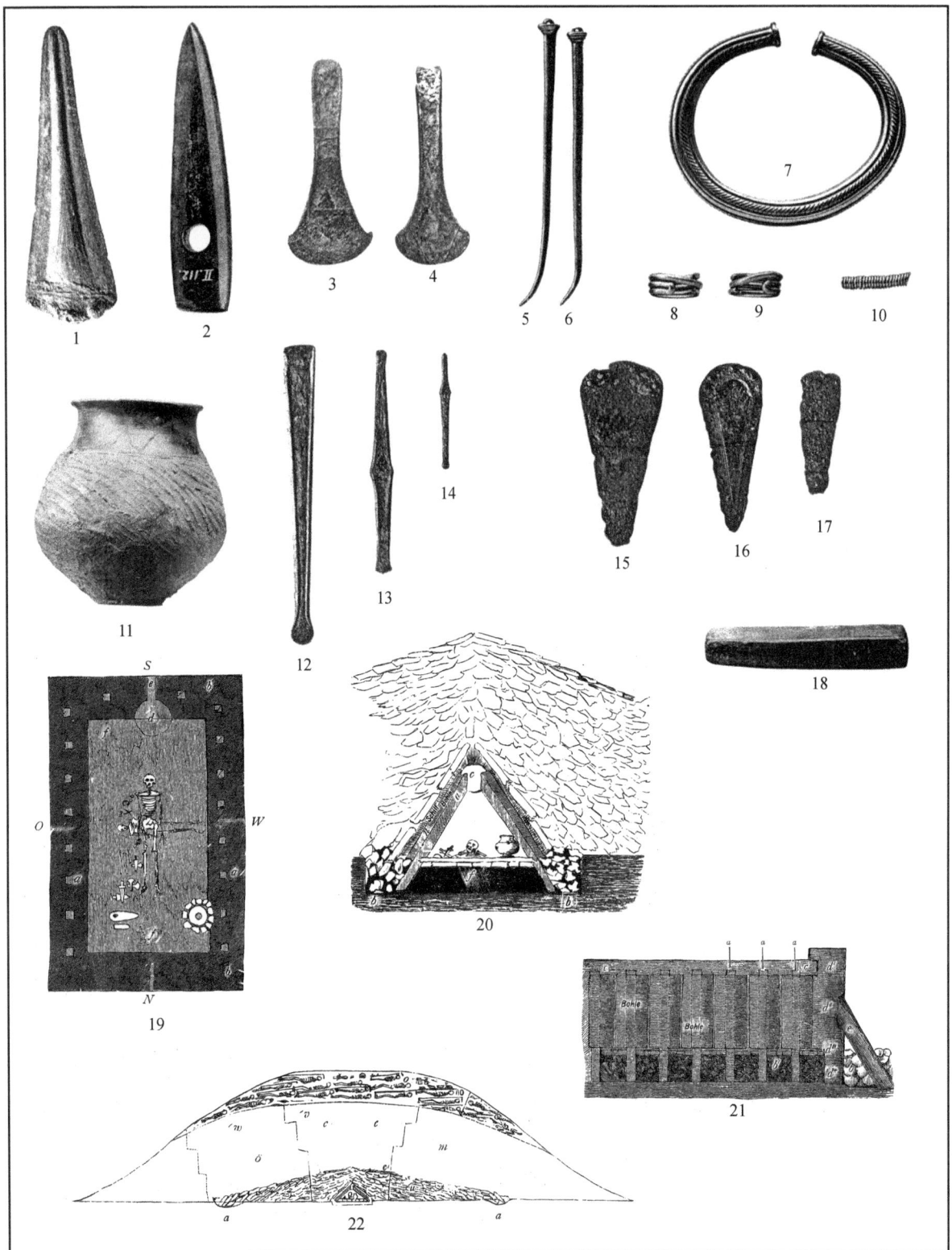

1-22 Leubingen [1]: 1 Stabdolch; 2 Felsgesteingerät; 3-4 Randleistenbeilklingen; 5-6 Ösenkopfnadeln (Gold); 7 Armreif (Gold); 8-9 Spiralringe (Gold); 10 Spiralröllchen (Gold); 12-14 Meißel; 15-17 Dolchklingen; 18 Amboßstein; 19 Grabgrundriß; 20 Grabquerschnitt; 21 Grablängsschnitt; 22 Hügelprofil
1, 3-4, 12-17 M 1:4; 5-10 M 1:2; 2, 18 M 1:6; 11 M 1:10; 19-22 ohne Maßstab.

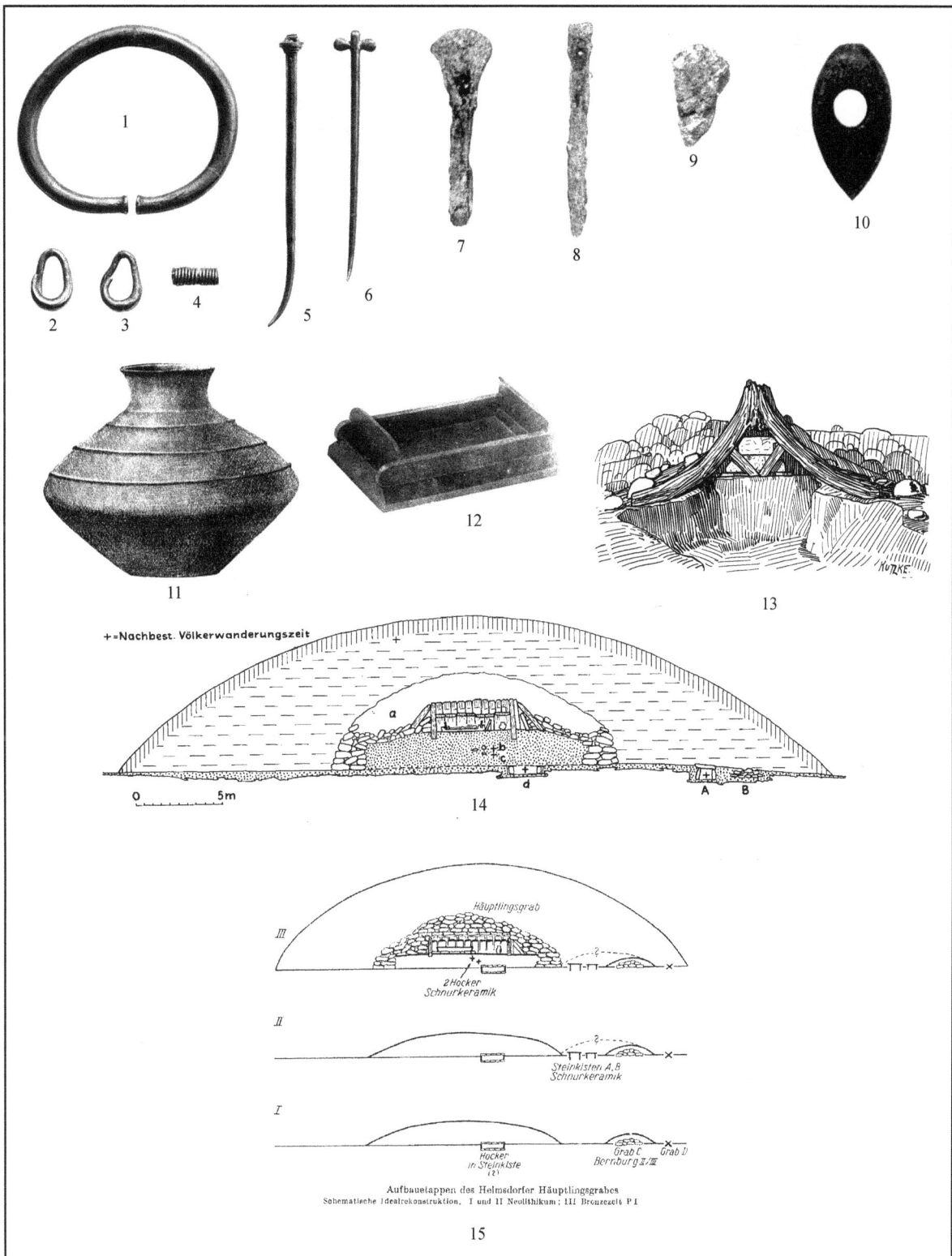

1-15 Helmsdorf [2]: 1 Armreif (Gold); 2-3 Lockenringe (Gold); 4 Spiralröllchen (Gold); 5 Ösenkopfnadel (Gold); 6 Kreuzbalkennadel (Gold), 7 Randleistenbeilklinge; 8 Meißel; 9 Dolch; 10 Felsgesteinaxt; 11 Gefäßrekonstruktion; 12 Rekonstruktion der Totenlade; 13 Querschnitt der Grabkammer; 14 Hügelquerschnitt; 15 Aufbauetappen des Grabmonuments.
1-6 M 1:2; 7-13, 15 ohne Maßstab.

# Tafel III

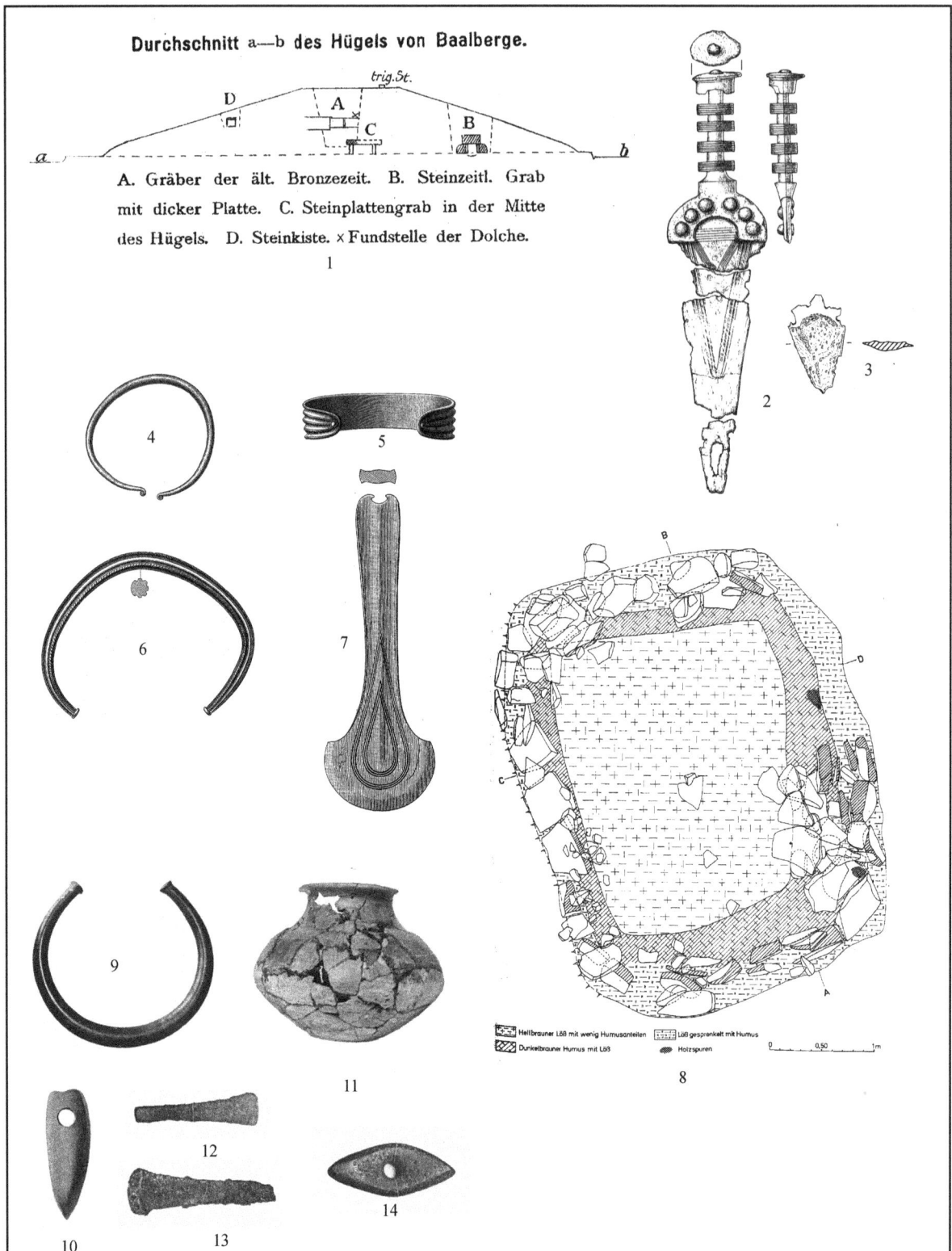

Durchschnitt a—b des Hügels von Baalberge.

A. Gräber der ält. Bronzezeit. B. Steinzeitl. Grab mit dicker Platte. C. Steinplattengrab in der Mitte des Hügels. D. Steinkiste. × Fundstelle der Dolche.

1-3 Baalberge [3]: 1 Grabhügelschnitt; 2 Vollgriffdolch; 3 Dolchklinge.
4-8 Dieskau II [5]: 4 Ösenring (Gold-Silberlegierung), 5 Armband (Gold); 6 Armreif (Gold); 7 Randleistenbeilklinge (Gold); 8 Planum des Zentralgrabs.
9-10: Königsaue [9]: 9 Halsreif; 10 Setzkeil.
11-14: Österkörner [10]: 11 Bauchtopf; 12 Randleistenbeilklinge; 13 Dolchklinge; 14 Felsgesteinaxt.
2-3, 9 M 1:4; 4-7 M 1:3; 8, 12-14 M 1:6; 11 M 1:10; 1 ohne Maßstab.

1

2

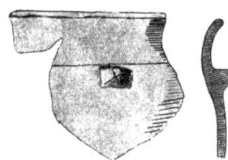

3

4

5

1-5 Nienstedt [6]: 1 Schnitt durch das frühbronzezeitliche Grab; 2 Ansicht des frühbronzezeitlichen Grabs; 3 Zapfenbecher; 4 Knochennadelfrgament; 5 Bronzenadelfragment.
3-5 M 1:2; 1-2 ohne Maßstab.

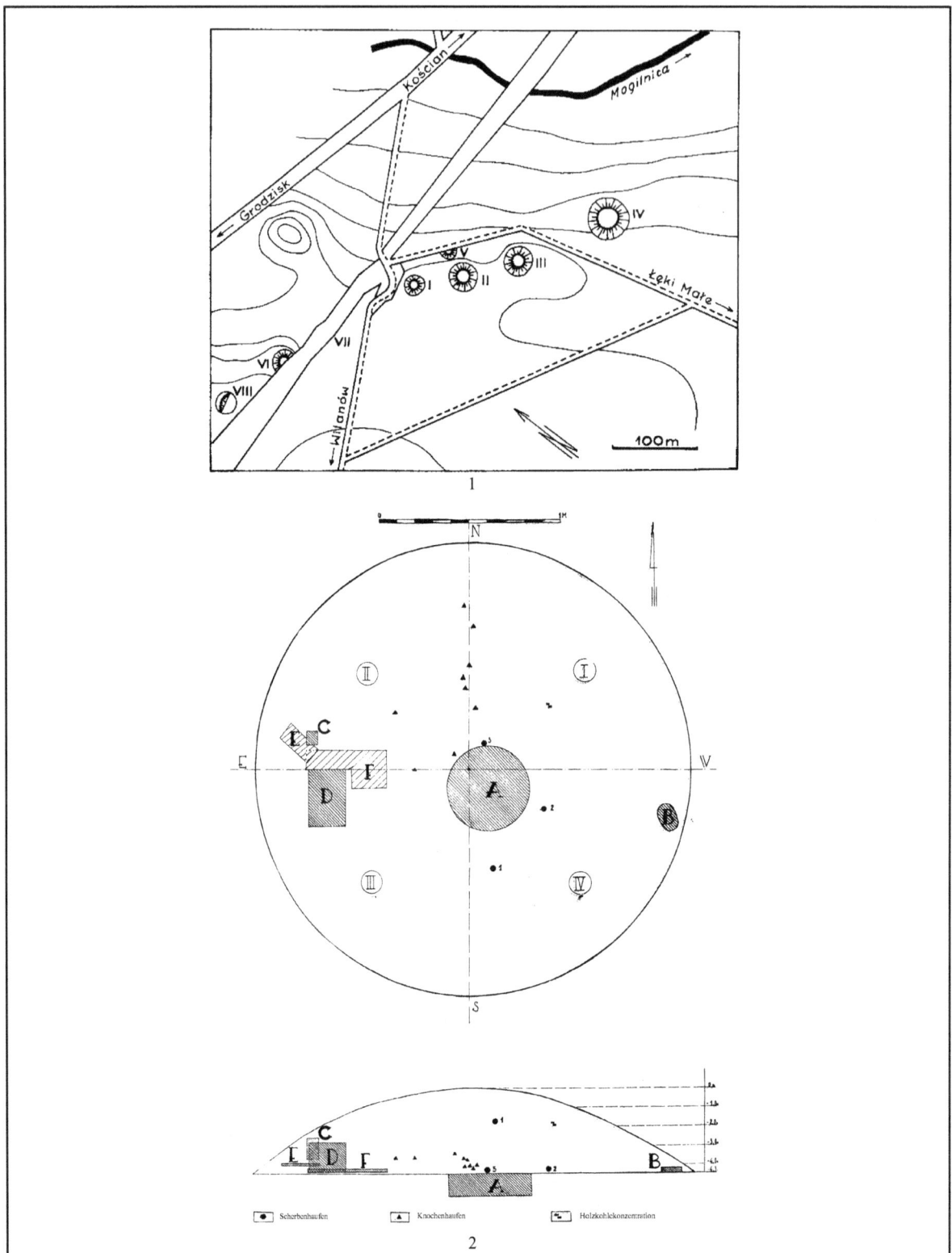

1 Plan der Nekropole von Łęki Małe.
2 Plan und Querschnitt des Hügels I [11], Łęki Małe.

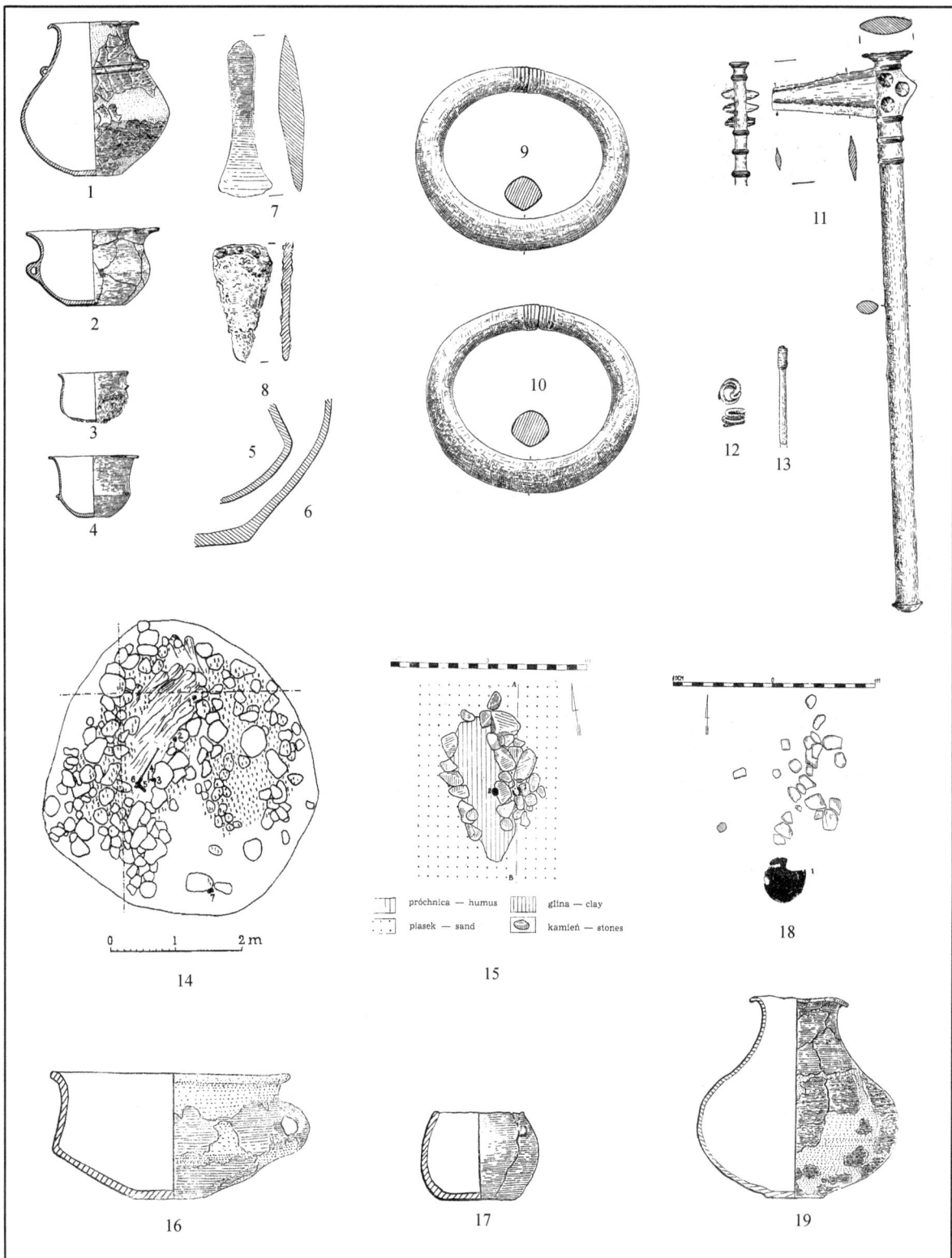

1-14 Łęki Małe IA [11]: 1 Amphorenartiges Gefäß; 2 Tasse; 3-4 Zapfenbecher; 5-6 Gefäßfragmente; 7 Randleistenbeilklinge; 8 Dolchklinge; 9-10 Armringe; 11 Stabdolch; 12 Spiralring (Gold); 13 Zyprische Schleifenkopfnadel; 14 Grabplan.
15-16 Łęki Małe IB [11]: 15 Grabplan; 16 Tasse; 17 Napf.
18-19: Łęki Małe IC [11]: 18 Grabplan; 19 Topf.
1 M 1:16; 5-9, 12-13, 16-17 M 1:4; 2-4, 11 M 1:8; 8 M 1:3; 19 M 1:12.

**Tafel VII**

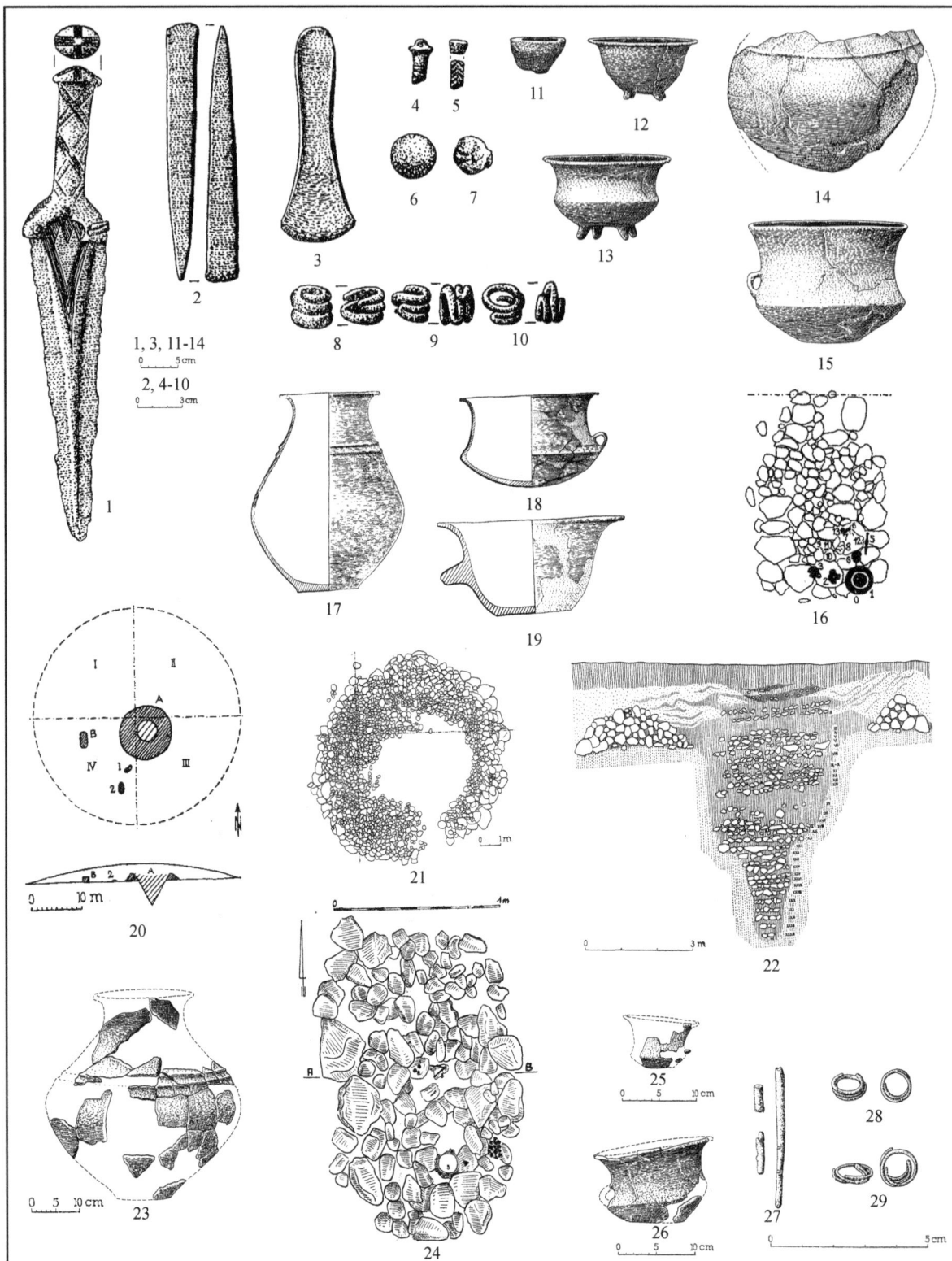

1-16 Łęki Małe ID [11]: 1. Vollgriffdolch; 2 Meißel; 3 Randleistenbeilklinge; 4-5 Ösenkopfnadelfragmente; 6-7 Bernsteinperlen; 8-10 Spiralringe; 11 Gefäß aus ungebranntem Ton; 12-13 Füßchenschüsseln; 14 Gefäßfragment; 15 Tasse; 16 Grabplan.
17-19 Łęki Małe II [12]: Amphorenartiges Gefäß; 18 Tasse; 19 Zapfenbecher.
20 Łęki Małe III [13]: Hügelplan und Querschnitt.
21-23: Łęki Małe IIIA [13]: Plan der obersten Schicht; 22 Profil; 23 Amphorenartiges Gefäß.
24-29: Łęki Małe IIIB [13]: 24 Grabplan; 25 Zapfenbecher; Tasse; 27 Bronzenadelfragmente; 28-29; Spiralringe (Gold).
17 M 1:12; 18-19 M 1:4.

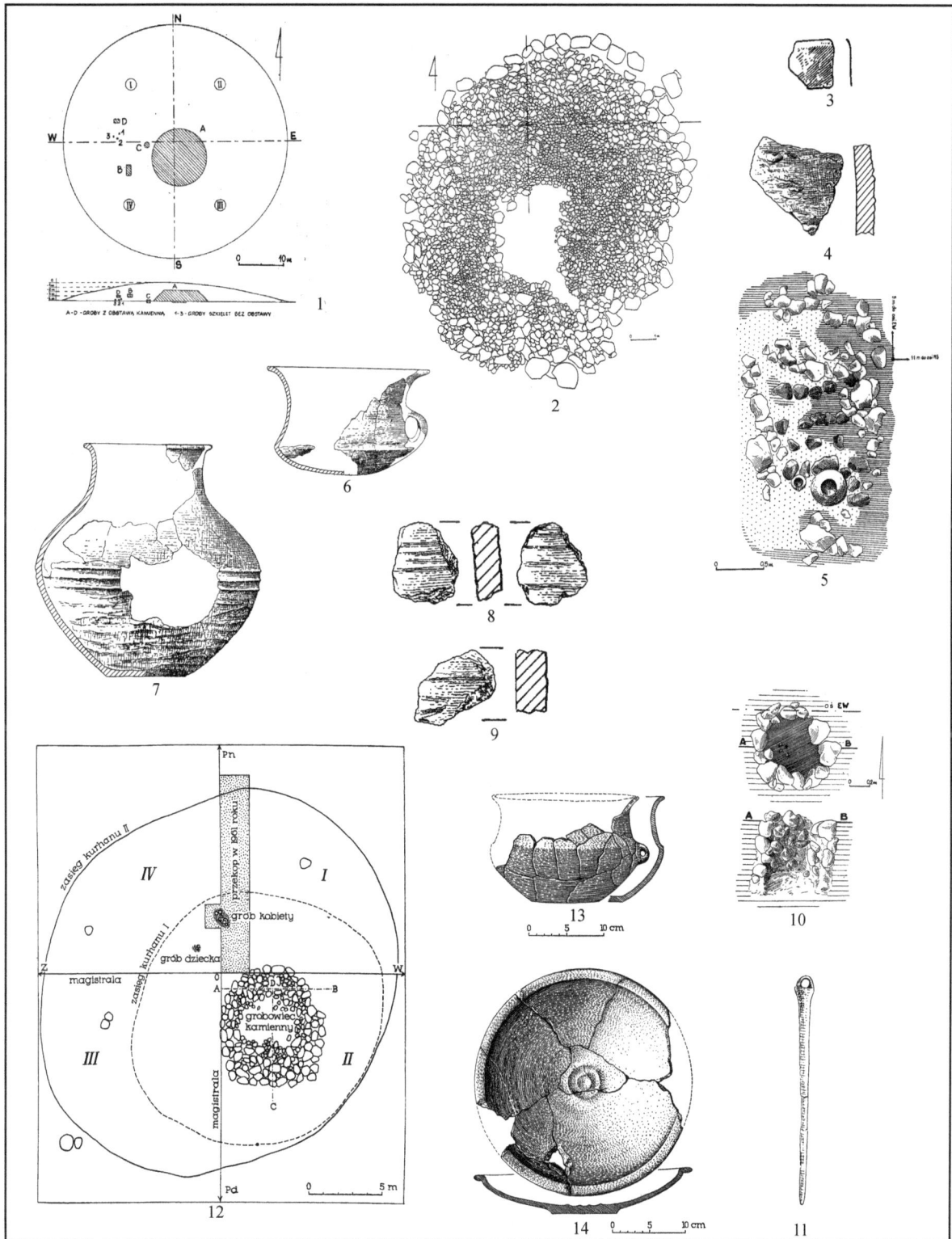

1 Łęki Małe IV [14]: Hügelplan und Querschnitt.
2-4 Łęki Małe IVA [14]: 2 Grabplan Schicht IV; 3 Bronzeblechfragment; 4 Gefäßfragment.
5-7 Łęki Małe IVB [14]: 5 Grabplan; 6 Tasse; 7 Amphorenartiges Gefäß.
8-10 Łęki Małe IV [14]C: 8-9 Keramikfragmente; 10 Grabplan und Querschnitt.
11 Łęki Małe VI [16]: 11 Ösenkopfnadel.
12 Szczepankowice [17]: 12 Hügelplan.
13-14 Szczepankowice B [17]: 13 Ösentopf; 14 Schüssel.
3-4, 8-9, 11 M 1:2; 6 M 1:6; 7 M 1:9.

1-12 Wilsford G.5 [18]: 1 Rekonstruktion des Grabplans; 2 Dolch (Amoriko-Britisch A); 3 Dolch (Amoriko-Britisch B); 4 Knochenappli-kationen; 5 Blechraute (Gold); 6 Bronzeniete; 7 kleine Blechraute (Gold); 8 Gürtelhaken (Gold); 9 Randleistenbeilklinge; 10 Bronzeha-ken; 11 großer Bronzeniet; 12 Keulenkopf (fossiler Stromatoporoid).

13-24 Wilsford G.7 [19]: 13 Doppelaxtförmige Perle (Gagat); 14 Perle (fossiler Encrinit); 15-16 Perlen (Gagat); 17 Blechperle (Gold); 18-21 Anhänger (Bernstein); 22 Blechperle (Gagat/Gold); 23 Grape Cup; 24 Kragenurne.

25-38 Wilsford G.8 [20]: 25 Perforated Wall Cup; 26 konischer Knopf (Gold/Gagat); 27 Ringanhänger (Gold/Bronze); 28 Stabdolchan-hänger; 29-30 scheibenförmiger Anhänger (Gold/Bernstein); 31-37 Anhänger (Bernstein); 38 Anhänger (Gold/Knochen).

39-40 Wilsford G.50a [21]: 39 Bernsteinschieber; 40 Rekonstruktion des Bernsteinhalskragens.

2-5, 8-9, 12, 23-24, 40 M 1:6; 6-7, 10-11, 15-22, 39 M 1:3; 25-38 M 1:4; 1 ohne Maßstab.

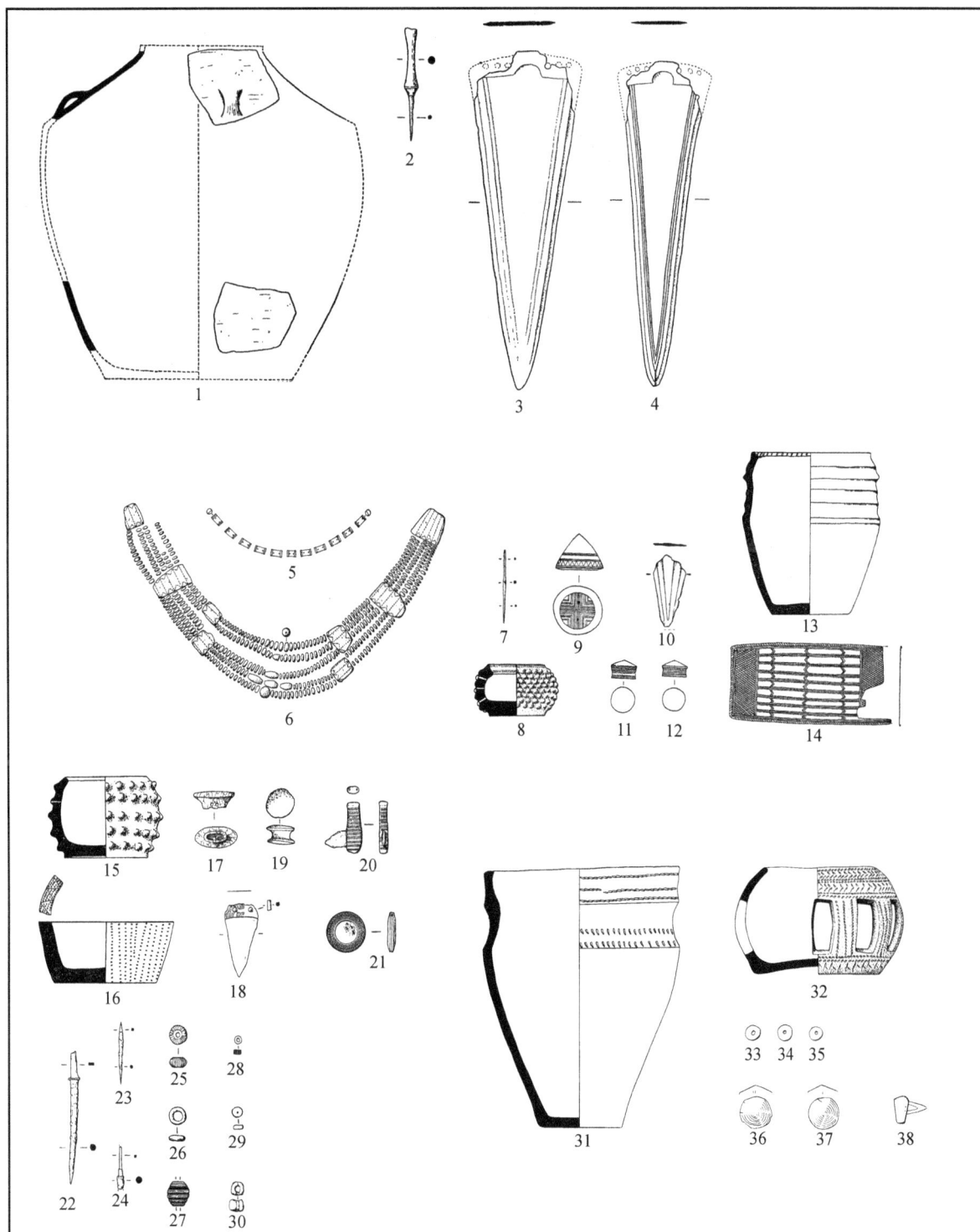

1-4 Winterborne Stoke G.5 [22]: 1 fünfhenkliges Gefäß; 2 Ahle; 3-4 Dolche (Amoriko-Britisch A).

5-14 Upton Lovell G2(e) [23]: 5 elf zylindrische Perlen (Gold); 6 Halskragen (Bernstein); 7 Ahle; 8 Grape Cup; 9 konischer Knopf (Gold/Gagat); 11-12 Koni (Gold); 13 Kragenurne; 14 Blechplatte (Gold).

15-30 Preshute G.1(a) [24]; 15 Grape Cup; 16 Incense Cup; 17 Dolchgriffknauf (Bernstein); 18 Dolchklinge; 19 Knopf (Ton); 20 Stabdolchanhänger (Kupfer/Bernstein/Gold); 21 scheibenförmiger Anhänger (Gold/Bernstein); 22-24 Ahlen; 25 Perle (Gagat); 26 Perle (Steatit?); 27 Perle (Gagat/Gold); 28 Perle (fossiler Encrinit); 29 eine von etwa 150 Perlen eines Halsschmucks (Gagat); 30 Perle (Kalkstein).

31-38 Hengistbury Head [25]: 31 Kragenurne; 32 Perforated Wall Cup; 33-35 Perlen (Bernstein); 36-37 konische Bleche (Gold); 38 Stabdolchanhänger (Kupfer/Bernstein).

1, 31 M 1:8; 2-4, 15-30, 32-38 M 1:4; 5-14 M 1:6.

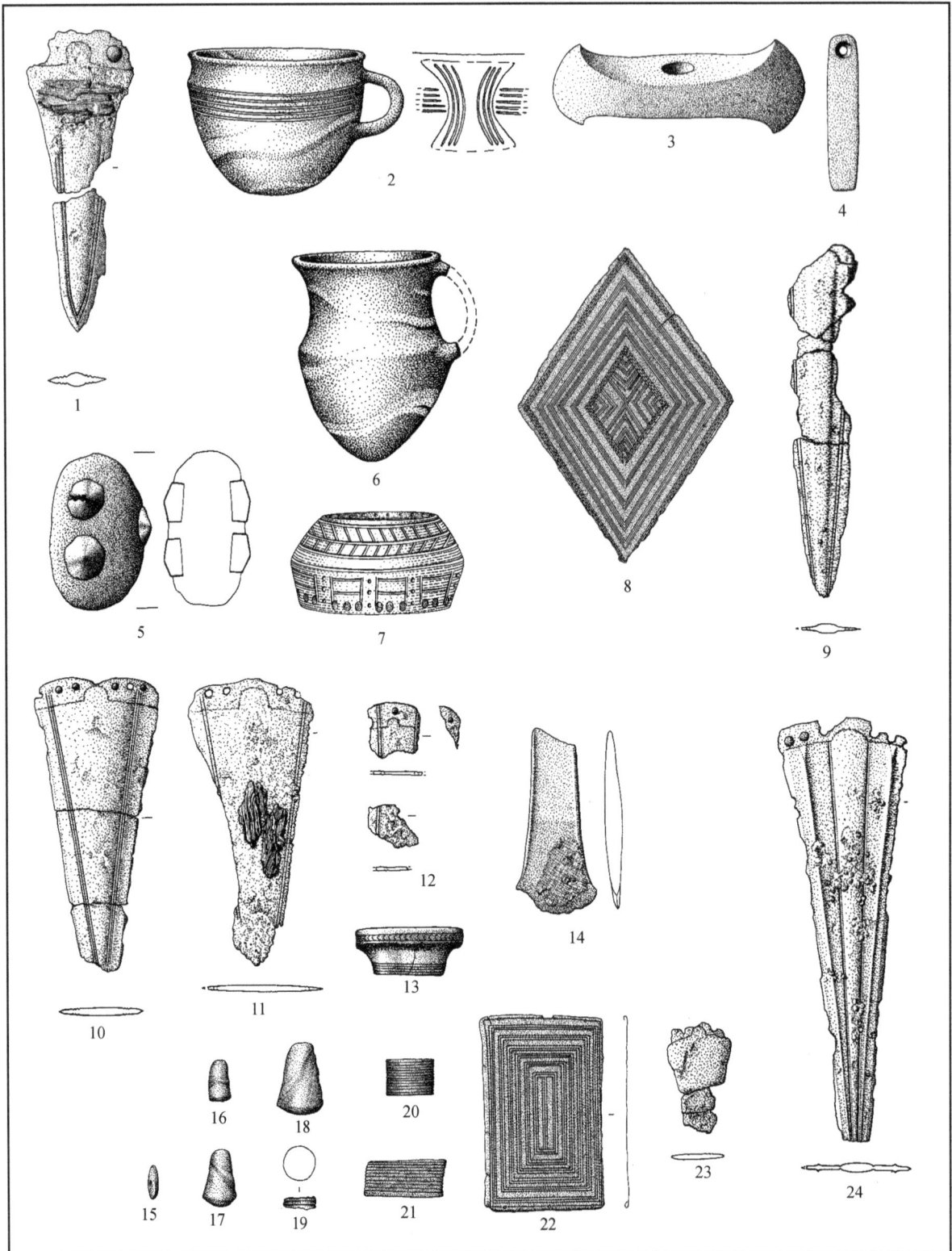

1-4 Hove [26]: 1 Dolch (Typ Camerton); 2 Tasse (Bernstein); 3 Felsgesteinaxt; 4 Wetzstein.
5-9 Clandon Barrow G.31 [27]; 5 Keulenkopf (Gagat/Gold); 6 Tasse (Bernstein); 7 Incense Cup; 8 Blechraute (Gold); 9 Dolch (Amoriko-Britisch B).
10-14 Ridgway Barrow 7 [28]: 10-12 Dolche (Amoriko-Britisch A); 13 Dolchgriffknauf (Gold); 14 Randleistenbeilklinge.
15-24 Little Cressingham Barrow I [29]: 15-18 Perlen (Bernstein); 19-20 zwei Fragmente der drei 'Boxes' (Gold); 21 evtl. Rest eines Dolchgriffs (Gold); 22 Blechplatte (Gold); 23 Fragmente eines kleinen Dolchs; 24 Dolch (Amoriko-Britisch B).
1-24 M 1:3.

www.ingramcontent.com/pod-product-compliance
Lightning Source LLC
Chambersburg PA
CBHW061003030426
42334CB00033B/3348